Inteligência Artificial

A Era dos Algoritmos

SIMONE M. S.

Inteligência Artificial – A Era dos Algoritmos

SIMONE M. S.

Ano de publicação: 2022

Capa/Designer:
Jeferson Berbereia

Diagramação:
Jeferson Berbereia

Revisão:
Simone M. S.
Jeferson Berbereia

Este livro aborda de forma abrangente os fundamentos, aplicações e desafios éticos e sociais da Inteligência Artificial. Com uma linguagem acessível e exemplos práticos, o autor explora conceitos-chave como aprendizado de máquina, redes neurais, processamento de linguagem natural e visão computacional. Além disso, são discutidos temas como ética na IA, impacto social e o futuro da interação entre humanos e máquinas.

"Inteligência Artificial – A Era dos Algoritmos" é uma leitura indispensável para estudantes, profissionais e entusiastas interessados em compreender e explorar esse campo em constante evolução.

Palavras-chave: Inteligência Artificial, Aprendizado de Máquina, Redes Neurais, Processamento de Linguagem Natural, Visão Computacional, Ética na IA, Impacto Social.

Dedicatória

Dedico este livro a todos os curiosos, visionários e entusiastas da tecnologia e da inteligência artificial. Àqueles que se aventuram no universo da IA, explorando seus limites e possibilidades, buscando compreender e interagir com essa poderosa ferramenta que tem transformado nossa sociedade.

Esta obra é dedicada aos estudiosos e pesquisadores que se empenham em desvendar os mistérios da inteligência artificial, contribuindo para seu avanço e aprimoramento. Seu trabalho incansável é fundamental para impulsionar a IA e desvendar novas fronteiras do conhecimento.

Dedico este livro também a todos os profissionais que trabalham com inteligência artificial, desde os desenvolvedores e engenheiros de software até os especialistas em ética e governança da IA. Seu compromisso em garantir que a IA seja usada de maneira responsável, ética e benéfica para a humanidade é de fundamental importância.

Aos leitores, espero que esta obra possa despertar a curiosidade e o desejo de explorar os desafios e oportunidades que a interação com a inteligência artificial nos proporciona. Que este livro sirva como um guia que os conduza por um universo fascinante, cheio de possibilidades e reflexões.

Por fim, dedico este livro a todos aqueles que acreditam no poder da tecnologia como uma ferramenta para o progresso e o bem-estar da humanidade. Que juntos possamos desbravar novos horizontes e construir um futuro em que a inteligência artificial seja uma aliada valiosa e conscientemente integrada ao nosso cotidiano.

Que esta obra seja um tributo a todos aqueles que se dedicam a interagir com a inteligência artificial, impulsionando seu desenvolvimento e guiando seu uso em direção a um futuro promissor.

Dedicatória aos curiosos, aos visionários e a todos que se aventuram no mundo da inteligência artificial.

Agradecimento

Gostaria de expressar meus sinceros agradecimentos a todos aqueles que contribuíram para a realização deste livro *"Inteligência Artificial – A Era dos Algoritmos"*. Sem o apoio e colaboração dessas pessoas, esta obra não teria sido possível.

Em primeiro lugar, agradeço a todos os especialistas e pesquisadores que generosamente compartilharam seus conhecimentos e experiências no campo da inteligência artificial. Seus insights e contribuições foram inestimáveis para enriquecer o conteúdo deste livro.

Agradeço também aos profissionais da área de tecnologia e IA, cujo trabalho árduo e dedicação têm impulsionado o avanço dessa área. Suas realizações e inovações têm moldado o cenário da inteligência artificial, e sou grato por poder contar com seus esforços contínuos.

Não posso deixar de mencionar meus colegas e amigos que apoiaram e encorajaram durante todo o processo de criação deste livro. Suas palavras de incentivo e apoio foram fundamentais para superar os desafios e completar esta jornada.

Gostaria de expressar minha gratidão à equipe editorial e de produção que trabalhou para transformar as palavras em páginas impressas. Seu profissionalismo e dedicação foram essenciais para tornar este livro uma realidade.

Agradeço também a minha família e entes queridos pelo amor, paciência e apoio incondicionais ao longo de todo o processo de criação deste livro. Seu encorajamento e compreensão foram fundamentais para que eu pudesse me dedicar a esta obra.

Por fim, agradeço aos leitores deste livro. Sua curiosidade e interesse pela inteligência artificial são a razão pela qual este trabalho foi realizado. Espero que este livro atenda às suas expectativas e contribua para o seu conhecimento e compreensão desse fascinante campo.

Que este livro possa inspirar novas descobertas, diálogos e avanços no campo da inteligência artificial. A todos vocês, meu sincero agradecimento por fazerem parte desta jornada e por seu apoio constante.

Muito obrigado a todos!

SIMONE M. S.

"Não é a máquina que vai substituir o homem, é o homem que vai usar a máquina para se tornar melhor."

Ramón Llull

Apresentação

Bem-vindos ao livro *"Inteligência Artificial – A Era dos Algorítimos"*. Nesta obra, embarcaremos em uma jornada fascinante pelo mundo da IA, explorando suas aplicações, desafios e implicações na sociedade.

A inteligência artificial tem se tornado cada vez mais presente em nossas vidas, moldando a maneira como trabalhamos, nos comunicamos e até mesmo como vivemos. Ela está transformando indústrias, impulsionando a inovação e oferecendo novas possibilidades em diversos campos, desde a medicina até a indústria automobilística.

Neste livro, vamos desvendar os conceitos fundamentais da IA, mergulhar em suas diferentes abordagens, como o aprendizado de máquina e as redes neurais, e explorar as técnicas e algoritmos por trás dessas poderosas tecnologias.

Além disso, discutiremos as implicações éticas e sociais da IA, investigando questões como privacidade, confiabilidade, viés algorítmico e a interação entre humanos e máquinas inteligentes. Também abordaremos tópicos como automação, robótica e o futuro do trabalho em um mundo impulsionado pela inteligência artificial.

Ao longo do livro, você encontrará exemplos práticos, estudos de caso e insights de especialistas, que informam como a IA está transformando setores e abrindo novas oportunidades para a sociedade. Você também será desafiado a refletir sobre os impactos da IA em nossas vidas e a considerar como podemos utilizar essa tecnologia de maneira responsável e ética.

"Inteligência Artificial – A Era dos Algorítimos" destina-se a estudantes, profissionais, pesquisadores e a todos aqueles interessados em compreender melhor o mundo da IA e sua influência crescente em nossa sociedade. Não é necessário ter conhecimentos prévios em programação ou matemática avançada, pois o livro foi elaborado para ser acessível a todos os públicos.

Espero que esta obra desperte sua curiosidade, estimule sua imaginação e o inspire a explorar os limites e as potencialidades da inteligência artificial. Que juntos possamos desvendar os segredos dessa tecnologia revolucionária e moldar um futuro em que a IA esteja a serviço do bem comum.

Boa leitura!

Sumário:

Introdução

Capítulo 1: Introdução à Inteligência Artificial

- Definição de Inteligência Artificial
- História da Inteligência Artificial
- Aplicações da Inteligência Artificial

Capítulo 2: Aprendizado de Máquina

- Conceitos básicos de Aprendizado de Máquina
- Tipos de Aprendizado de Máquina: Supervisionado, Não Supervisionado e Reforço
- Algoritmos populares de Aprendizado de Máquina

Capítulo 3: Redes Neurais Artificiais

- Estrutura e funcionamento de uma Rede Neural Artificial
- Treinamento de Redes Neurais
- Aplicações das Redes Neurais

Capítulo 4: Processamento de Linguagem Natural

- Introdução ao Processamento de Linguagem Natural
- Técnicas de Processamento de Linguagem Natural
- Aplicações do Processamento de Linguagem Natural

Capítulo 5: Visão Computacional

- Conceitos fundamentais de Visão Computacional
- Técnicas de processamento de imagens
- Aplicações da Visão Computacional

Capítulo 6: Sistemas Especialistas

- O que são Sistemas Especialistas
- Arquitetura de um Sistema Especialista
- Utilização de Sistemas Especialistas em diferentes áreas

Capítulo 7: Robótica Inteligente

- Introdução à Robótica Inteligente
- Componentes de um Robô Inteligente
- Aplicações da Robótica Inteligente

Capítulo 8: Ética na Inteligência Artificial

- Desafios éticos da Inteligência Artificial
- Viés algorítmico e justiça social
- Responsabilidade e transparência na IA

Capítulo 9: Privacidade e Segurança de Dados na IA

- Proteção de dados pessoais na Inteligência Artificial
- Segurança cibernética e proteção contra ataques
- Regulamentações e políticas de privacidade

Capítulo 10: Impacto Social da Inteligência Artificial

- Transformação dos empregos e do mercado de trabalho
- IA e desigualdade social
- Implicações da IA na educação e na saúde

Capítulo 11: IA e Tomada de Decisões

- Tomada de decisões baseada em IA
- Vantagens e limitações da IA na tomada de decisões
- Ética e responsabilidade nas decisões automatizadas

Capítulo 12: IA e Setor Financeiro

- Aplicações da IA no setor financeiro
- Análise de dados e detecção de fraudes
- Riscos e desafios da IA no setor financeiro

Capítulo 13: IA e Saúde

- Aplicações da IA na área da saúde
- Diagnóstico e tratamento assistidos por IA
- Ética e privacidade dos dados de saúde

Capítulo 14: IA e Transporte Autônomo

- Avanços da IA no desenvolvimento de veículos autônomos
- Desafios e questões legais do transporte autônomo
- Impacto da IA na mobilidade urbana

Capítulo 15: Futuro da Inteligência Artificial

- Tendências e perspectivas futuras da IA
- IA Generalizada e Superinteligência
- Reflexões sobre o papel da IA na sociedade

Epílogo:

- Rumo a um futuro inteligênte

Extra:

- Interagindo com a Inteligência Artificial

Glossário

Referência

Obs: Os tópicos abordados em cada capítulo são apenas exemplos e podem variar de acordo com o conteúdo do livro.

Introdução

Bem-vindo(a) ao livro *"Inteligência Artificial – A Era dos Algorítimos.* Nesta obra, exploraremos o fascinante mundo da inteligência artificial e sua crescente influência em nossas vidas. Desde as aplicações práticas até as questões éticas, cada capítulo oferece uma visão abrangente e detalhada sobre os aspectos mais relevantes dessa área em constante evolução.

A inteligência artificial é um campo interdisciplinar que engloba diversos conceitos, técnicas e algoritmos. Ao longo deste livro, mergulharemos em temas como aprendizagem de máquina, redes neurais artificiais e algoritmos de aprendizagem supervisionada, não supervisionada e por reforço. Você terá a oportunidade de compreender o funcionamento dessas tecnologias e como elas são aplicadas em diferentes contextos.

Além disso, dedicaremos uma parte importante do livro para discutir as implicações éticas e sociais da inteligência artificial. Conforme a IA se torna cada vez mais presente em nossa sociedade, é fundamental refletirmos sobre os limites, responsabilidades e possíveis consequências dessas tecnologias. Exploraremos questões como privacidade, segurança de dados, impacto no mercado de trabalho e muito mais.

Ao longo dos 15 capítulos deste livro, exploramos uma ampla gama de tópicos relacionados à Inteligência Artificial (IA) e seu impacto em várias áreas da sociedade. Vamos resumir as principais conclusões de cada capítulo:

Capítulo 1: Introdução à Inteligência Artificial: Neste capítulo, estabelecemos uma base sólida para compreender a IA, definindo-a como a capacidade de uma máquina imitar a inteligência humana. Exploramos a história da IA, desde seus primeiros conceitos até os avanços recentes, e destacamos suas aplicações em campos como automação, reconhecimento de padrões e tomada de decisões.

Capítulo 2: Aprendizado de Máquina: Discutimos os conceitos básicos do Aprendizado de Máquina, que é uma abordagem da IA que permite às máquinas aprender com dados e melhorar seu desempenho ao longo do tempo. Exploramos os diferentes tipos de aprendizado de máquina, como supervisionado, não supervisionado e reforço, e apresentamos algoritmos populares, como regressão linear, árvores de decisão e redes neurais.

Capítulo 3: Redes Neurais Artificiais: Neste capítulo, mergulhamos no mundo das redes neurais artificiais, que são estruturas inspiradas no funcionamento do cérebro humano. Explicamos a estrutura e o funcionamento dessas redes, discutindo conceitos como neurônios, camadas e pesos. Também abordamos o treinamento das redes neurais por meio de algoritmos como o backpropagation.

Capítulo 4: Processamento de Linguagem Natural: Introduzimos o Processamento de Linguagem Natural (PLN), que é a área da IA dedicada ao processamento e compreensão da linguagem humana. Exploramos técnicas como tokenização, análise sintática e modelagem de linguagem, e destacamos aplicações práticas do PLN, como assistentes virtuais, tradução automática e análise de sentimentos.

Capítulo 5: Visão Computacional: Abordamos os fundamentos da Visão Computacional, que visa capacitar as máquinas a entender e interpretar informações visuais. Discutimos técnicas de processamento de imagens, como detecção de objetos, segmentação e reconhecimento facial. Também exploramos aplicações da visão computacional em áreas como vigilância, medicina e realidade aumentada.

Capítulo 6: Sistemas Especialistas: Explicamos o conceito de Sistemas Especialistas, que são sistemas de IA projetados para resolver problemas específicos em um domínio específico. Discutimos a arquitetura desses sistemas, que combinam bases de conhecimento, mecanismos de raciocínio e interfaces de usuário. Também apresentamos exemplos de aplicação de sistemas especialistas em áreas como medicina, finanças e engenharia.

Capítulo 7: Robótica Inteligente: Neste capítulo, exploramos a intersecção entre a IA e a robótica, focando no desenvolvimento de robôs capazes de interagir com o ambiente de forma autônoma. Discutimos os componentes de um robô inteligente, como sensores, atuadores e sistemas de navegação. Apresentamos também as aplicações da robótica inteligente em campos como manufatura, exploração espacial e assistência pessoal.

Capítulo 8: Ética na Inteligência Artificial: Destacamos os desafios éticos da IA e a necessidade de garantir que seu desenvolvimento e uso sejam guiados por princípios éticos. Discutimos o viés algorítmico, a justiça social e a responsabilidade na tomada de decisões automatizadas. Também abordamos a importância da transparência, da equidade e da responsabilidade na IA.

Capítulo 9: Privacidade e Segurança de Dados na IA: Exploramos a importância da proteção de dados pessoais na IA, considerando os riscos de privacidade e os desafios relacionados à segurança cibernética. Discutimos a necessidade de regulamentações e políticas de privacidade para garantir o uso responsável e seguro da IA.

Capítulo 10: Impacto Social da Inteligência Artificial: Analisamos o impacto da IA no mundo do trabalho, considerando a transformação dos empregos e do mercado de trabalho. Discutimos a questão da desigualdade social e as implicações da IA na educação e na saúde, destacando tanto os benefícios quanto os desafios enfrentados.

Capítulo 11: IA e Tomada de Decisões: Exploramos como a IA está influenciando a tomada de decisões, abordando suas vantagens e limitações nesse contexto. Discutimos a ética e a responsabilidade nas decisões automatizadas, considerando questões como a explicabilidade dos algoritmos e a necessidade de supervisão humana.

Capítulo 12: IA e Setor Financeiro: Apresentamos as aplicações da IA no setor financeiro, destacando a análise de dados e a detecção de fraudes como áreas de destaque. Discutimos os riscos e desafios da IA nesse setor, como a necessidade de equilibrar a automação com a supervisão humana e garantir a segurança dos dados financeiros.

Capítulo 13: IA e Saúde: Exploramos as aplicações da IA na área da saúde, com foco no diagnóstico e tratamento assistidos por IA. Discutimos a importância da ética e da privacidade dos dados de saúde, considerando o potencial da IA para melhorar a precisão e a eficiência dos cuidados de saúde.

Capítulo 14: IA e Transporte Autônomo: Analisamos os avanços da IA no desenvolvimento de veículos autônomos e as implicações do transporte autônomo. Discutimos os desafios técnicos e legais desse setor em rápida evolução, bem como o impacto da IA na mobilidade urbana.

Capítulo 15: Futuro da Inteligência Artificial: Finalmente, exploramos as tendências e perspectivas futuras da IA. Discutimos a IA Generalizada, que busca sistemas capazes de realizar uma ampla gama de tarefas, e refletimos sobre a Superinteligência, que representa um nível avançado de IA. Também refletimos sobre o papel da IA na sociedade e seus desafios e possibilidades.

Ao concluir esta jornada pelos diversos aspectos da Inteligência Artificial, fica claro que a IA tem um potencial transformador e impacto significativo em várias esferas da nossa vida. No entanto, também é essencial abordar questões éticas, garantir a privacidade e segurança dos dados, e considerar cuidadosamente o seu impacto social. À medida que avançamos em direção a um futuro impulsionado pela IA, devemos buscar um equilíbrio entre inovação e responsabilidade, aproveitando as oportunidades que ela oferece para melhorar nossa qualidade de vida de forma sustentável e inclusiva.

Este livro é destinado a qualquer pessoa interessada em entender melhor o mundo da inteligência artificial, seja você um estudante, profissional ou simplesmente alguém curioso sobre o assunto. Não é necessário ter conhecimentos prévios em programação ou matemática avançada, pois procuramos apresentar os conceitos de forma acessível e didática.

Prepare-se para mergulhar em um universo fascinante, onde máquinas aprendem, algoritmos evoluem e a interação com a inteligência artificial se torna cada vez mais presente em nosso dia a dia. Estamos prestes a explorar as fronteiras do conhecimento e descobrir o que o futuro nos reserva nessa jornada interativa com a inteligência artificial.

"Seres luminosos somos nós. Não esta matéria bruta. Que a força esteja com você."

– Mestre Yoda.

Capítulo 1

Introdução à Inteligência Artificial

A Inteligência Artificial (IA) é um campo multidisciplinar que envolve a criação de sistemas capazes de realizar tarefas que normalmente exigiriam inteligência humana. Neste capítulo introdutório, exploraremos os conceitos fundamentais da IA, sua definição e sua história.

1.1 Definição de Inteligência Artificial

Inteligência Artificial (IA) é um ramo da ciência da computação que se dedica ao desenvolvimento de sistemas capazes de realizar tarefas que requerem habilidades humanas, como aprendizado, raciocínio, percepção, tomada de decisões e resolução de problemas. O objetivo da IA é criar máquinas que possam simular a inteligência humana, de forma a realizar tarefas de maneira autônoma e eficiente.

A definição de Inteligência Artificial pode variar, mas geralmente envolve a capacidade de uma máquina processar informações, aprender com elas e aplicar esse conhecimento para tomar decisões ou realizar tarefas específicas. A IA pode ser dividida em dois tipos principais: a IA fraca (ou estreita) e a IA forte (ou geral).

A IA fraca refere-se a sistemas projetados para executar tarefas específicas com alto desempenho, mas que não possuem habilidades de pensamento ou consciência geral. Esses sistemas são desenvolvidos para realizar tarefas específicas com base em algoritmos e modelos de aprendizado de máquina, como reconhecimento de voz, diagnóstico médico ou recomendação de produtos.

Por outro lado, a IA forte busca criar sistemas capazes de igualar ou superar a inteligência humana em todas as áreas cognitivas. Essa forma de IA geralmente envolve a criação de sistemas capazes de entender, aprender e raciocinar sobre o mundo de forma semelhante aos seres humanos.

A Inteligência Artificial pode ser aplicada em uma ampla gama de áreas, incluindo medicina, indústria, finanças, transporte, educação e entretenimento. Além disso, a IA tem o potencial de impulsionar a inovação tecnológica, melhorar a eficiência de processos e fornecer soluções para problemas complexos.

No entanto, a IA também traz consigo desafios e questões éticas, como a privacidade dos dados, o viés algorítmico e o impacto no mercado de trabalho. Portanto, é necessário um debate contínuo e uma regulamentação adequada para garantir o uso ético e responsável da Inteligência Artificial.

Em suma, a Inteligência Artificial é uma disciplina empolgante que visa desenvolver sistemas capazes de imitar e superar a inteligência humana. Com o avanço contínuo da tecnologia, a IA tem o potencial de transformar diversas áreas da sociedade, melhorando a eficiência, a tomada de decisões e a qualidade de vida das pessoas.

1.2 História da Inteligência Artificial

A história da Inteligência Artificial (IA) remonta a várias décadas, desde os primórdios dos estudos sobre o desenvolvimento de máquinas capazes de imitar a inteligência humana. Neste capítulo, exploraremos os marcos e avanços significativos que moldaram a evolução da IA ao longo dos anos.

1. Os primórdios da IA: Os primeiros indícios de pesquisa em IA remontam ao final da década de 1940 e início da década de 1950, com os trabalhos de cientistas como Alan Turing, que propôs o famoso "Teste de Turing" para avaliar a capacidade de uma máquina em exibir comportamento inteligente. Além disso, outros pioneiros, como John McCarthy, Marvin Minsky e Allen Newell, contribuíram para o estabelecimento dos primeiros conceitos e fundamentos da IA.

2. O surgimento do termo "Inteligência Artificial": Foi na conferência de Dartmouth, realizada em 1956, que o termo "Inteligência Artificial" foi cunhado pela primeira vez. Durante esse evento, os pesquisadores exploraram a ideia de criar máquinas capazes de pensar, aprender e solucionar problemas complexos.

3. O período da IA simbólica: A partir da década de 1950 até a década de 1980, predominou a abordagem simbólica na IA, que se baseava na representação do conhecimento humano em forma de símbolos e regras. Nesse período, foram desenvolvidos sistemas especialistas, como o

famoso MYCIN, voltado para o diagnóstico médico, e o DENDRAL, para a interpretação de espectros químicos.

4. O avanço do Aprendizado de Máquina: A partir da década de 1980, o foco da IA começou a se deslocar para o Aprendizado de Máquina, uma abordagem que visa capacitar as máquinas a aprenderem a partir de dados, em vez de depender exclusivamente de regras pré-programadas. Surgiram algoritmos importantes, como as redes neurais artificiais, que buscam emular o funcionamento do cérebro humano.

5. O boom da IA contemporânea: Nas últimas décadas, presenciamos um boom da IA, impulsionado por avanços tecnológicos, como o aumento da capacidade de processamento, a disponibilidade de grandes quantidades de dados e o desenvolvimento de técnicas avançadas de Aprendizado de Máquina, como o Aprendizado Profundo (Deep Learning).

6. Aplicações da IA na vida cotidiana: Atualmente, a IA está presente em diversos aspectos da nossa vida cotidiana, desde assistentes virtuais em smartphones até sistemas de recomendação em plataformas de streaming. A IA também é amplamente utilizada em áreas como medicina, finanças, indústria e transporte, trazendo benefícios significativos em termos de eficiência, precisão e tomada de decisões.

7. Desafios e perspectivas futuras: Embora a IA tenha alcançado avanços impressionantes, ainda enfrenta desafios importantes. Questões éticas, como privacidade, segurança e viés algorítmico, precisam ser cuidadosamente abordadas. Além disso, a comunidade científica continua a explorar a IA de forma a alcançar níveis mais avançados de inteligência, como a chamada "IA Geral" e a "Superinteligência".

A história da Inteligência Artificial é marcada por uma série de avanços e descobertas que moldaram sua evolução ao longo dos anos. Desde os primórdios da pesquisa até os dias atuais, a IA tem demonstrado um imenso potencial para transformar diversos setores da sociedade.

No entanto, é fundamental acompanhar o desenvolvimento da IA de forma ética e responsável, garantindo que seus benefícios sejam maximizados e seus riscos sejam mitigados.

1.3 Aplicações da Inteligência Artificial

A Inteligência Artificial (IA) tem uma ampla gama de aplicações em diversos setores da sociedade. Neste capítulo, exploraremos algumas das principais áreas em que a IA tem sido aplicada de forma detalhada.

1. Saúde: Na área da saúde, a IA desempenha um papel crucial em várias frentes. Ela pode ser utilizada para auxiliar no diagnóstico médico, analisando grandes quantidades de dados clínicos e de imagem para identificar padrões e fornecer diagnósticos mais precisos. Além disso, a IA é aplicada no desenvolvimento de medicamentos, acelerando o processo de descoberta de novos compostos e tratamentos. Também é utilizada em sistemas de monitoramento de pacientes e em assistentes virtuais para cuidados de saúde personalizados.

2. Finanças: No setor financeiro, a IA tem sido aplicada para análise de dados, detecção de fraudes, previsão de mercado e gestão de riscos. Algoritmos de IA são capazes de analisar grandes volumes de dados em tempo real, identificar padrões e anomalias, e tomar decisões mais rápidas e precisas. Além disso, a IA é utilizada em assistentes virtuais para atendimento ao cliente e personalização de serviços financeiros.

3. Educação: Na área da educação, a IA pode ser aplicada para desenvolver sistemas de tutoria inteligente, que adaptam o ensino às necessidades e habilidades individuais dos alunos. Ela também

pode ser utilizada para analisar o desempenho dos alunos, identificar áreas de dificuldade e fornecer recomendações personalizadas de aprendizado. Além disso, a IA pode ser aplicada na criação de conteúdos educacionais interativos e na automação de processos administrativos nas instituições de ensino.

4. Indústria: Na indústria, a IA tem sido aplicada para otimizar processos de produção, realizar manutenção preditiva de equipamentos, gerenciar cadeias de suprimentos e melhorar a eficiência energética. Algoritmos de IA são capazes de analisar dados em tempo real, identificar gargalos e anomalias, e tomar decisões de forma autônoma para maximizar a eficiência operacional.

5. Transporte: No setor de transporte, a IA tem sido aplicada no desenvolvimento de veículos autônomos, que utilizam sensores e algoritmos de IA para navegar e tomar decisões no trânsito. Além disso, a IA é aplicada em sistemas de gestão de tráfego, previsão de demanda e otimização de rotas, contribuindo para a redução de congestionamentos e a melhoria da mobilidade urbana.

6. Serviços ao cliente: A IA é amplamente utilizada em serviços ao cliente, por meio de chatbots e assistentes virtuais. Esses sistemas são capazes de compreender e responder às perguntas dos clientes, fornecendo suporte e assistência de forma rápida e eficiente. Além disso, a IA pode ser aplicada na análise de sentimentos, permitindo que

as empresas compreendam o feedback dos clientes e personalizem suas interações.

Essas são apenas algumas das inúmeras aplicações da IA em diferentes setores. À medida que a tecnologia continua a avançar, é esperado que novas e excitantes aplicações sejam desenvolvidas, impulsionando ainda mais o impacto da IA na sociedade.

É importante considerar os desafios éticos, de privacidade e segurança associados ao uso da IA, garantindo que seu potencial seja explorado de forma responsável e benéfica para todos.

Capítulo 2

Aprendizado de Máquina

Aprendizado de Máquina

2.1 Conceitos Básicos de Aprendizado de Máquina

O Aprendizado de Máquina é uma área da Inteligência Artificial que se concentra no desenvolvimento de algoritmos e modelos capazes de aprender a partir dos dados. No cerne do Aprendizado de Máquina está a ideia de que os computadores podem aprender e melhorar seu desempenho sem serem explicitamente programados para cada tarefa específica.

Os principais conceitos do Aprendizado de Máquina incluem:

1. Conjunto de Treinamento: é um conjunto de dados utilizado para treinar um modelo de Aprendizado de Máquina. Esse conjunto de dados contém exemplos com entradas e saídas conhecidas, permitindo que o modelo aprenda a mapear as entradas para as saídas corretas.

2. Algoritmos de Aprendizado: são os métodos e técnicas utilizados para treinar os modelos de Aprendizado de Máquina. Existem diferentes tipos de algoritmos de Aprendizado de Máquina, incluindo algoritmos supervisionados, não supervisionados e por reforço.

3. Aprendizado Supervisionado: é um tipo de Aprendizado de Máquina em que os exemplos do conjunto de treinamento têm pares de entrada e saída conhecidos. O modelo de Aprendizado de Máquina é treinado para aprender a mapear as

entradas para as saídas corretas, com base nesses exemplos. Exemplos de algoritmos de aprendizado supervisionado incluem regressão linear, regressão logística e árvores de decisão.

4. Aprendizado Não Supervisionado: é um tipo de Aprendizado de Máquina em que os exemplos do conjunto de treinamento não possuem saídas conhecidas. O objetivo do aprendizado não supervisionado é descobrir estruturas ou padrões nos dados, agrupando os exemplos em categorias ou encontrando representações compactas dos dados. Exemplos de algoritmos de aprendizado não supervisionado incluem agrupamento (clustering) e análise de componentes principais (PCA).

5. Aprendizado por Reforço: é um tipo de Aprendizado de Máquina em que um agente interage com um ambiente e aprende a tomar ações que maximizem uma recompensa. O agente recebe feedback do ambiente na forma de recompensas ou penalidades, e seu objetivo é aprender uma política de ação que maximize as recompensas ao longo do tempo. Exemplos de algoritmos de aprendizado por reforço incluem Q-Learning e Deep Q-Networks (DQN).

2.2 Aprendizado Supervisionado

O Aprendizado Supervisionado é uma abordagem do Aprendizado de Máquina em que os exemplos do conjunto de treinamento possuem pares de entrada e saída conhecidos.

Existem diferentes algoritmos de Aprendizado Supervisionado, dependendo do tipo de problema que estamos lidando. Alguns exemplos comuns são:

1. Regressão Linear: é um algoritmo usado para problemas de regressão, em que a saída é uma variável contínua. O modelo de regressão linear busca encontrar a melhor linha reta que se ajusta aos dados, minimizando a diferença entre as saídas previstas pelo modelo e as saídas reais do conjunto de treinamento.

2. Regressão Logística: é um algoritmo usado para problemas de classificação binária, em que a saída é uma variável discreta com duas classes possíveis. O modelo de regressão logística estima a probabilidade de um exemplo pertencer a cada classe e classifica o exemplo com base nessas probabilidades.

3. Árvores de Decisão: são modelos que dividem o espaço de entrada em regiões distintas, com base em uma série de testes em cada atributo. Cada região é associada a uma classe ou valor de saída. As árvores de decisão são frequentemente usadas para problemas de classificação ou regressão.

4. Máquinas de Vetores de Suporte (SVM): são modelos que buscam encontrar um hiperplano que separe as instâncias de diferentes classes no espaço de entrada. As SVMs podem ser usadas para problemas de classificação ou regressão.

O objetivo é treinar um modelo capaz de aprender a mapear as entradas para as saídas corretas, de modo que possa generalizar esse conhecimento para novos exemplos.

2.3 Aprendizado Não Supervisionado

O Aprendizado Não Supervisionado é uma abordagem do Aprendizado de Máquina em que os exemplos do conjunto de treinamento não possuem saídas conhecidas.

Alguns algoritmos comuns de Aprendizado Não Supervisionado são:

1. Agrupamento (Clustering): é um algoritmo usado para agrupar os exemplos em diferentes categorias ou grupos. O objetivo é encontrar similaridades entre os exemplos e agrupá-los com base nessas similaridades. Algoritmos populares de agrupamento incluem o K-Means e o DBSCAN.

2. Análise de Componentes Principais (PCA): é um algoritmo usado para reduzir a dimensionalidade dos dados, encontrando as direções principais (componentes principais) ao longo das quais os dados variam mais. A redução de dimensionalidade permite uma representação mais compacta dos dados, mantendo as informações mais importantes. O PCA é amplamente utilizado em problemas de visualização e pré-processamento de dados.

3. Associação: é um algoritmo usado para descobrir relações entre os atributos dos dados. O objetivo é encontrar regras de associação que indiquem a probabilidade de um atributo ocorrer junto com outro atributo. Algoritmos populares de associação incluem o Apriori e o Eclat.

4. Detecção de Anomalias: é um algoritmo usado para identificar exemplos incomuns ou anômalos nos dados. O objetivo é encontrar padrões que sejam significativamente diferentes da maioria dos exemplos. A detecção de anomalias é usada em diversas aplicações, como detecção de fraudes e monitoramento de sistemas.

O objetivo é descobrir estruturas ou padrões nos dados, agrupando os exemplos em categorias ou encontrando representações compactas dos dados.

2.4 Aprendizado por Reforço

O Aprendizado por Reforço é uma abordagem do Aprendizado de Máquina em que um agente interage com um ambiente e aprende a tomar ações que maximizem uma recompensa. O agente recebe feedback do ambiente na forma de recompensas ou penalidades, e seu objetivo é aprender uma política de ação que maximize as recompensas ao longo do tempo.

O Aprendizado por Reforço é inspirado no processo de aprendizado dos seres humanos e animais, em que são recompensadas as ações que levam a resultados desejados. Alguns exemplos de aplicações do Aprendizado por Reforço incluem jogos, robótica e otimização de processos.

Algoritmos de Aprendizado por Reforço, como o Q-Learning e as Redes Neurais com Reforço Profundo (DQN), são capazes de aprender ações sequenciais em ambientes complexos, como jogos de tabuleiro, jogos de videogame e controle de robôs. Esses algoritmos aprendem através de tentativa e erro, explorando o ambiente e ajustando suas ações com base nas recompensas recebidas.

No próximo capítulo, vamos explorar em detalhes as Redes Neurais Artificiais, que são um componente essencial em muitos modelos de Aprendizado de Máquina e têm sido fundamentais para o avanço da IA nos últimos anos.

Capítulo 3

Redes Neurais Artificiais

Redes Neurais Artificiais

3.1 Neurônios Artificiais

Neurônios artificiais, também conhecidos como perceptrons, são blocos fundamentais nas redes neurais artificiais. Eles são inspirados nos neurônios biológicos encontrados no cérebro humano e desempenham um papel crucial no processamento de informações em modelos de Inteligência Artificial.

Um neurônio artificial consiste em três componentes principais: as entradas, os pesos sinápticos e a função de ativação. As entradas representam os sinais de entrada para o neurônio, que podem ser valores numéricos ou binários. Cada entrada é multiplicada por um peso sináptico correspondente, que representa a importância relativa daquela entrada para o neurônio. Os pesos sinápticos são ajustados durante o processo de treinamento da rede neural para otimizar o desempenho do neurônio.

Após a multiplicação das entradas pelos pesos, os produtos são somados e passam por uma função de ativação. A função de ativação determina a saída do neurônio com base na soma ponderada das entradas. Existem várias funções de ativação comumente usadas, como a função degrau, a função sigmoide e a função ReLU (Rectified Linear Unit).

A função de ativação é responsável por introduzir a não-linearidade na operação do neurônio artificial. Essa não-linearidade permite que os neurônios e as redes neurais sejam capazes de aprender e representar relações complexas entre os dados de entrada.

Além disso, os neurônios artificiais podem ser organizados em camadas em uma rede neural. As camadas podem ser conectadas de forma sequencial, formando uma rede neural feedforward, ou podem ter conexões recorrentes, permitindo que a informação flua em ciclos pela rede.

Os neurônios artificiais são essenciais para o processamento de informações em redes neurais, permitindo que elas aprendam e tomem decisões com base nos dados de entrada. Essa estrutura biomimética é capaz de resolver uma ampla gama de problemas complexos, desde reconhecimento de padrões até processamento de linguagem natural e visão computacional.

Com o avanço da tecnologia, os neurônios artificiais continuam evoluindo e desempenhando um papel central na construção de sistemas inteligentes baseados em Inteligência Artificial.

3.2 Arquitetura de Redes Neurais

As redes neurais artificiais são compostas por uma arquitetura que define a estrutura e organização das camadas de neurônios, bem como as conexões entre eles. Existem diferentes tipos de arquiteturas de redes neurais, cada uma adequada para resolver diferentes tipos de problemas. Vamos explorar algumas delas:

1. Feedforward A arquitetura feedforward é a forma mais simples de rede neural, onde os neurônios são organizados em camadas sequenciais. A informação flui diretamente de uma camada para a próxima, sem ciclos ou feedback. Cada neurônio em uma camada recebe entradas dos neurônios da camada anterior, realiza um cálculo de transformação usando uma função de ativação e transmite o resultado para a próxima camada. Essa arquitetura é amplamente utilizada em tarefas de classificação, regressão e reconhecimento de padrões.

2. Recorrente Diferentemente da arquitetura feedforward, as redes neurais recorrentes (RNNs) possuem conexões que formam ciclos, permitindo que a informação flua em loops e seja atualizada a cada iteração. Essa capacidade de memória temporal permite que as RNNs capturem padrões e dependências sequenciais em dados, tornando-as adequadas para tarefas de processamento de linguagem natural, previsão de séries temporais e tradução automática.

3. Convolucional As redes neurais convolucionais (CNNs) são amplamente utilizadas em tarefas de visão computacional, onde a entrada é uma imagem ou um dado com estrutura espacial. Essas redes são projetadas

para explorar a estrutura hierárquica dos dados, aplicando filtros convolucionais em diferentes regiões da entrada e extraindo características relevantes. As CNNs são capazes de aprender características visuais, como bordas, texturas e formas, e são amplamente utilizadas em tarefas como detecção de objetos, classificação de imagens e segmentação semântica.

Essas são apenas algumas das arquiteturas de redes neurais existentes, e a escolha da arquitetura mais adequada depende da natureza do problema e dos dados de entrada. A arquitetura correta pode potencializar o desempenho da rede neural e permitir a obtenção de resultados mais precisos e eficientes.

Com o avanço contínuo da pesquisa em redes neurais, novas arquiteturas e técnicas estão sendo desenvolvidas para melhorar ainda mais o poder de processamento e a capacidade de aprendizado das redes neurais artificiais.

3.3 Treinamento de Redes Neurais

O treinamento de uma rede neural envolve o ajuste dos pesos e dos vieses dos neurônios para que a rede seja capaz de aprender a partir dos dados de treinamento e realizar as tarefas desejadas. Esse processo é realizado em várias iterações, chamadas de épocas, e pode ser dividido em várias etapas, cada uma com sua importância e objetivo específico. A seguir, descreverei de forma detalhada o processo de treinamento de uma rede neural.

1. Inicialização dos pesos e dos vieses: No início do treinamento, os pesos e os vieses da rede neural são inicializados com valores aleatórios pequenos. Esses valores iniciais fornecem uma base para a aprendizagem da rede.

2. Propagação para a frente (forward propagation): Durante essa etapa, os dados de treinamento são alimentados à rede neural, que realiza o cálculo da saída para cada exemplo de treinamento. A informação flui da camada de entrada para as camadas ocultas e, finalmente, para a camada de saída. Os valores de ativação são calculados em cada neurônio da rede, utilizando os pesos e os vieses correspondentes.

3. Cálculo da função de perda: Após a propagação para a frente, é calculada uma função de perda, que mede a diferença entre a saída prevista pela rede neural e o valor verdadeiro do exemplo de treinamento. Essa função de perda é usada como uma métrica para avaliar o desempenho da rede e é um guia para a atualização dos pesos.

4. Propagação para trás (backpropagation): O backpropagation é uma etapa essencial no treinamento da rede neural. Ele consiste em calcular o gradiente da função de perda em relação aos pesos e aos vieses da rede. Esse gradiente indica a direção em que os pesos e os vieses devem ser ajustados para minimizar a função de perda.

5. Atualização dos pesos e dos vieses: Com o gradiente calculado, os pesos e os vieses da rede são atualizados utilizando um algoritmo de otimização, como o gradiente descendente. Esse algoritmo ajusta os valores dos pesos e dos vieses na direção oposta ao gradiente, de forma a minimizar a função de perda.

6. Repetição das etapas 2 a 5: O processo de propagação para a frente, cálculo da função de perda, backpropagation e atualização dos pesos e dos vieses é repetido para cada exemplo de treinamento, em cada época de treinamento. Essa repetição permite que a rede neural refine gradualmente seus pesos e vieses, ajustando-se aos padrões presentes nos dados de treinamento.

7. Validação e ajuste de hiperparâmetros: Durante o treinamento, é comum separar uma parte dos dados de treinamento para formar um conjunto de validação. Esse conjunto de validação é utilizado para avaliar o desempenho da rede em dados não vistos durante o treinamento e ajustar os hiperparâmetros da rede, como a taxa de aprendizagem e o número de camadas ocultas.

8. Critérios de parada: O treinamento da rede neural pode ser interrompido quando certos critérios de parada são atendidos, como um número máximo de épocas ou quando a melhoria na função de perda é insignificante. Esses critérios são definidos com base no desempenho da rede no conjunto de validação.

9. Teste e avaliação: Após o treinamento, a rede neural é testada em um conjunto separado de dados de teste, que não foram utilizados durante o treinamento nem na validação. Isso permite avaliar o desempenho da rede em dados não vistos e verificar sua capacidade de generalização.

10. Regularização: Durante o treinamento da rede neural, a regularização é uma técnica utilizada para evitar o overfitting, que ocorre quando a rede se ajusta demasiadamente aos dados de treinamento e não generaliza bem para novos dados. Existem diferentes métodos de regularização, como a regularização L1 e L2, que adicionam uma penalização aos pesos da rede, evitando que se tornem muito grandes.

11. Ajuste da taxa de aprendizagem: A taxa de aprendizagem é um hiperparâmetro fundamental no treinamento da rede neural, pois determina o tamanho dos ajustes feitos nos pesos e nos vieses a cada iteração. Um valor muito alto pode fazer com que a rede não convirja para uma solução ótima, enquanto um valor muito baixo pode tornar o treinamento lento. O ajuste adequado da taxa de aprendizagem é essencial para um treinamento eficiente da rede.

12.   Batch Size: O Batch Size, ou tamanho do lote, refere-se à quantidade de exemplos de treinamento usados para calcular o gradiente e atualizar os pesos em cada iteração. Um Batch Size grande pode acelerar o treinamento, mas requer mais memória, enquanto um Batch Size pequeno pode levar a uma convergência mais lenta. A escolha do Batch Size depende do tamanho do conjunto de treinamento e dos recursos computacionais disponíveis.

13.   Redes Neurais Pré-Treinadas: Uma técnica comum no treinamento de redes neurais é o uso de redes pré-treinadas. Essas redes são modelos pré-treinados em grandes conjuntos de dados, como o ImageNet, e podem ser usadas como ponto de partida para tarefas específicas. Ao utilizar uma rede neural pré-treinada, é possível aproveitar os conhecimentos adquiridos durante o treinamento em larga escala e adaptá-la para a tarefa desejada..

14.   Aumento de Dados: O aumento de dados é uma técnica utilizada para aumentar a quantidade de exemplos de treinamento, gerando novas amostras com base nas amostras existentes por meio de transformações como rotação, espelhamento, zoom, entre outras. Isso permite que a rede neural veja variações dos dados originais e melhore sua capacidade de generalização.

15.   Aumento de Dados: O aumento de dados é uma técnica utilizada para aumentar a quantidade de exemplos de treinamento, gerando novas amostras com base nas amostras existentes por meio de transformações como rotação, espelhamento, zoom, entre outras. Isso permite que a rede neural veja variações dos dados originais e melhore sua capacidade de generalização.

O treinamento de uma rede neural envolve uma série de etapas e decisões importantes para obter um modelo bem ajustado e com bom desempenho. Cada uma dessas etapas exige atenção e experimentação para encontrar a melhor configuração para o problema específico.

Com o treinamento adequado, a rede neural pode ser capaz de realizar tarefas complexas e fornecer resultados precisos.

3.4 Aplicações de Redes Neurais

As Redes Neurais Artificiais têm sido amplamente utilizadas em uma variedade de áreas e aplicações. Alguns exemplos incluem:

1. Reconhecimento de Padrões: as redes neurais são capazes de aprender a reconhecer padrões em imagens, áudio, texto e outros tipos de dados. Elas são amplamente utilizadas em aplicações de reconhecimento facial, reconhecimento de voz, classificação de documentos e detecção de objetos.

2. Processamento de Linguagem Natural: as redes neurais são utilizadas para tarefas de processamento de linguagem natural, como tradução automática, sumarização de texto, resposta a perguntas e análise de sentimentos. Elas são capazes de aprender a representar e compreender o significado das palavras e frases.

3. Previsão e Análise de Dados: as redes neurais podem ser aplicadas em problemas de previsão, como previsão de vendas, previsão de preço de ações e previsão de demanda. Elas também podem ser utilizadas para análise de dados, identificando padrões e relações complexas entre variáveis.

4. Robótica e Controle de Processos: as redes neurais são usadas em robótica para o controle de movimento, navegação autônoma e interação com o ambiente. Elas são capazes de aprender a tomar

decisões em tempo real com base nas informações sensoriais.

No próximo capítulo, vamos explorar o campo do Processamento de Linguagem Natural, que envolve o uso de técnicas de IA para entender e processar a linguagem humana.

Capítulo 4

Processamento de Linguagem Neural

Processamento de Linguagem Natural

4.1 Fundamentos de Processamento de Linguagem Natural

As técnicas de processamento de linguagem natural têm sido amplamente utilizadas em diversas aplicações, como tradução automática, respostas automáticas em chatbots, análise de sentimentos, sumarização de texto e muito mais. Abaixo estão os fundamentos detalhados do processamento de linguagem natural.

1. Pré-processamento de texto: Antes de alimentar os dados de texto em um modelo de processamento de linguagem natural, é necessário realizar um pré-processamento. Isso inclui etapas como tokenização, remoção de stopwords (palavras comuns que não contribuem para o significado), normalização de texto (levar as palavras a uma forma base), lematização (redução das palavras à sua forma base gramatical) e tratamento de pontuação e caracteres especiais.

2. Representação de texto: A representação de texto é uma etapa fundamental no PLN. Existem várias técnicas para representar texto em formato numérico compreensível para os modelos. Alguns exemplos incluem a representação one-hot encoding, onde cada palavra é representada por um vetor binário; a representação de frequência de termos (TF-IDF), que pondera as palavras com base em sua frequência e importância; e as representações baseadas em word embeddings,

como o Word2Vec ou o GloVe, que mapeiam palavras em vetores densos de números reais.

3. Modelos de linguagem: Os modelos de linguagem são usados para aprender a probabilidade de uma sequência de palavras ocorrer em um determinado contexto. Esses modelos são capazes de prever a próxima palavra em uma frase com base nas palavras anteriores. Alguns exemplos de modelos de linguagem são o modelo de n-grama e o modelo de linguagem baseado em redes neurais, como o modelo de linguagem recorrente (RNN) e o modelo de linguagem baseado em transformers.

4. Análise sintática e semântica: A análise sintática refere-se à análise da estrutura gramatical de uma sentença. Isso envolve a identificação das partes da fala (substantivos, verbos, adjetivos etc.) e a análise das relações sintáticas entre as palavras. Já a análise semântica envolve a compreensão do significado das palavras e sua interpretação em contexto. Essas análises são realizadas por meio de algoritmos de parsing sintático e técnicas de processamento de semântica computacional.

5. Modelos de aprendizado de máquina: No processamento de linguagem natural, os modelos de aprendizado de máquina são amplamente utilizados para tarefas específicas, como classificação de texto, análise de sentimento, identificação de entidades nomeadas, extração de informações e muito mais. Alguns algoritmos populares incluem a regressão logística, as máquinas de vetores de suporte (SVM), as redes

neurais, como as redes neurais convolucionais (CNN) e as redes neurais recorrentes (RNN), e os modelos baseados em transformers, como o BERT e o GPT.

6. Tarefas de processamento de linguagem natural: O PLN abrange uma ampla gama de tarefas, incluindo classificação de texto, análise de sentimentos, sumarização automática, tradução automática, resposta a perguntas, reconhecimento de entidades nomeadas, extração de informações, entre outras. Cada tarefa tem suas próprias técnicas e abordagens específicas.

7. Abordagens supervisionadas e não supervisionadas: No PLN, existem abordagens supervisionadas e não supervisionadas. No aprendizado supervisionado, um modelo é treinado usando dados rotulados, onde as entradas de texto estão associadas a rótulos ou categorias predefinidas. Já no aprendizado não supervisionado, o modelo busca aprender padrões e estruturas subjacentes nos dados de texto sem a necessidade de rótulos. Isso é feito por meio de técnicas como clusterização, modelagem de tópicos e análise de similaridade.

8. Recursos e bibliotecas populares: Para facilitar o desenvolvimento de sistemas de PLN, existem várias bibliotecas e recursos populares disponíveis. O NLTK (Natural Language Toolkit) é uma biblioteca em Python que fornece uma ampla gama de ferramentas e algoritmos para o processamento de texto. O SpaCy é outra biblioteca popular que

oferece recursos avançados de PLN, como análise sintática e reconhecimento de entidades nomeadas. Além disso, existem modelos pré-treinados, como o BERT e o GPT, que podem ser utilizados para diversas tarefas de PLN.

9. Desafios do processamento de linguagem natural: Apesar dos avanços, o PLN ainda enfrenta desafios significativos. Um deles é a ambiguidade na linguagem humana, onde uma mesma palavra pode ter diferentes significados dependendo do contexto. Outro desafio é a compreensão de linguagem informal, gírias e sarcasmo, que exigem uma compreensão mais profunda do contexto. Além disso, a falta de dados rotulados e o viés nos conjuntos de dados podem afetar o desempenho dos modelos de PLN.

10. Aplicações práticas do PLN: O PLN tem sido amplamente aplicado em diversas áreas, como atendimento ao cliente automatizado, análise de sentimentos em mídias sociais, detecção de spam, sistemas de recomendação personalizados, assistentes virtuais, tradução automática, entre outros. Essas aplicações têm impacto direto em várias indústrias, melhorando a eficiência e a experiência do usuário.

À medida que a tecnologia continua a avançar, é provável que novas técnicas e abordagens sejam desenvolvidas, tornando o PLN ainda mais poderoso e eficaz na compreensão e processamento da linguagem humana.

4.2 Técnicas de Pré-processamento de Texto

O pré-processamento de texto é uma etapa essencial no processamento de linguagem natural (PLN) e envolve uma série de técnicas para preparar os dados textuais para análise e modelagem. A temática do pré-processamento de texto abrange várias etapas, como limpeza, tokenização, remoção de stopwords, normalização e lematização. Vamos explorar cada uma delas em detalhes:

1. Limpeza de texto: A limpeza de texto envolve a remoção de caracteres indesejados, como pontuação, números e símbolos especiais. Também é comum remover URLs, menções a usuários em redes sociais e hashtags, dependendo do contexto da análise.

2. Tokenização: A tokenização é o processo de dividir o texto em unidades menores chamadas tokens. Os tokens podem ser palavras individuais ou até mesmo frases completas. Essa etapa é importante para segmentar o texto em partes significativas e facilitar análises posteriores.

3. Remoção de stopwords: Stopwords são palavras comuns que geralmente não contribuem para o significado do texto, como "a", "o", "em", "de", entre outras. A remoção de stopwords é comumente realizada para reduzir o tamanho do vocabulário e melhorar a eficiência dos algoritmos de processamento de texto.

4. Normalização: A normalização envolve a transformação das palavras em sua forma base ou raiz. Isso é feito para reduzir a variabilidade das palavras e agrupar palavras semelhantes. A normalização pode incluir a remoção de sufixos e prefixos, a correção de erros ortográficos ou a transformação de palavras para sua forma canônica.

5. Lematização: A lematização é uma técnica avançada de normalização que considera o contexto e a gramática da palavra. Ela mapeia as palavras para sua forma base, chamada de lema, levando em consideração fatores como o tempo verbal e o gênero. A lematização é mais precisa do que a simples remoção de sufixos, pois preserva o significado da palavra.

6. Remoção de caracteres especiais: Além da remoção de pontuação, também é comum remover caracteres especiais, como emojis, símbolos matemáticos ou qualquer outro caractere que não seja relevante para a análise de texto. Isso ajuda a evitar problemas durante o processamento dos dados.

7. Normalização de caso: A normalização de caso envolve a padronização do texto em relação ao uso de letras maiúsculas e minúsculas. Essa etapa pode ser útil para tratamento de palavras que estão escritas de forma diferente, mas têm o mesmo significado, como "casa" e "CASA".

8. Remoção de palavras raras: Em algumas análises de texto, pode ser interessante remover palavras que aparecem com pouca frequência no conjunto de dados. Isso ajuda a reduzir o ruído e o impacto de palavras pouco informativas ou erros de digitação.

9. Padronização de vocabulário: A padronização do vocabulário envolve a substituição de sinônimos ou palavras semelhantes por uma única representação. Isso ajuda a reduzir a variabilidade e a simplificar a análise. Por exemplo, substituir "carro" e "automóvel" por "veículo".

10.   Análise de sentimento: Além das etapas mencionadas, a temática de pré-processamento de texto também pode incluir a análise de sentimento. Isso envolve a classificação de palavras ou frases como positivas, negativas ou neutras. Essa informação pode ser útil para determinar a polaridade de um texto e entender a opinião expressa.

11.   Tokenização: A tokenização é o processo de dividir o texto em unidades significativas chamadas tokens. Esses tokens podem ser palavras individuais, caracteres, frases ou até mesmos parágrafos. A tokenização é uma etapa fundamental para analisar e processar o texto de forma granular.

12.   Remoção de stop words: Stop words são palavras comuns que geralmente não contribuem muito para a compreensão do texto, como artigos, preposições e pronomes. A remoção de stop words

ajuda a reduzir a dimensionalidade dos dados e a melhorar a eficiência do processamento.

13.   Stemming e lematização: Stemming e lematização são técnicas de redução de palavras. O stemming reduz as palavras para sua forma radical, removendo sufixos e prefixos, enquanto a lematização reduz as palavras para sua forma base ou lema. Essas técnicas ajudam a tratar diferentes formas da mesma palavra e a reduzir a variabilidade dos dados.

14.   Codificação de texto: Em muitos casos, é necessário converter o texto em uma representação numérica para que possa ser processado por algoritmos de aprendizado de máquina. A codificação de texto pode ser feita por meio de técnicas como codificação one-hot, codificação de bag-of-words ou codificação TF-IDF.

15.   Vetorização de palavras: A vetorização de palavras envolve a transformação das palavras em vetores numéricos. Isso permite que algoritmos de aprendizado de máquina processem e entendam o significado semântico das palavras. Técnicas populares de vetorização de palavras incluem Word2Vec, GloVe e FastText.

16.   Separação em sentenças: Em determinados casos, é necessário separar o texto em sentenças individuais para análises mais específicas. A separação em sentenças ajuda a identificar estruturas gramaticais e relações entre as frases.

17. Remoção de caracteres especiais e pontuação: A remoção de caracteres especiais e pontuação é uma etapa comum no pré-processamento de texto. Isso envolve a eliminação de caracteres não alfanuméricos, como símbolos, emoticons e sinais de pontuação. Essa etapa ajuda a simplificar o texto e reduzir o ruído desnecessário.

18. Correção ortográfica: A correção ortográfica é usada para identificar e corrigir erros de digitação e ortografia no texto. Isso é especialmente útil quando se lida com dados textuais de origem variada, onde podem ocorrer erros comuns. Algoritmos de correção ortográfica são aplicados para sugerir as palavras corretas com base em um dicionário ou modelo de linguagem.

19. Normalização de texto: A normalização de texto envolve a padronização de palavras e expressões. Isso inclui a conversão de letras maiúsculas para minúsculas, a remoção de acentos e diacríticos, e a substituição de caracteres especiais por equivalentes comuns. Essa etapa ajuda a evitar ambiguidades e a unificar as diferentes variantes de palavras.

20. Expansão de contrações: Muitas vezes, os textos contêm contrações, como "não" em vez de "não". A expansão de contrações envolve a substituição dessas contrações pelas palavras completas correspondentes. Isso ajuda a preservar o significado das palavras e a garantir uma análise mais precisa do texto.

21.   Eliminação de palavras raras: Em alguns casos, palavras raras ou de baixa frequência podem não contribuir significativamente para a análise. Portanto, a eliminação dessas palavras pode ajudar a reduzir o ruído e melhorar o desempenho do modelo. Isso pode ser feito com base na frequência de ocorrência das palavras em todo o corpus de texto.

22.   Tratamento de n-gramas: Os n-gramas são sequências contíguas de n palavras em um texto. O tratamento de n-gramas envolve a identificação e extração dessas sequências para capturar relações mais complexas entre as palavras. Isso é útil para tarefas de modelagem de linguagem e análise de sentimento.

Apresentação de algumas técnicas de pré-processamento de texto que podem ser aplicadas para melhorar a qualidade e a utilidade dos dados textuais. Cada etapa é escolhida com base nas necessidades e nos objetivos específicos do projeto. O pré-processamento adequado do texto desempenha um papel crucial na obtenção de resultados significativos e na criação de modelos de IA eficazes.

4.3 Modelos de Linguagem e Representação de Palavras

Um modelo de linguagem é uma representação estatística das probabilidades das sequências de palavras em um determinado idioma. Ele é utilizado para estimar a probabilidade de uma determinada sequência de palavras ocorrer em um texto.

Existem diferentes abordagens para construir modelos de linguagem, como os modelos baseados em estatísticas de contagem de palavras, modelos baseados em redes neurais e modelos baseados em transformadores.

Esses modelos são fundamentais para tarefas como geração de texto, tradução automática e correção de gramática.

1. Representação de palavras: A representação de palavras é um aspecto importante no processamento de linguagem natural. Ela envolve a transformação das palavras em vetores numéricos que possam ser compreendidos por algoritmos de aprendizado de máquina. Existem várias técnicas para representar palavras, incluindo:

   - One-Hot Encoding: cada palavra é representada como um vetor binário, onde todas as posições são zeros, exceto a posição correspondente à palavra, que é 1.

- Word Embeddings: é uma técnica que mapeia as palavras em vetores densos de valores reais de tamanho fixo. Esses vetores capturam as relações semânticas entre as palavras, permitindo que o modelo compreenda significados e similaridades.

- Word2Vec: é um algoritmo popular de aprendizado de representações de palavras. Ele utiliza uma rede neural para aprender vetores de palavras a partir de um grande corpus de texto. Esses vetores capturam relações contextuais e são úteis para tarefas de análise de sentimento, classificação de documentos, entre outras.

- GloVe: é uma técnica baseada em estatísticas de co-ocorrência de palavras em um corpus de texto. Ela atribui vetores de palavras ponderados com base na frequência de co-ocorrência entre as palavras.

Essas são apenas algumas das técnicas utilizadas para representar palavras em modelos de processamento de linguagem natural. A escolha da técnica adequada depende do contexto e dos requisitos específicos do problema em questão.

2. Extração de recursos de texto: A extração de recursos de texto é um processo importante no processamento de linguagem natural. Envolve a identificação e extração de informações relevantes e significativas a partir do texto. Esses recursos podem ser palavras-chave, entidades nomeadas, frases importantes, relações entre entidades, entre outros. A extração de recursos de texto é fundamental para várias tarefas, como resumo automático, busca de informações, análise de sentimentos e classificação de documentos.

3. Análise sintática e semântica: A análise sintática e semântica são etapas cruciais no processamento de linguagem natural. A análise sintática envolve a análise da estrutura gramatical das frases, identificando os elementos gramaticais, como substantivos, verbos, adjetivos, etc., e a relação entre eles. Já a análise semântica vai além da estrutura gramatical e busca compreender o significado das frases, levando em consideração o contexto e as relações entre as palavras. Essas análises são importantes para tarefas como tradução automática, resposta a perguntas e interpretação de texto.

4. Modelos de tradução automática: Os modelos de tradução automática são utilizados para realizar a tradução automática de textos de um idioma para outro. Existem diferentes abordagens para a tradução automática, como a tradução baseada em regras, a tradução estatística e a tradução neural. A tradução neural, baseada em redes neurais, tem se destacado nos últimos anos devido à sua capacidade de capturar relações semânticas e

melhorar a qualidade das traduções. Esses modelos são treinados em grandes conjuntos de dados multilíngues e utilizam técnicas como codificadores e decodificadores para realizar a tradução de forma eficiente e precisa.

5. Processamento de linguagem natural em tarefas específicas: Além das aplicações gerais do processamento de linguagem natural, existem várias tarefas específicas que se beneficiam dessas técnicas. Algumas delas incluem:

- Sumarização automática: envolve a geração de um resumo conciso e informativo de um texto longo.

- Resposta a perguntas: consiste em compreender uma pergunta e fornecer uma resposta precisa com base no conteúdo do texto.

- Reconhecimento de entidades nomeadas: visa identificar e classificar entidades, como pessoas, organizações e locais, em um texto.

- Análise de sentimentos: envolve a classificação de textos em categorias de sentimentos, como positivo, negativo ou neutro.

- Classificação de documentos: consiste em categorizar documentos em diferentes classes ou categorias, com base no conteúdo do texto.

Exemplos de algumas das tarefas específicas em que o processamento de linguagem natural é aplicado. Cada tarefa requer técnicas e abordagens específicas, mas todas se baseiam nos princípios e conceitos discutidos ao longo deste livro.

Ao explorar as diferentes aplicações do processamento de linguagem natural, é possível perceber o quão versátil e poderosa essa área é. Ela desempenha um papel fundamental em diversas indústrias e continua a evoluir com o avanço da tecnologia.

Compreender e dominar essas técnicas permitirá aproveitar todo o potencial do processamento de linguagem natural para resolver problemas complexos e criar soluções inovadoras.

4.4 Aplicações do Processamento de Linguagem Natural

Aqui estão alguns exemplos de aplicações do processamento de linguagem neural:

1. Assistente de voz: Assistentes virtuais, como Siri, Alexa e Google Assistant, utilizam técnicas de processamento de linguagem neural para entender e responder a comandos de voz dos usuários. Eles são capazes de realizar tarefas como agendar compromissos, reproduzir músicas, fornecer informações e muito mais.

2. Tradução automática: O processamento de linguagem neural é amplamente utilizado em sistemas de tradução automática. Os modelos de tradução neural são capazes de traduzir textos de um idioma para outro com maior precisão e fluidez do que os métodos tradicionais.

3. Correção automática: Os teclados de smartphones e computadores muitas vezes incluem recursos de correção automáticas baseadas em processamento de linguagem neural. Esses recursos ajudam a corrigir erros ortográficos e gramaticais à medida que o usuário digita, melhorando a precisão e a velocidade da digitação.

4. Resumo automático: Algoritmos de processamento de linguagem neural são usados para resumir automaticamente documentos extensos ou artigos. Esses modelos conseguem identificar as informações mais relevantes e gerar um resumo

conciso, permitindo que os usuários obtenham uma visão geral do conteúdo sem ler o texto completo.

5. Análise de sentimentos: O processamento de linguagem neural é aplicado em sistemas de análise de sentimentos para determinar a opinião ou emoção expressa em um texto. Essa análise é útil para monitorar a repulação da marca, identificar tendências de mercado e entender a percepção do público em relação a produtos ou serviços.

6. Chatbots: Chatbots são programas de computador que podem interagir com usuários em linguagem natural. Eles são usados em diversas áreas, como atendimento ao cliente, suporte técnico e assistência virtual. Os chatbots utilizam algoritmos de processamento de linguagem neural para entender as perguntas e fornecer respostas adequadas.

7. Análise de documentos legais: O processamento de linguagem neural é utilizado para analisar documentos legais, como contratos e acordos, de forma rápida e precisa. Isso ajuda na identificação de cláusulas relevantes, termos-chave e informações importantes, agilizando o trabalho de advogados e juristas.

8. Extração de informações: Algoritmos de processamento de linguagem neural são usados para extrair informações específicas de grandes volumes de texto, como artigos científicos, notícias ou relatórios. Isso permite uma análise mais

eficiente e a obtenção de insights valiosos a partir dessas informações.

9. Autocompletar e sugestões de pesquisa: Os mecanismos de busca utilizam o processamento de linguagem neural para oferecer sugestões de pesquisa enquanto o usuário digita. Essas sugestões são baseadas em padrões de busca anteriores e ajudam a agilizar a pesquisa, oferecendo opções relevantes antes mesmo que o usuário termine de digitar.

10. Sumarização de notícias: Algoritmos de processamento de linguagem neural podem ser utilizados para resumir notícias em tempo real. Esses sistemas são capazes de analisar artigos e identificar as informações mais importantes, permitindo aos usuários obter uma visão geral dos principais acontecimentos sem precisar ler todas as notícias individualmente.

11. Recomendação de conteúdo: Plataformas de streaming, como Netflix e Spotify, utilizam o processamento de linguagem neural para recomendar conteúdo personalizado aos usuários. Esses sistemas analisam o histórico de visualização ou audição, bem como as preferências do usuário, e oferecem sugestões com base nesses dados.

12. Classificação de sentimentos em mídias sociais: Algoritmos de processamento de linguagem neural são empregados para analisar postagens em mídias sociais e identificar o sentimento associado a elas. Essa análise permite

que empresas e marcas acompanhem a percepção dos usuários em relação a produtos, campanhas ou eventos específicos.

13.   Geração automática de texto: A geração automática de texto é uma aplicação avançada do processamento de linguagem neural. Modelos de linguagem, como o GPT-3, são capazes de gerar textos coerentes e criativos com base em um pequeno trecho de texto de entrada. Isso tem sido utilizado em tarefas como redação de artigos, criação de diálogos e até mesmo na produção de música e poesia.

14.   Transcrição e legendagem automática: Algoritmos de processamento de linguagem neural são empregados para transcrever automaticamente áudios e vídeos, tornando-os acessíveis a pessoas com deficiência auditiva ou proporcionando uma forma rápida e eficiente de transcrição em diferentes contextos, como palestras, entrevistas ou conferências.

15.   Análise de risco e detecção de fraudes: Instituições financeiras e empresas de segurança utilizam o processamento de linguagem neural para analisar textos, como e-mails, relatórios e transações, com o objetivo de detectar possíveis fraudes ou atividades suspeitas. Esses sistemas são capazes de identificar padrões e sinais de alerta, auxiliando na prevenção de atividades fraudulentas.

Essas são apenas algumas das muitas aplicações do processamento de linguagem neural. Com o avanço contínuo da tecnologia, é provável que surjam ainda mais aplicações inovadoras e impactantes.

No próximo capítulo, vamos explorar o campo da Visão Computacional, que envolve o processamento e análise de imagens e vídeos por meio de técnicas de IA.

Capítulo 5

Visão Computacional

Visão Computacional

5.1 Introdução à Visão Computacional

A visão computacional é uma área da inteligência artificial que se dedica ao desenvolvimento de algoritmos e técnicas para a interpretação e análise de imagens e vídeos por computadores. Ela visa replicar a capacidade humana de entender, interpretar e extrair informações visuais a partir de dados visuais brutos.

A visão computacional é um campo interdisciplinar que combina conhecimentos de áreas como processamento de imagens, aprendizado de máquina e reconhecimento de padrões. Seu objetivo principal é permitir que as máquinas "enxerguem" e compreendam o mundo visual de forma semelhante aos seres humanos.

Os sistemas de visão computacional utilizam algoritmos para realizar tarefas como detecção de objetos, reconhecimento facial, segmentação de imagens, rastreamento de movimento, análise de expressões faciais, entre outras. Essas tarefas são fundamentais em diversas aplicações práticas, como veículos autônomos, sistemas de segurança, medicina, realidade aumentada, robótica, entre outras.

Para alcançar essas funcionalidades, a visão computacional se baseia em técnicas de processamento de imagens, que envolvem a captura, a manipulação e a análise de imagens digitais. Os algoritmos de processamento de imagens permitem extrair características relevantes das imagens, como bordas, texturas, cores e formas, que são usadas para identificar e interpretar objetos e padrões visuais.

Além disso, a visão computacional faz uso extensivo de algoritmos de aprendizado de máquina, principalmente de redes neurais convolucionais (CNNs), que são projetadas especificamente para lidar com dados visuais. Essas redes neurais são treinadas em conjuntos de dados massivos, nos quais são apresentadas imagens com suas respectivas anotações, permitindo que a rede aprenda a reconhecer e classificar diferentes objetos.

Com o avanço da tecnologia de visão computacional, temos presenciado a sua aplicação em diversas áreas. Por exemplo, em medicina, a visão computacional é utilizada para auxiliar no diagnóstico de doenças a partir de exames de imagem, como radiografias e ressonâncias magnéticas. Em segurança, ela é empregada em sistemas de vigilância por vídeo para detecção de atividades suspeitas. E na indústria automotiva, a visão computacional é essencial para o desenvolvimento de veículos autônomos.

A visão computacional continua evoluindo rapidamente, impulsionada pelo desenvolvimento de técnicas mais avançadas, pelo aumento da capacidade de processamento dos computadores e pela disponibilidade de grandes conjuntos de dados para treinamento. Isso promete abrir ainda mais possibilidades para a aplicação da visão computacional em diversas áreas, trazendo benefícios significativos em termos de eficiência, segurança e qualidade de vida.

No entanto, é importante destacar que a visão computacional também apresenta desafios significativos. Lidar com a variabilidade das imagens, a presença de ruídos, as mudanças de iluminação e as diferentes perspectivas são apenas alguns dos obstáculos enfrentados. Além disso, a interpretação correta das imagens requer um conhecimento aprofundado do domínio específico e uma capacidade de generalização para lidar com situações não vistas durante o treinamento.

Outro aspecto importante na visão computacional é a detecção e o reconhecimento de objetos em tempo real. Essa capacidade é essencial em aplicações como veículos autônomos, sistemas de segurança e robótica. Os algoritmos de visão computacional devem ser capazes de detectar e rastrear objetos em movimento com precisão e rapidez, a fim de tomar decisões em tempo real.

Além disso, a visão computacional também está relacionada à compreensão e interpretação de vídeos. O processamento de vídeos envolve a análise de uma sequência de quadros, permitindo extrair informações temporais e espaciais. Isso possibilita a detecção de atividades, a análise de movimentos e a compreensão de eventos em vídeos.

Em resumo, a visão computacional desempenha um papel fundamental em diversas áreas, trazendo avanços significativos na interpretação e análise de imagens e vídeos. Seu potencial é promissor, oferecendo soluções inovadoras e impactantes em setores como medicina, segurança, automação industrial, entre outros.

Com o contínuo progresso da tecnologia e o aprimoramento dos algoritmos, podemos esperar um futuro cada vez mais sofisticado e abrangente para a visão computacional, ampliando ainda mais suas aplicações e benefícios para a sociedade.

5.2 Extração de Características

Na visão computacional, a extração de características desempenha um papel fundamental na análise e interpretação de imagens. É um processo pelo qual, informações relevantes e discriminativas são extraídas das imagens para representar objetos, padrões ou regiões de interesse.

Existem várias técnicas de extração de características amplamente utilizadas na visão computacional. Uma delas é a utilização de filtros de convolução, que são aplicados na imagem para destacar características como bordas, texturas e padrões. Esses filtros funcionam detectando mudanças bruscas nos valores dos pixels e ressaltando essas transições.

Outra técnica comumente empregada é a extração de descritores de imagem. Esses descritores são representações numéricas compactas que capturam informações discriminativas sobre as características visuais da imagem. Exemplos de descritores populares incluem o Histograma de Gradientes Orientados (HOG), o Local Binary Patterns (LBP) e o Scale-Invariant Feature Transform (SIFT).

Além disso, as redes neurais convolucionais (CNNs) têm se destacado na extração de características na visão computacional. Essas redes são capazes de aprender automaticamente representações hierárquicas de níveis crescentes de abstração, o que lhes permite capturar características complexas e sofisticadas. As CNNs têm sido amplamente aplicadas em tarefas como classificação de imagens, detecção de objetos, segmentação semântica e reconhecimento facial.

É importante ressaltar que a escolha das técnicas de extração de características depende da natureza do problema e dos tipos de informações a serem capturadas. Cada abordagem possui suas vantagens e limitações, e a seleção adequada pode impactar diretamente o desempenho e a eficácia dos sistemas de visão computacional.

Em suma, a extração de características é uma etapa crucial na visão computacional, permitindo que as informações relevantes sejam capturadas e representadas de forma adequada.

Essas características extraídas servem como base para diversas tarefas de análise e interpretação de imagens, abrindo caminho para aplicações cada vez mais avançadas e sofisticadas no campo da visão computacional.

5.3 Detecção e Classificação de Objetos

A detecção e classificação de objetos é uma área essencial da visão computacional que se concentra em identificar objetos específicos em uma imagem ou vídeo e atribuir rótulos a eles com base em categorias pré-definidas. Essa tarefa desafiadora envolve a aplicação de algoritmos e técnicas avançadas para localizar e reconhecer objetos de interesse em diferentes cenários.

Existem várias abordagens para a detecção e classificação de objetos, que vão desde métodos baseados em características até abordagens mais recentes baseadas em aprendizado profundo. Os métodos baseados em características envolvem a extração manual de características distintivas dos objetos, como bordas, texturas, formas e cores, e a utilização de algoritmos de classificação, como Support Vector Machines (SVM) ou Random Forests, para atribuir rótulos aos objetos com base nessas características.

Por outro lado, as abordagens baseadas em aprendizado profundo, como redes neurais convolucionais (CNNs), têm ganhado destaque devido à sua capacidade de aprender automaticamente características relevantes diretamente dos dados. Esses modelos de aprendizado profundo são treinados em grandes conjuntos de dados anotados, permitindo que eles aprendam a detectar e classificar objetos com alta precisão.

Além disso, técnicas como detecção de objetos em tempo real (Real-Time Object Detection), que combinam detecção e classificação em um único pipeline, e redes neurais de convolução em escala (Scale-Invariant Feature

Transform - SIFT), que são capazes de detectar e descrever objetos independentemente da escala, têm sido amplamente utilizadas para melhorar o desempenho da detecção e classificação de objetos.

Essas técnicas têm uma ampla gama de aplicações práticas, como reconhecimento facial, detecção de veículos em sistemas de segurança, classificação de objetos em imagens médicas e muito mais. A detecção e classificação de objetos desempenha um papel crucial em várias indústrias, como automotiva, vigilância, medicina e robótica, contribuindo para avanços significativos em termos de automação, segurança e eficiência.

No entanto, mesmo com os avanços alcançados até o momento, a detecção e classificação de objetos ainda enfrenta desafios, como a detecção precisa de objetos em cenários complexos, a classificação correta de objetos semelhantes e a capacidade de lidar com objetos parcialmente visíveis ou oclusos.

Pesquisas contínuas e o desenvolvimento de técnicas mais avançadas são necessários para enfrentar esses desafios e aprimorar ainda mais a detecção e classificação de objetos na visão computacional.

5.4 Reconhecimento Facial

O reconhecimento facial é uma aplicação importante da visão computacional que visa identificar e autenticar indivíduos com base em características faciais únicas. Essa tecnologia tem avançado significativamente nos últimos anos, impulsionada pelo desenvolvimento de algoritmos de aprendizado profundo e pela disponibilidade de grandes conjuntos de dados de rostos para treinamento.

O processo de reconhecimento facial geralmente envolve várias etapas. Primeiramente, é feita a detecção de rostos em uma imagem ou vídeo. Isso pode ser feito por meio de técnicas como detecção de pontos-chave faciais, alinhamento e segmentação de rosto. Em seguida, são extraídas características faciais, como a posição dos olhos, nariz, boca e outras características distintivas. Essas características são usadas para criar uma representação única do rosto, chamada de vetor de características.

Uma vez que os vetores de características são calculados para um conjunto de rostos de referência, o próximo passo é comparar esses vetores com os vetores de características dos rostos capturados em tempo real. Essa comparação pode ser feita usando algoritmos de similaridade, como a distância euclidiana ou o cosseno, para determinar a similaridade entre os vetores de características.

O reconhecimento facial tem várias aplicações práticas. Em sistemas de segurança, pode ser utilizado para controle de acesso, autenticação de identidade e vigilância por vídeo. Também é aplicado em tecnologias de entretenimento, como filtros de realidade aumentada em aplicativos de redes sociais. Além disso, é utilizado em aplicações de marketing personalizado, como publicidade direcionada com base no perfil do usuário.

O reconhecimento facial também levanta preocupações em relação à privacidade e segurança dos dados. O armazenamento e uso indevido de dados biométricos podem ser um problema, e é importante garantir a proteção adequada dessas informações. Além disso, a precisão do reconhecimento facial pode variar dependendo de fatores como iluminação, ângulo de visão, expressões faciais e oclusões, o que requer o desenvolvimento contínuo de algoritmos mais robustos.

Embora o reconhecimento facial tenha trazido avanços significativos, é importante considerar aspectos éticos e legais. É essencial garantir o consentimento informado dos indivíduos envolvidos e utilizar a tecnologia de forma responsável, evitando práticas discriminatórias ou injustas.

Além do reconhecimento facial, a visão computacional também tem sido aplicada em outras tarefas relacionadas à compreensão e análise de imagens e vídeos. Uma dessas tarefas é a detecção e classificação de objetos.

A detecção de objetos refere-se à localização e identificação de objetos específicos em uma imagem ou cena. Isso envolve a detecção da presença de objetos e a delimitação de suas regiões na imagem. Existem várias abordagens para a detecção de objetos, incluindo métodos baseados em características, como histogramas de gradientes orientados (HOG), e métodos baseados em aprendizado profundo, como redes neurais convolucionais (CNNs).

Uma vez que os objetos são detectados, a tarefa de classificação envolve atribuir uma classe ou categoria específica a cada objeto. Isso pode ser feito por meio do treinamento de um modelo de aprendizado de máquina com dados rotulados, onde o modelo aprende a associar características visuais aos rótulos corretos. Algoritmos populares para classificação de objetos incluem as redes neurais convolucionais, que têm sido especialmente eficazes nessa tarefa.

As aplicações da detecção e classificação de objetos são vastas e abrangem diversas áreas. Na indústria automotiva, por exemplo, essas técnicas são utilizadas em sistemas de assistência ao motorista e veículos autônomos para detectar pedestres, veículos e outros obstáculos na estrada. Na área da saúde, a detecção de objetos pode ser usada para identificar tumores em imagens médicas, auxiliando no diagnóstico precoce e no tratamento. Na área de segurança, a detecção e classificação de objetos podem ser usadas para identificar pessoas ou objetos suspeitos em câmeras de vigilância.

Desafios ainda existem nessa área. A detecção e classificação de objetos podem ser afetadas por variações na iluminação, oclusões, escalas diferentes dos objetos e variações nas condições de captura das imagens. Além disso, a criação de conjuntos de dados grandes e diversificados para treinamento dos modelos pode ser um desafio em algumas aplicações.

Apesar dos desafios, a detecção e classificação de objetos na visão computacional têm mostrado resultados promissores e continuam a evoluir com o avanço das técnicas de aprendizado de máquina e das capacidades de hardware.

À medida que essas técnicas são refinadas e aplicadas em diferentes áreas, espera-se que elas contribuam para melhorar a eficiência, segurança e qualidade de vida em diversos domínios.

Conclusão do Reconhecimento e Visão Computacional

A visão computacional é uma área da inteligência artificial que tem revolucionado a forma como as máquinas entendem e interpretam o mundo visual. Ao longo deste capítulo, exploramos os conceitos fundamentais, técnicas e aplicações dessa área fascinante.

A partir da extração de características, passando pela detecção e classificação de objetos, até o reconhecimento facial, vimos como a visão computacional tem o potencial de transformar uma ampla gama de setores, incluindo medicina, segurança, transporte e muito mais. As técnicas avançadas, como as redes neurais convolucionais, têm demonstrado uma capacidade surpreendente de aprender e interpretar informações visuais, superando em muitos casos o desempenho humano.

Também discutimos os desafios enfrentados pela visão computacional, como a variabilidade das condições de captura de imagens, as oclusões e a necessidade de conjuntos de dados de treinamento robustos e diversificados. À medida que esses desafios são superados e as técnicas são aprimoradas, a visão computacional tem o potencial de se tornar uma ferramenta poderosa para melhorar a tomada de decisões, automatizar tarefas complexas e melhorar a eficiência em uma variedade de domínios.

No futuro, espera-se que a visão computacional continue avançando, impulsionada pelo crescimento da disponibilidade de dados e pelo desenvolvimento de algoritmos mais sofisticados. Novas aplicações e soluções inovadoras estão surgindo constantemente, impulsionando a transformação digital em diversas indústrias.

Como concluímos nossa jornada pela visão computacional, é importante destacar a importância contínua da pesquisa, do desenvolvimento ético e do uso responsável dessas tecnologias. Devemos estar cientes dos desafios e das implicações éticas envolvidas, garantindo que a visão computacional seja aplicada para o bem comum, respeitando a privacidade e os direitos individuais.

A visão computacional está apenas no começo de seu potencial revolucionário, e as possibilidades são emocionantes. À medida que avançamos para um futuro cada vez mais digital, a visão computacional desempenhará um papel central na forma como as máquinas interagem e compreendem o mundo visual, permitindo avanços significativos em diversas áreas da sociedade.

À medida que concluímos esta jornada pela visão computacional, podemos perceber a importância e o impacto significativo que essa área tem no campo da inteligência artificial. Desde a extração de características até a detecção e classificação de objetos, e até mesmo o reconhecimento facial, a visão computacional nos proporciona insights valiosos sobre o mundo visual.

É importante reconhecer os desafios e as limitações enfrentadas na visão computacional. Embora tenhamos alcançado avanços significativos, ainda há muito a ser explorado e aprimorado. A variação nas condições de captura de imagens, a presença de oclusões e a necessidade de dados de treinamento robustos são apenas alguns dos desafios que devemos enfrentar.

É fundamental continuar investindo em pesquisa e desenvolvimento para impulsionar ainda mais a visão computacional. À medida que avançamos, novas técnicas, algoritmos e abordagens surgirão, aprimorando ainda mais nossa capacidade de interpretar e compreender o mundo visual.

No próximo capítulo, vamos discutir a importância de sistemas especialistas e as considerações necessárias para garantir seu uso responsável e justo.

Capítulo 6

Sistemas Especialistas

Sistemas especialistas

6.1 O que são Sistemas Especialistas?

Os sistemas especialistas são projetados para capturar o conhecimento de especialistas humanos e aplicá-lo de forma sistemática e automatizada. Eles são capazes de analisar grandes quantidades de dados e informações, identificar padrões e tomar decisões com base em regras pré-definidas.

Um dos principais benefícios dos sistemas especialistas é sua capacidade de fornecer diagnósticos precisos e recomendações especializadas em tempo real. Na área da saúde, por exemplo, esses sistemas podem auxiliar os médicos no diagnóstico de doenças, sugerindo tratamentos adequados com base em sintomas e histórico médico do paciente.

Além disso, os sistemas especialistas também podem ser aplicados em tarefas de planejamento e programação, controle de qualidade, análise de risco financeiro, suporte ao cliente e muito mais. Eles são capazes de lidar com problemas complexos e fornecer soluções consistentes e confiáveis.

No entanto, os sistemas especialistas também enfrentam desafios. Um deles é a captura e manutenção do conhecimento especializado, que pode ser um processo demorado e exigir a colaboração contínua de especialistas humanos. Além disso, esses sistemas podem ter dificuldade em lidar com situações ambíguas ou novas, que não estão previstas em suas regras predefinidas.

Outro desafio é garantir a transparência e a explicabilidade das decisões tomadas pelos sistemas especialistas. É importante que os usuários possam compreender como o sistema chegou a uma determinada conclusão, especialmente em áreas críticas como a saúde, onde a confiança e a compreensão são fundamentais.

Apesar dos desafios, os sistemas especialistas continuam sendo uma ferramenta valiosa na tomada de decisões complexas e na aplicação de conhecimento especializado. Com os avanços contínuos da inteligência artificial, espera-se que esses sistemas se tornem ainda mais sofisticados e capazes de lidar com uma ampla gama de problemas e domínios, contribuindo para o avanço da tecnologia e o aprimoramento de diversos setores da sociedade.

6.2 Arquitetura de um Sistema Especialista

A arquitetura de um sistema especialista é composta por diferentes componentes que trabalham juntos para permitir a tomada de decisões baseada em conhecimento especializado. Essa arquitetura pode ser dividida em cinco princlpais componentes:

1. Base de conhecimento:

- A base de conhecimento em um sistema especialista desempenha um papel fundamental, pois é nela que todo o conhecimento especializado é armazenado. Essa base de conhecimento é composta por diferentes elementos, que incluem fatos, regras, heurísticas, casos e outros tipos de informações relevantes para o domínio de aplicação do sistema.

- Os fatos representam informações concretas e objetivas sobre o domínio em questão. Eles são declarações que descrevem o estado das coisas, como relações entre entidades, propriedades e valores associados a elas. Por exemplo, em um sistema especialista médico, um fato pode ser "o paciente tem febre de 38 graus Celsius".

- As regras são formuladas para representar o conhecimento heurístico e os padrões de raciocínio do especialista humano. Elas são constituídas por condições e ações. Quando as condições são atendidas, as ações correspondentes são acionadas. Por exemplo, uma regra em um sistema especialista de diagnóstico médico pode ser "Se o paciente tem febre alta e dor de garganta, então o diagnóstico provável é uma infecção na garganta".

- As heurísticas são princípios ou diretrizes gerais que orientam o processo de tomada de decisão do sistema especialista. Elas são usadas para guiar o raciocínio e a inferência, fornecendo uma abordagem aproximada para resolver problemas complexos. Por exemplo, uma heurística em um sistema especialista financeiro pode ser "Investir em ações de empresas com histórico sólido de lucros".

- Os casos representam exemplos reais ou hipotéticos que são usados para ilustrar situações específicas e suas soluções correspondentes. Eles são úteis para fornecer exemplos concretos de como lidar com problemas do domínio.

- Além desses elementos, a base de conhecimento pode incluir outros tipos de informações, como conhecimento estatístico, modelos matemáticos, padrões de comportamento, entre outros, dependendo do domínio de aplicação do sistema especialista.

A base de conhecimento em um sistema especialista deve ser constantemente atualizada e revisada para refletir os avanços no domínio, novas descobertas e melhores práticas.

2. Motor de inferência:

- O motor de inferência em um sistema especialista é a parte responsável por processar as informações contidas na base de conhecimento e realizar inferências lógicas para responder a perguntas e tomar decisões. Ele desempenha um papel fundamental no funcionamento do sistema, aplicando algoritmos e técnicas de raciocínio para chegar a conclusões a partir dos dados disponíveis.

- O motor de inferência utiliza diferentes estratégias de raciocínio para manipular as regras, fatos e heurísticas presentes na base de conhecimento. Entre as estratégias mais comuns estão a encadeamento para a frente (forward chaining) e o encadeamento para trás (backward chaining).

- No encadeamento para a frente, o motor de inferência parte dos fatos disponíveis e aplica as regras para derivar novas informações. Ele segue um processo iterativo, avaliando as condições das regras e acionando as ações correspondentes sempre que as condições são satisfeitas. Dessa forma, ele avança de forma progressiva na base de conhecimento, adicionando fatos e gerando novas conclusões.

- Já no encadeamento para trás, o motor de inferência começa com uma pergunta ou objetivo e retrocede na base de conhecimento para encontrar as regras que podem levar à resposta desejada. Ele avalia as condições das regras de forma recursiva, verificando se os fatos necessários para satisfazer as condições estão presentes. Quando uma condição não é atendida, o motor de inferência continua retrocedendo até encontrar as regras que podem fornecer os fatos em falta.

- Além disso, o motor de inferência também pode usar outras técnicas, como a lógica de primeira ordem, a lógica difusa, a lógica probabilística e algoritmos de aprendizado de máquina, dependendo do domínio de aplicação e dos requisitos do sistema especialista.

O desempenho e a eficiência do motor de inferência podem variar de acordo com a complexidade da base de conhecimento, a quantidade de regras e fatos a serem processados e a estratégia de raciocínio utilizada. Por isso, é necessário realizar ajustes e otimizações adequadas para garantir um funcionamento eficaz do sistema especialista.

3. Mecanismo de aquisição de conhecimento:

- O mecanismo de aquisição de conhecimento em um sistema especialista desempenha um papel fundamental na incorporação de novas informações à base de conhecimento. Ele fornece uma interface que permite a interação entre especialistas humanos e o sistema, a fim de capturar e organizar o conhecimento especializado de forma adequada.

- Existem várias técnicas utilizadas no processo de aquisição de conhecimento. Uma delas é a realização de entrevistas com especialistas, nas quais os especialistas compartilham seu conhecimento e experiência por meio de perguntas e respostas. Essas entrevistas podem ser estruturadas, seguindo um roteiro pré-definido, ou não estruturadas, permitindo uma conversa mais livre e aberta.

- Além das entrevistas, o mecanismo de aquisição de conhecimento também pode envolver a análise de documentos e registros relevantes para o domínio de aplicação do sistema. Isso pode incluir relatórios técnicos, manuais, estudos de caso, publicações científicas e qualquer outra fonte de informação que seja considerada relevante.

- Após a aquisição do conhecimento, é necessário organizar e representar essas informações de forma adequada na base de conhecimento. Isso pode envolver a criação de regras, a definição de fatos e a estruturação do conhecimento em termos de conceitos e relacionamentos.

- É importante ressaltar que o mecanismo de aquisição de conhecimento é um processo contínuo e iterativo. À medida que o sistema especialista evolui e é utilizado, novas informações e experiências podem ser incorporadas, a base de conhecimento pode ser atualizada e refinada, permitindo um aprendizado contínuo e aprimoramento do sistema.

- No entanto, é necessário ter cuidado ao realizar o processo de aquisição de conhecimento, pois os especialistas humanos podem ter vieses ou limitações em seu conhecimento. Portanto, é importante aplicar técnicas de validação e verificação para garantir a qualidade e a precisão das informações adquiridas.

Em resumo, o mecanismo de aquisição desempenha um papel crucial na incorporação de informações especializadas à base de conhecimento, permitindo que o sistema aprenda e tome decisões de forma mais precisa e eficaz.

4. Interface de usuário:

* A interface de usuário em um sistema especialista desempenha um papel crucial na interação entre o usuário e o sistema. Ela fornece os meios pelos quais o usuário pode fazer perguntas, fornecer informações adicionais e receber as respostas e recomendações do sistema. A interface de usuário pode ser projetada de várias formas, dependendo das necessidades e requisitos do sistema, bem como das preferências dos usuários.

* Uma opção comum é uma interface textual, na qual o usuário pode digitar suas perguntas ou fornecer informações em forma de texto. Nesse tipo de interface, o sistema interpreta o texto fornecido pelo usuário e responde com base nas regras e conhecimentos armazenados na base de conhecimento.

* Outra opção é uma interface gráfica, que pode incluir elementos visuais, como botões, menus e ícones, para facilitar a interação do usuário com o sistema. Essa interface permite uma interação mais intuitiva e visual, onde o usuário pode clicar em opções ou arrastar elementos para realizar ações.

* Além disso, com os avanços tecnológicos, as interfaces de voz têm se tornado cada vez mais populares. Nesse tipo de interface, o usuário pode interagir com o sistema por meio de comandos de voz, fazendo perguntas ou fornecendo informações de maneira oral. O sistema utiliza tecnologias de

reconhecimento de voz para interpretar e processar as informações fornecidas pelo usuário.

- Independentemente do tipo de interface escolhida, é importante que ela seja projetada de forma intuitiva, amigável e fácil de usar. Isso inclui a organização e apresentação clara das opções de interação, a utilização de linguagem compreensível e a consideração das necessidades e habilidades dos usuários.

- A interface de usuário também pode fornecer recursos adicionais, como sugestões de perguntas, exemplos de consultas, exibição de informações relevantes e visualização de resultados. Esses recursos auxiliam o usuário na interação com o sistema e na obtenção de respostas e recomendações precisas.

Ela deve ser projetada de forma intuitiva, amigável e adequada às necessidades dos usuários, permitindo uma interação eficaz e facilitando o acesso às informações e recomendações fornecidas pelo sistema especialista.

5. Mecanismo de explicação:

- O mecanismo de explicação em um sistema especialista desempenha um papel essencial na comunicação e transparência do raciocínio do sistema. Ele fornece explicações e justificativas claras e compreensíveis para as respostas e recomendações apresentadas pelo sistema. Isso permite ao usuário entender como o sistema chegou a determinada conclusão e por que uma determinada recomendação foi feita.

- Existem várias abordagens e técnicas para implementar o mecanismo de explicação em um sistema especialista. Uma abordagem comum é fornecer explicações em linguagem natural, utilizando termos e conceitos compreensíveis pelo usuário. Isso pode incluir a apresentação dos fatos e regras utilizados pelo sistema, bem como os passos lógicos do raciocínio que levaram à conclusão.

- Além disso, o mecanismo de explicação pode fornecer informações adicionais, como exemplos, evidências ou dados estatísticos relevantes para sustentar a resposta ou recomendação. Isso ajuda a aumentar a confiança do usuário no sistema, pois ele pode avaliar as informações e verificar se concorda com o raciocínio apresentado.

- É importante ressaltar que a natureza da explicação pode variar de acordo com o domínio de aplicação do sistema especialista. Em alguns casos, a explicação pode ser mais simplificada e de alto nível, enquanto em outros casos, pode ser mais detalhada e técnica, dependendo do nível de conhecimento e compreensão do usuário.

- O mecanismo deve ser projetado levando em consideração a capacidade cognitiva e as preferências do usuário. Isso significa que a explicação deve ser apresentada de forma clara, concisa e adaptada ao nível de conhecimento e familiaridade do usuário com o domínio em questão.

- Resumindo, o mecanismo de explicação em um sistema especialista desempenha um papel fundamental na comunicação do raciocínio do sistema. Ele fornece explicações e justificativas claras e compreensíveis para as respostas e recomendações dadas pelo sistema, permitindo ao usuário entender e confiar nas decisões tomadas. Isso contribui para a transparência e a aceitação do sistema pelo usuário.

➢ Assim, como os componentes principais, a arquitetura de um sistema especialista também pode incluir outros elementos, como mecanismos de validação e monitoramento, mecanismos de aprendizado automático para melhorar o desempenho do sistema ao longo do tempo, entre outros.

➢ A arquitetura de um sistema especialista é projetada de acordo com as necessidades e requisitos do domínio de aplicação específico. Cada componente desempenha um papel crucial no funcionamento do sistema, permitindo que ele utilize o conhecimento especializado para tomar decisões precisas e confiáveis.

➢ Além da arquitetura básica mencionada anteriormente, vale ressaltar alguns detalhes adicionais sobre a implantação de sistemas especialistas.

• A implantação de um sistema especialista envolve diversas etapas, desde a concepção até a implementação e manutenção contínua. Algumas etapas comuns incluem:

✓ **Identificação do problema:**

• A etapa de identificação do problema em um sistema especialista é de extrema importância para o sucesso do projeto. Nessa fase, o objetivo é definir de maneira clara e precisa o problema que será abordado pelo sistema especialista, levando em consideração o domínio de aplicação, os requisitos e as restrições envolvidas.

• Primeiramente, é necessário compreender o domínio em que o sistema especialista será aplicado. Isso envolve estudar e analisar o contexto específico em que o problema está inserido, identificando as principais características, conceitos e relações relevantes para a resolução do problema. É importante também considerar as limitações e restrições que podem existir nesse domínio, como restrições de tempo, recursos ou políticas específicas.

- Em seguida, é preciso definir claramente o problema a ser abordado pelo sistema especialista. Isso envolve identificar o objetivo do sistema e determinar quais são as perguntas ou tarefas que o sistema será capaz de responder ou executar. Por exemplo, se o sistema especialista estiver sendo desenvolvido para auxiliar no diagnóstico médico, o problema pode ser definido como identificar a doença com base nos sintomas apresentados pelo paciente.

- Além disso, é necessário considerar os requisitos do sistema, ou seja, as características e funcionalidades que o sistema precisa ter para atender às necessidades dos usuários. Isso pode incluir requisitos relacionados à precisão, eficiência, escalabilidade, facilidade de uso, entre outros. Os requisitos devem ser definidos de forma clara e mensurável, a fim de orientar o desenvolvimento e a avaliação do sistema.

- Por fim, é importante considerar as restrições e limitações que podem afetar a implementação e o uso do sistema especialista.

A etapa de identificação do problema em um sistema especialista envolve compreender o domínio de aplicação, definir claramente o problema a ser abordado, identificar os requisitos do sistema e considerar as restrições e limitações envolvidas. Essa etapa é fundamental para direcionar o desenvolvimento do sistema e garantir que ele atenda às necessidades e expectativas dos usuários.

✓ Aquisição do conhecimento:

- A aquisição do conhecimento é uma etapa essencial no desenvolvimento de um sistema especialista. Nesse processo, especialistas humanos são consultados para compartilhar seu conhecimento especializado, que será utilizado pelo sistema para tomar decisões e fornecer respostas precisas.

- Existem várias técnicas que podem ser utilizadas na aquisição do conhecimento. Uma delas é a realização de entrevistas com especialistas, nas quais são feitas perguntas específicas sobre o domínio de aplicação e as regras que regem o problema em questão. Essas entrevistas são uma oportunidade de extrair conhecimentos, experiências e intuições valiosas dos especialistas, permitindo que seu conhecimento seja incorporado ao sistema especialista.

- Além das entrevistas, a análise de documentos também desempenha um papel importante na aquisição do conhecimento. Isso envolve a revisão de literatura, artigos científicos, manuais técnicos e qualquer outra fonte relevante de informação que possa fornecer insights valiosos sobre o domínio de aplicação. Através dessa análise, é possível obter um entendimento mais profundo do problema e identificar padrões ou regras que serão úteis no desenvolvimento do sistema.

- Outra técnica comumente utilizada é a observação de especialistas em ação. Isso envolve acompanhar especialistas enquanto eles executam tarefas relacionadas ao domínio de aplicação. Essa observação direta permite capturar o conhecimento tácito e os métodos de raciocínio utilizados pelos especialistas, que muitas vezes não são facilmente expressos verbalmente. A partir dessa observação, é possível identificar padrões de comportamento e regras que podem ser incorporadas ao sistema especialista.

- É importante ressaltar que a aquisição do conhecimento não é um processo único e estático. À medida que o sistema especialista é desenvolvido e usado, novas informações e conhecimentos podem surgir. Portanto, é necessário estabelecer mecanismos de atualização da base de conhecimento, a fim de garantir que o sistema esteja sempre atualizado e capaz de lidar com novos cenários e desafios.

A aquisição do conhecimento em um sistema especialista envolve consultar especialistas humanos, por meio de entrevistas, análise de documentos, observação e outras técnicas relevantes. Essa etapa é fundamental para capturar o conhecimento especializado necessário para o funcionamento do sistema e deve ser realizada de forma iterativa, permitindo a incorporação contínua de novas informações e atualizações na base de conhecimento.

✓ Representação do conhecimento:

- A representação do conhecimento é uma etapa fundamental no desenvolvimento de um sistema especialista. Essa etapa consiste em transformar o conhecimento adquirido em uma forma estruturada e formalizada, que possa ser manipulada e processada pelo sistema.

- Existem diversas linguagens e técnicas de representação do conhecimento que podem ser utilizadas, dependendo do domínio de aplicação e das características do problema em questão. Alguns exemplos de linguagens comumente utilizadas são a lógica de predicados, redes semânticas, frames e ontologias.

- A lógica de predicados é uma linguagem formal que permite representar o conhecimento por meio de predicados, que descrevem relações entre objetos e propriedades dos mesmos. Essa linguagem é especialmente útil para representar regras e inferências lógicas, permitindo que o sistema especialista faça deduções a partir das informações disponíveis.

- As redes semânticas são diagramas que representam o conhecimento na forma de nós e arestas, onde os nós representam conceitos e as arestas representam as relações entre esses conceitos. Essa representação visual é intuitiva e facilita a compreensão e a manipulação do conhecimento.

- Os frames são uma forma de representação do conhecimento que organiza as informações em estruturas hierárquicas. Cada frame representa um objeto ou conceito e contém slots que representam as propriedades desse objeto. Essa representação é útil para modelar o conhecimento estruturado e as relações entre os objetos.

- As ontologias são modelos que representam o conhecimento em um domínio específico, descrevendo as classes de objetos, as propriedades desses objetos e as relações entre eles. Essa representação é utilizada para definir uma estrutura conceitual comum, permitindo a interoperabilidade entre diferentes sistemas e facilitando o compartilhamento de conhecimento.

- É importante escolher a linguagem de representação do conhecimento mais adequada para o domínio de aplicação e o objetivo do sistema especialista. Cada linguagem tem suas vantagens e limitações, e a escolha correta garantirá uma representação eficiente e precisa do conhecimento.

A representação do conhecimento em um sistema especialista envolve transformar o conhecimento adquirido em uma forma estruturada e formalizada. Isso pode ser feito por meio de linguagens como a lógica de predicados, redes semânticas, frames ou ontologias, dependendo das características do problema. A escolha correta da linguagem de representação é essencial para garantir a eficiência e a precisão do sistema especialista.

✓ Desenvolvimento do motor de inferência:

- O desenvolvimento do motor de inferência é uma etapa crucial no desenvolvimento de um sistema especialista. O motor de inferência é responsável por realizar o raciocínio lógico e dedutivo com base nas regras e fatos presentes na base de conhecimento.

- Existem diferentes abordagens para implementar o motor de inferência, dependendo das características do problema e dos requisitos do sistema. Duas abordagens comuns são o encadeamento para a frente e o encadeamento para trás.

- No encadeamento para a frente, o motor de inferência examina os fatos disponíveis na base de conhecimento e aplica as regras relevantes para inferir novos fatos. Esse processo continua até que não seja possível deduzir mais fatos. Essa abordagem é adequada quando o objetivo é descobrir novas informações ou fazer previsões com base nos dados disponíveis.

- No encadeamento para trás, o motor de inferência começa com uma meta ou objetivo e busca retroativamente as regras que podem ajudar a alcançar essa meta. Ele examina as regras em ordem inversa, buscando fatos que satisfaçam as condições das regras. Essa abordagem é adequada quando o objetivo é responder a perguntas específicas ou solucionar problemas a partir de uma meta pré-definida.

- Além dessas abordagens, também é possível utilizar uma combinação de encadeamento para a frente e encadeamento para trás, dependendo das necessidades do sistema e do domínio de aplicação. Essa combinação pode oferecer maior flexibilidade e eficiência na inferência.

- No desenvolvimento do motor de inferência, é necessário implementar algoritmos e estruturas de dados que permitam a manipulação eficiente das regras e fatos presentes na base de conhecimento. Também é importante considerar a escalabilidade do motor de inferência, para que ele possa lidar com grandes volumes de dados e realizar inferências em tempo hábil.

- Além disso, é importante garantir a corretude e a consistência das inferências realizadas pelo motor, verificando a validade das regras e evitando conflitos ou contradições na base de conhecimento.

O desenvolvimento do motor de inferência envolve a implementação de algoritmos e estruturas de dados que permitam o raciocínio lógico e dedutivo com base nas regras e fatos da base de conhecimento. As abordagens comuns incluem o encadeamento para a frente, encadeamento para trás ou uma combinação de ambos. É importante garantir a eficiência, a escalabilidade e a corretude do motor de inferência para que o sistema especialista possa realizar inferências de forma precisa e eficaz.

✓ Interface de usuário:

- A interface de usuário é uma parte essencial de um sistema especialista, pois é através dela que os usuários podem interagir com o sistema e obter respostas para suas perguntas ou soluções para seus problemas. A interface de usuário é projetada para ser intuitiva, amigável e eficiente, a fim de facilitar a interação com o sistema.

- Existem diferentes formas de implementar a interface de usuário, dependendo das necessidades e características do sistema especialista. Alguns elementos comuns de uma interface de usuário incluem formulários, caixas de diálogo, menus e botões.

- Os formulários permitem que os usuários insiram informações relevantes para a consulta ou problema que desejam resolver. Eles podem conter campos de texto, menus suspensos, caixas de seleção ou outros elementos interativos para coletar os dados necessários.

- As caixas de diálogo são usadas para exibir informações ao usuário ou solicitar confirmação para uma determinada ação. Elas podem conter mensagens, perguntas ou avisos, permitindo que os usuários entendam o contexto e tomem decisões adequadas.

- Os menus são utilizados para apresentar opções de escolha ao usuário. Eles podem ser organizados em hierarquias, facilitando a navegação e a seleção das opções desejadas.

- Os botões são elementos interativos que os usuários podem clicar para realizar ações específicas, como enviar uma consulta, solicitar uma recomendação ou obter uma explicação detalhada.

- A interface de usuário também pode ser projetada para aceitar comandos de voz, permitindo que os usuários interajam com o sistema por meio de reconhecimento de fala.

- É importante considerar a usabilidade e a experiência do usuário ao projetar a interface. Ela deve ser intuitiva, com elementos de design claros e de fácil compreensão. O uso de ícones, cores e layout adequado pode ajudar a tornar a interface mais atraente e fácil de usar.

A interface de usuário em um sistema especialista é projetada para permitir a interação eficiente entre os usuários e o sistema. Ela pode incluir elementos como formulários, caixas de diálogo, menus e botões, dependendo das necessidades do sistema e do público-alvo. A usabilidade e a experiência do usuário são considerações importantes na criação de uma interface de usuário eficaz.

✓ **Testes e validação:**

- Os testes e a validação desempenham um papel fundamental no desenvolvimento de um sistema especialista, garantindo sua eficácia e confiabilidade. Essas etapas são realizadas antes da implantação final do sistema e envolvem a verificação e validação do funcionamento adequado do sistema, bem como a comparação dos resultados obtidos com especialistas humanos e dados reais.

- A primeira etapa dos testes envolve a execução de casos de teste, nos quais o sistema especialista é submetido a diferentes cenários e situações para verificar se ele responde corretamente e produz os resultados esperados. Os casos de teste são projetados para cobrir uma ampla gama de possibilidades e situações do domínio de aplicação, de modo a abordar todos os aspectos relevantes do sistema.

- É importante comparar os resultados do sistema especialista com as respostas e decisões de especialistas humanos. Isso pode ser feito através da colaboração de especialistas que avaliam e validam as saídas do sistema, verificando se elas estão corretas e alinhadas com o conhecimento especializado.

- Outro aspecto importante é a validação com dados reais, sempre que possível. Isso envolve a utilização de conjuntos de dados reais, que refletem situações reais do domínio de aplicação, para verificar se o sistema especialista produz resultados precisos e confiáveis. Essa validação com dados reais ajuda a aumentar a confiança no sistema e demonstra sua capacidade de lidar com problemas do mundo real.

- Durante os testes e a validação, é fundamental registrar e documentar todos os resultados obtidos, bem como quaisquer problemas ou discrepâncias identificadas. Isso permite que ajustes e melhorias sejam feitos no sistema antes de sua implantação final.

- Os testes e a validação desempenham um papel crucial no desenvolvimento de um sistema especialista. Essas etapas envolvem a execução de casos de teste, comparação com especialistas humanos e validação com dados reais, para garantir que o sistema esteja funcionando corretamente e produzindo resultados precisos e confiáveis.

O registro e a documentação adequados dos resultados e problemas encontrados são fundamentais para aprimorar o sistema antes de sua implantação final.

✓ **Implantação e manutenção contínua:**

- A implantação e manutenção contínua de um sistema especialista são etapas cruciais para garantir seu funcionamento adequado e aprimorar seu desempenho ao longo do tempo. Nesta fase, o sistema é implantado em um ambiente de produção e é monitorado regularmente para garantir seu bom funcionamento.

- Durante a implantação, é importante garantir que todos os componentes do sistema, como o motor de inferência, a base de conhecimento e a interface de usuário, estejam configurados corretamente e em pleno funcionamento. Além disso, a integração com outros sistemas ou plataformas existentes também pode ser necessária, dependendo do caso.

- Após a implantação, a manutenção contínua do sistema especialista é essencial para garantir sua eficácia e precisão ao longo do tempo. Isso inclui monitorar o desempenho do sistema, identificar e corrigir possíveis erros ou falhas, e realizar atualizações e melhorias quando necessário.

- Uma das principais tarefas de manutenção é a atualização da base de conhecimento do sistema. À medida que novos conhecimentos e informações se tornam disponíveis, é importante incorporá-los à base de conhecimento existente. Isso pode ser feito por meio da colaboração com especialistas humanos, que fornecem atualizações e novas regras com base em sua expertise.

- A correção de erros e aprimoramento do desempenho também são aspectos importantes da manutenção contínua. À medida que o sistema é utilizado e interage com os usuários, podem ser identificados erros ou limitações que precisam ser corrigidos. A análise do feedback dos usuários e a realização de testes adicionais podem ajudar a identificar e solucionar essas questões.

- A manutenção contínua também pode envolver a incorporação de novas técnicas e algoritmos que possam melhorar o desempenho do sistema. A área de inteligência artificial está em constante evolução, e novas abordagens e técnicas podem surgir ao longo do tempo. Portanto, é importante acompanhar as tendências e avanços nessa área e considerar a adoção de novas técnicas que possam aprimorar o sistema.

- A manutenção contínua de um sistema especialista são etapas essenciais para garantir seu funcionamento adequado e aprimorar seu desempenho ao longo do tempo. Isso envolve a configuração correta dos componentes do sistema, a atualização da base de conhecimento, a correção de erros e a incorporação de novas técnicas e algoritmos. A manutenção contínua é fundamental para garantir que o sistema permaneça atualizado, preciso e eficaz em seu domínio de aplicação.

É importante envolver especialistas humanos e garantir uma colaboração efetiva entre eles e o sistema especialista para obter os melhores resultados.

6.3 Utilização de Sistemas Especialistas em diferentes áreas

Os sistemas especialistas têm sido aplicados em diversas áreas para auxiliar na resolução de problemas complexos e no apoio à tomada de decisões. A seguir, detalharei algumas das áreas em que esses sistemas têm sido utilizados:

1. Medicina: Na área da saúde, os sistemas especialistas são empregados no diagnóstico médico, planejamento de tratamentos, interpretação de exames e sugestão de terapias. Eles são capazes de analisar sintomas, históricos médicos e resultados de exames para fornecer recomendações médicas precisas e ajudar os profissionais de saúde a tomar decisões fundamentadas.

2. Engenharia: Em engenharia, os sistemas especialistas são utilizados para auxiliar no projeto e na análise de estruturas complexas, no planejamento de processos industriais e na resolução de problemas técnicos. Eles podem fornecer insights valiosos com base em regras e conhecimentos específicos do domínio, ajudando os engenheiros a tomar decisões mais eficientes e seguras.

3. Finanças: No setor financeiro, os sistemas especialistas são aplicados no gerenciamento de riscos, na detecção de fraudes, na previsão de mercado e na gestão de portfólios de investimento. Esses sistemas podem analisar grandes volumes de

dados financeiros e aplicar algoritmos sofisticados para oferecer insights valiosos e suporte na tomada de decisões financeiras.

4. Agricultura: Na agricultura, os sistemas especialistas são utilizados para auxiliar na gestão de cultivos, no monitoramento de pragas e doenças, na otimização de recursos hídricos e no controle da produção agrícola. Eles podem fornecer recomendações personalizadas com base em dados climáticos, características do solo e outros fatores relevantes para ajudar os agricultores a obter melhores resultados.

5. Atendimento ao cliente: Na área de atendimento ao cliente, os sistemas especialistas são empregados para auxiliar no suporte técnico, responder a perguntas frequentes, solucionar problemas simples e encaminhar casos mais complexos para os especialistas adequados. Eles podem ser integrados a sistemas de chatbots ou interfaces de autoatendimento para fornecer respostas rápidas e precisas aos clientes.

6. Jurídico: No campo jurídico, os sistemas especialistas auxiliam na pesquisa jurídica, na análise de casos e na tomada de decisões legais. Eles podem analisar leis, precedentes judiciais e outras fontes de dados legais para fornecer orientações sobre questões legais específicas, ajudando advogados e juízes a tomar decisões fundamentadas.

7. Recursos Humanos: Em recursos humanos, os sistemas especialistas podem ser aplicados no recrutamento e seleção de candidatos, na gestão de desempenho, no desenvolvimento de carreira e na resolução de problemas relacionados aos funcionários. Eles podem analisar currículos, realizar entrevistas simuladas e fornecer recomendações personalizadas para otimizar os processos de RH.

8. Educação: Na área educacional, os sistemas especialistas são utilizados para personalizar o ensino, fornecer feedback aos alunos e criar ambientes de aprendizagem adaptativos. Eles podem analisar o desempenho dos alunos, identificar lacunas de conhecimento e fornecer atividades personalizadas para promover a aprendizagem individualizada.

9. Logística e cadeia de suprimentos: Os sistemas especialistas podem ser aplicados na otimização de rotas de entrega, no planejamento de estoques, na previsão de demanda e na gestão de fluxos de trabalho na logística e na cadcia de suprimentos. Eles podem considerar diversos fatores, como custos, prazos e disponibilidade de recursos, para tomar decisões eficientes e melhorar a eficácia operacional.

10. Marketing e vendas: Na área de marketing e vendas, os sistemas especialistas podem ser utilizados para segmentação de mercado, análise de comportamento do consumidor, personalização de campanhas e recomendação de produtos. Eles

podem analisar dados de clientes, histórico de compras e informações de mercado para ajudar as empresas a entenderem seus clientes e tomar decisões de marketing mais eficaz.

> **Aqui está um resumo dos tópicos citados acima sobre a utilização de sistemas especialistas em diferentes áreas:**

1. Medicina: Os sistemas especialistas são usados para auxiliar no diagnóstico médico, planejamento de tratamentos e monitoramento de pacientes, contribuindo para uma assistência médica mais precisa e personalizada.

2. Engenharia: Na engenharia, os sistemas especialistas são aplicados no projeto de sistemas complexos, resolução de problemas técnicos e otimização de processos, visando melhorar a eficiência e a qualidade dos projetos.

3. Finanças: Os sistemas especialistas têm sido utilizados na análise de investimentos, gestão de riscos, detecção de fraudes e tomada de decisões financeiras, fornecendo insights valiosos para profissionais do setor.

4. Manufatura: Na indústria manufatureira, os sistemas especialistas são empregados no controle de qualidade, programação de produção e manutenção preditiva, contribuindo para o aprimoramento dos processos produtivos.

5. Agricultura: Os sistemas especialistas podem ser aplicados na gestão agrícola, no monitoramento de culturas, no planejamento de irrigação e no controle de pragas, ajudando os agricultores a aumentar a produtividade e reduzir custos.

6. Jurídico: Os sistemas especialistas auxiliam na pesquisa jurídica, análise de casos e tomada de decisões legais, fornecendo orientações fundamentadas para advogados e juízes.

7. Recursos Humanos: Em recursos humanos, os sistemas especialistas ajudam no recrutamento, gestão de desempenho e desenvolvimento de carreira, otimizando os processos de RH.

8. Educação: Os sistemas especialistas personalizam o ensino, fornecem feedback aos alunos e criam ambientes de aprendizagem adaptativos, promovendo a aprendizagem individualizada.

9. Logística e cadeia de suprimentos: Os sistemas especialistas otimizam rotas de entrega, planejamento de estoques e gestão de fluxos de trabalho, melhorando a eficiência operacional.

10. Marketing e vendas: Os sistemas especialistas segmentam o mercado, analisam o comportamento do consumidor e recomendam produtos, ajudando as empresas a tomar decisões de marketing mais eficazes.

Essas aplicações demonstram como os sistemas especialistas estão sendo utilizados em diversos setores para melhorar processos, tomar decisões mais assertivas e otimizar resultados. Em resumo os sistemas especialistas são programas de computador que utilizam conhecimento especializado em um determinado domínio para resolver problemas complexos. Eles são desenvolvidos com base em regras, fatos e heurísticas fornecidos por especialistas humanos.

Esses sistemas possuem a capacidade de tomar decisões e fornecer recomendações similares às de um especialista humano. Eles são projetados para simular o raciocínio humano e são aplicados em diversas áreas, como medicina, engenharia, finanças e educação, para auxiliar no diagnóstico, planejamento, análise de dados e tomada de decisões.

Os sistemas especialistas possuem uma base de conhecimento, um motor de inferência, um mecanismo de aquisição de conhecimento, uma interface de usuário e um mecanismo de explicação. Eles podem ser implementados por meio de linguagens de programação e algoritmos específicos para processar o conhecimento e realizar inferências lógicas.

O objetivo dos sistemas especialistas é automatizar tarefas complexas, aproveitando o conhecimento especializado de forma eficiente e precisa.

Capítulo 7

Robótica Inteligente

Robótica Inteligente

7.1 Introdução à Robótica Inteligente

A robótica inteligente é um campo multidisciplinar que combina conhecimentos de robótica, inteligência artificial e ciência cognitiva para desenvolver sistemas robóticos capazes de interagir com o ambiente de forma autônoma e inteligente.

Os principais tópicos abordados na introdução à robótica inteligente são:

1. Fundamentos de robótica:

Na seção de fundamentos de robótica, são abordados os seguintes tópicos:

➢ **Componentes de um robô:**

Os componentes de um robô são essenciais para o seu funcionamento. Abaixo, segue um detalhamento dos principais componentes:

- Estrutura mecânica: A estrutura mecânica é o esqueleto do robô, que fornece suporte e determina sua forma e movimento. Ela pode ser feita de materiais como metal, plástico ou fibra de carbono e é projetada para ser resistente, leve e funcional. A estrutura mecânica inclui articulações, como juntas rotativas ou deslizantes, que permitem o movimento do robô.
- Sistemas de acionamento: Os sistemas de acionamento são responsáveis por gerar o movimento do robô. Eles incluem motores

elétricos, servomotores ou atuadores pneumáticos ou hidráulicos. Esses sistemas convertem a energia fornecida em movimento mecânico, permitindo que o robô se desloque, mova seus membros ou execute outras ações físicas.

- Sensores: Os sensores são dispositivos eletrônicos que permitem ao robô perceber seu ambiente e obter informações sobre o mundo ao seu redor. Existem diferentes tipos de sensores utilizados em robótica, como sensores de proximidade, sensores de visão, sensores de força, sensores inerciais e muitos outros. Esses sensores captam dados e os enviam para o sistema de controle do robô.

- Sistemas de controle: Os sistemas de controle são responsáveis por receber as informações dos sensores, processá-las e enviar comandos aos sistemas de acionamento para controlar o movimento e as ações do robô. Esses sistemas podem envolver algoritmos de controle, microcontroladores ou sistemas de computação mais avançados. O objetivo é garantir que o robô execute as tarefas desejadas de forma precisa e eficiente.

Esses componentes trabalham em conjunto para permitir o funcionamento do robô. A estrutura mecânica fornece a base física, os sistemas de acionamento geram o movimento, os sensores percebem o ambiente e os sistemas de controle coordenam as ações do robô.

➢ Arquitetura de um robô:

A arquitetura de um robô é um framework que define a estrutura e a organização das diferentes partes do sistema robótico. Ela é projetada para permitir que o robô perceba o ambiente, tome decisões e execute ações de forma autônoma.

Uma arquitetura comum em robótica é a arquitetura em camadas, que consiste em:

- Camada de percepção: Nessa camada, o robô utiliza seus sensores para obter informações sobre o ambiente ao seu redor. Os sensores podem incluir câmeras, microfones, sensores de proximidade e outros dispositivos. A camada de percepção processa os dados sensoriais para extrair informações relevantes, como a posição de objetos, a presença de obstáculos, a detecção de voz, entre outros.

- Camada de planejamento: Após a percepção do ambiente, o robô utiliza a camada de planejamento para tomar decisões sobre as ações a serem executadas. Nessa camada, são utilizados algoritmos de inteligência artificial e planejamento de trajetória para determinar o melhor curso de ação. O planejamento pode envolver a definição de metas, a escolha de caminhos e a geração de sequências de movimentos.

- Camada de controle: A camada de controle é responsável por executar as ações planejadas pelo robô. Ela coordena os atuadores do robô, como motores e dispositivos de manipulação, para realizar as tarefas físicas. A camada de controle garante que as ações sejam executadas de forma precisa e segura, levando em consideração as restrições físicas e as interações com o ambiente.

Essas camadas estão interconectadas e trabalham em conjunto para permitir que o robô funcione de maneira inteligente e autônoma.

A camada de percepção fornece informações para a camada de planejamento, que toma decisões com base nessas informações e gera um plano de ação. O plano é então executado pela camada de controle, que coordena os atuadores para realizar as ações físicas.

Essa arquitetura em camadas facilita o desenvolvimento e a implementação de sistemas robóticos complexos, permitindo que os robôs interajam com o ambiente de maneira eficiente e autônoma.

➢ Sistemas de sensores e atuadores:

Os sistemas de sensores e atuadores desempenham um papel fundamental na robótica, permitindo que os robôs percebam o ambiente e executem ações físicas. Aqui estão alguns detalhes sobre esses componentes:

✓ Sistemas de sensores:

- Sensores de proximidade: Esses sensores são usados para detectar a presença ou à distância de objetos próximos ao robô. Eles podem ser baseados em ultrassom, infravermelho, laser ou outros princípios de detecção.

- Sensores de visão: Os sensores de visão permitem que o robô capture e intérprete informações visuais do ambiente. Eles podem ser câmeras ou sistemas de visão computacional que processam imagens para extrair características relevantes.

- Sensores de força: Esses sensores medem a força ou o torque aplicado pelo robô durante suas interações físicas. Eles são úteis para tarefas que requerem controle de força, como manipulação de objetos delicados.

- Sensores inerciais: Esses sensores medem a aceleração, a velocidade angular e a orientação do robô. Eles incluem acelerômetros, giroscópios e magnetômetros, e fornecem informações sobre a movimentação e a orientação do robô no espaço.

✓ **Sistemas de atuadores:**

- Motores: Os motores são usados para gerar movimento nos robôs. Eles podem ser motores elétricos, como motores de corrente contínua (DC), motores de passo ou servo motores, que fornecem controle preciso de posição e velocidade.

- Atuadores pneumáticos: Esses atuadores utilizam ar comprimido para gerar movimento. Eles são comumente usados em robótica industrial para aplicações que requerem alta potência e velocidade.

- Atuadores hidráulicos: Esses atuadores utilizam fluido pressurizado, geralmente óleo, para gerar movimento. Eles são capazes de fornecer alta potência e são comumente encontrados em robôs pesados ou em aplicações que exigem movimentos rápidos e precisos.

Esses sistemas de sensores e atuadores são integrados à estrutura mecânica do robô e controlados pelo sistema de controle, permitindo que o robô perceba o ambiente por meio dos sensores e execute ações físicas usando os atuadores.

Eles são projetados para fornecer informações precisas e confiáveis e permitir que o robô interaja efetivamente com o ambiente ao seu redor.

➢ Cinemática de robôs:

A cinemática de robôs é o estudo do movimento e da geometria dos robôs. Ela descreve como as diferentes partes do robô se movem em relação umas às outras e como isso afeta a posição e a orientação do robô no espaço. Aqui estão alguns detalhes sobre a cinemática de robôs:

- Coordenadas: As coordenadas são usadas para descrever a posição e a orientação do robô no espaço tridimensional. Elas podem ser expressas em termos de coordenadas cartesianas (x, y, z) ou coordenadas generalizadas, como ângulos das articulações.

- Transformações homogêneas: As transformações homogêneas são usadas para descrever as relações espaciais entre diferentes partes do robô. Elas combinam as rotações e as translações em uma única matriz, permitindo a representação de transformações complexas.

- Sistemas de coordenadas: Os sistemas de coordenadas são usados para definir a localização e a orientação de cada parte do robô. Eles são especialmente úteis em robôs com várias articulações, permitindo que cada articulação seja definida em relação ao sistema de coordenadas anterior.

- Cinemática direta: A cinemática direta envolve o cálculo da posição e da orientação final do robô com base nas posições e nas orientações das articulações. Ela permite determinar a posição do efetuador final do robô com base nas variáveis das articulações.

- Cinemática inversa: A cinemática inversa envolve o cálculo das posições e das orientações das articulações com base na posição e nas orientações desejadas do efetuador final. Ela permite determinar as configurações das articulações necessárias para alcançar uma determinada posição ou orientação.

A cinemática de robôs é essencial para o planejamento de movimento e controle de robôs. Ela permite determinar como as articulações devem se mover para atingir uma determinada posição ou realizar uma tarefa específica.

_____

Além disso, a cinemática é usada em aplicações como simulação, programação off-line e planejamento de trajetórias.

➢ Controle de robôs:

O controle de robôs é uma área fundamental da robótica, que se concentra em garantir que o robô execute as tarefas desejadas de maneira precisa e eficiente. Aqui estão alguns detalhes sobre o controle de robôs:

- Controle de posição: O controle de posição envolve o controle da posição do efetuador final do robô, garantindo que ele atinja os pontos desejados no espaço. Isso é feito por meio do ajuste das articulações do robô com base nos sinais de realimentação dos sensores de posição.

- Controle de velocidade: O controle de velocidade permite controlar a velocidade de movimento das articulações do robô. Isso é especialmente útil em tarefas que requerem movimentos suaves e precisos, como tarefas de montagem ou movimentos de precisão.

- Controle de força: O controle de força é usado para controlar a força exercida pelo robô ao interagir com o ambiente. Isso é particularmente importante em tarefas que exigem contato físico com objetos, como tarefas de manipulação ou tarefas de pegar e soltar.

- Controle em malha aberta e malha fechada: O controle em malha aberta envolve o envio de comandos de controle diretamente para as articulações do robô, sem levar em consideração o feedback dos sensores. Já o controle em malha fechada utiliza o feedback dos sensores para ajustar os comandos de controle, permitindo uma maior precisão e adaptabilidade às condições do ambiente.

- Técnicas de controle avançadas: Além das técnicas básicas de controle de posição, velocidade e força, existem várias técnicas avançadas de controle utilizadas em robótica. Isso inclui o controle adaptativo, o controle por modelo interno, o controle por realimentação visual e o controle baseado em aprendizado de máquina.

O controle de robôs desempenha um papel fundamental na operação e no desempenho dos robôs. Ele permite que os robôs realizem tarefas com precisão, velocidade e segurança, tornando-os úteis em uma ampla gama de aplicações, como manufatura, logística, assistência médica, exploração espacial e muito mais.

2. Inteligência artificial aplicada à robótica:

A inteligência artificial (IA) desempenha um papel cada vez mais importante na robótica, permitindo que os robôs sejam mais autônomos e adaptáveis.

> **Aprendizado de máquina:**

- Tipos de aprendizado: Existem diferentes tipos de aprendizado de máquina. O aprendizado supervisionado envolve treinar um modelo com exemplos rotulados, permitindo que ele faça previsões ou classificações em novos dados. O aprendizado não supervisionado envolve encontrar padrões e estruturas nos dados sem a presença de rótulos. Já o aprendizado por reforço envolve treinar um modelo com base em recompensas ou punições recebidas ao interagir com o ambiente.

- Algoritmos de aprendizado: Existem vários algoritmos de aprendizado de máquina que podem ser utilizados em robótica. Algoritmos de regressão podem ser usados para prever valores contínuos, como a posição de um objeto. Algoritmos de classificação são úteis para categorizar objetos ou tomar decisões baseadas em diferentes classes. Algoritmos de agrupamento podem ser empregados para identificar padrões ou grupos semelhantes nos dados.

- Treinamento de modelos: O treinamento de um modelo de aprendizado de máquina envolve a apresentação de dados de treinamento ao algoritmo para que ele possa aprender com eles.

Durante o treinamento, o modelo ajusta seus parâmetros e hiperparâmetros para otimizar seu desempenho. O processo de treinamento pode ser repetido várias vezes até que o modelo atinja uma boa precisão ou desempenho desejado.

- Melhoria contínua: Uma das vantagens do aprendizado de máquina é sua capacidade de melhorar continuamente seu desempenho. Isso é possível por meio do feedback contínuo do ambiente ou do usuário. O modelo pode ser atualizado com novos dados ou reforços, permitindo que ele se adapte a novas situações e melhore sua capacidade de tomar decisões.

- Aplicações na robótica: O aprendizado de máquina tem várias aplicações na robótica. Pode ser usado para reconhecimento de objetos, detecção de falhas, navegação autônoma, planejamento de trajetórias, interação com humanos e muito mais. O aprendizado de máquina permite que os robôs sejam mais flexíveis, adaptáveis e capazes de lidar com ambientes complexos e dinâmicos.

O aprendizado de máquina é uma ferramenta poderosa na robótica, permitindo que os robôs aprendam com seus erros, melhorem suas habilidades ao longo do tempo e se tornem mais eficientes e autônomos em suas tarefas.

Com a evolução das técnicas de aprendizado de máquina, a robótica está se tornando cada vez mais avançada e capaz de enfrentar desafios complexos em uma ampla gama de aplicações.

➤ Visão computacional:

A visão computacional é uma área da inteligência artificial que permite que os robôs "vejam" e compreendam o ambiente ao seu redor por meio do processamento de imagens ou vídeos. Aqui estão alguns detalhes sobre a visão computacional:

- Detecção e reconhecimento de objetos: A visão computacional pode ser usada para detectar e reconhecer objetos em imagens ou vídeos. Isso envolve a utilização de algoritmos para identificar padrões e características específicas que representam objetos. Essa capacidade é fundamental para que os robôs possam identificar e interagir com objetos em seu ambiente.

- Rastreamento de movimento: A visão computacional também pode ser utilizada para rastrear o movimento de objetos em tempo real. Isso permite que os robôs acompanhem o movimento de objetos ou pessoas, facilitando tarefas como seguimento de alvos, detecção de movimentos suspeitos ou interação em tempo real.

- Análise de profundidade: A visão computacional pode ser empregada para estimar a distância e a profundidade dos objetos em uma cena. Isso é feito por meio de técnicas como estereovisão, que utilizam múltiplas câmeras para calcular a disparidade entre as imagens capturadas. A análise de profundidade é crucial para a percepção espacial dos robôs e para a navegação autônoma em ambientes complexos.

- Interpretação de imagens: A visão computacional também envolve a interpretação de imagens, ou seja, a extração de informações significativas a partir de uma imagem. Isso pode incluir a identificação de características, reconhecimento de padrões ou análise de texturas. Essas informações podem ser utilizadas para tomar decisões ou inferir propriedades do ambiente.

- Aplicações na robótica: A visão computacional tem uma ampla gama de aplicações na robótica. É essencial para tarefas como navegação autônoma, onde os robôs podem identificar obstáculos e planejar rotas seguras. Também é importante para a manipulação de objetos, permitindo que os robôs reconheçam e agarrem objetos de forma precisa. Além disso, a visão computacional é útil para interação com humanos, permitindo que os robôs detectem e reconheçam expressões faciais, gestos e comandos visuais.

A visão computacional desempenha um papel fundamental na percepção dos robôs, permitindo que eles obtenham informações visuais do ambiente e interajam com ele de forma inteligente.

Com avanços contínuos nessa área, a robótica está se tornando cada vez mais capaz de entender e interpretar o mundo visual, abrindo caminho para uma ampla gama de aplicações em diversos setores.

➢ Processamento de linguagem natural:

O processamento de linguagem natural (PLN) é uma área da inteligência artificial que permite que os robôs compreendam e processem a linguagem humana de forma semelhante a um ser humano. Aqui estão alguns detalhes sobre o processamento de linguagem natural:

- Reconhecimento de voz: O reconhecimento de voz é a capacidade de um robô ou sistema computacional identificar e interpretar palavras faladas em linguagem humana. Isso envolve o uso de algoritmos de reconhecimento de padrões para converter o áudio da fala em texto, permitindo que o robô compreenda os comandos e instruções fornecidos verbalmente pelos usuários.

- Compreensão de linguagem natural: A compreensão de linguagem natural é a capacidade do robô de interpretar e compreender a linguagem escrita ou falada em sua forma natural. Isso envolve o processamento do texto ou fala para extrair informações semânticas e sintáticas, identificar entidades, reconhecer intenções e compreender o contexto da comunicação. A compreensão de linguagem natural permite que o robô interprete perguntas, responda a consultas e interaja com os usuários de forma mais natural.

- Geração de linguagem natural: A geração de linguagem natural é a capacidade de um robô produzir texto ou fala em linguagem humana. Isso envolve a geração de respostas ou instruções em linguagem natural com base na compreensão do robô sobre o contexto e as necessidades do usuário. A geração de linguagem natural é útil para fornecer respostas informativas, realizar explicações e realizar interações mais humanas.

- Aplicações na robótica: O processamento de linguagem natural é fundamental para a interação entre robôs e humanos. Ele permite que os robôs entendam comandos verbais, respondam a perguntas, forneçam informações relevantes e executem tarefas com base em instruções em linguagem natural. Essa capacidade facilita a comunicação e colaboração entre robôs e humanos, tornando a interação mais intuitiva e eficiente.

O processamento de linguagem natural é uma área em constante desenvolvimento, impulsionada por avanços em algoritmos de aprendizado de máquina e técnicas de processamento de texto.

À medida que os robôs se tornam mais inteligentes e capazes de compreender e gerar linguagem natural, eles se tornam mais adaptados para atender às necessidades dos usuários e desempenhar um papel mais significativo em diversas áreas, como assistência doméstica, atendimento ao cliente e educação.

➢ **Planejamento de ações:**

O planejamento de ações é uma área da robótica em que os robôs são capazes de tomar decisões e planejar suas ações com o objetivo de alcançar metas específicas. Aqui estão alguns detalhes sobre o planejamento de ações:

- Representação de objetivos e restrições: O planejamento de ações envolve a representação dos objetivos que o robô deseja alcançar e das restrições que devem ser consideradas durante o planejamento. Isso pode incluir restrições de tempo, recursos limitados, restrições de movimento e preferências específicas.

- Geração de sequências de ações: Com base nos objetivos e nas restrições definidas, os algoritmos de planejamento são utilizados para gerar sequências de ações que levem o robô a alcançar os objetivos desejados. Essas sequências de ações podem ser representadas como planos ou caminhos, detalhando as ações específicas que o robô deve executar em uma determinada ordem.

- Consideração de incertezas e contingências: Durante o planejamento de ações, é importante considerar incertezas e contingências que possam surgir no ambiente. Isso envolve a capacidade do robô de antecipar possíveis obstáculos, mudanças nas condições do ambiente e eventos imprevistos, e ajustar seu plano de ação de acordo.

- Avaliação e otimização do plano: Após a geração do plano de ação, é realizada uma avaliação para determinar a sua viabilidade e eficiência. O plano pode ser otimizado levando em consideração fatores como tempo de execução, consumo de recursos e minimização de riscos.

- Execução e monitoramento do plano: Uma vez que o plano de ação tenha sido gerado, o robô executa as ações conforme especificado. Durante a execução, o robô monitora o ambiente e suas próprias ações, fazendo ajustes conforme necessário para lidar com mudanças inesperadas ou para otimizar o desempenho.

A aplicação da inteligência artificial na robótica permite que os robôs sejam mais flexíveis, adaptáveis e capazes de interagir de forma mais natural com o ambiente e com os humanos.

Essas técnicas avançadas tornam os robôs mais eficientes, autônomos e capazes de realizar tarefas complexas em uma variedade de domínios, como manufatura, saúde, serviços e exploração.

3. Percepção robótica:

A percepção robótica é uma área fundamental da robótica em que os robôs utilizam sistemas e técnicas para entender e interpretar o ambiente ao seu redor. Aqui estão alguns detalhes sobre a percepção robótica:

➢ Processamento de sinais e imagens:

O processamento de sinais e imagens é uma área importante no campo da percepção robótica, em que os robôs utilizam técnicas para extrair informações úteis dos dados capturados por sensores visuais, como câmeras. Aqui estão alguns detalhes sobre o processamento de sinais e imagens em robótica:

- Filtragem: A filtragem é um processo em que os dados capturados pelos sensores são processados para remover ruídos e obter informações mais claras. Existem diferentes técnicas de filtragem, como filtragem espacial e filtragem de frequência, que ajudam a melhorar a qualidade das imagens e a reduzir a interferência de ruídos indesejados.

- Segmentação: A segmentação é o processo de dividir uma imagem em regiões ou objetos distintos. Isso permite que os robôs identifiquem e isolem áreas de interesse em uma imagem. Existem diferentes métodos de segmentação, como limiarização, detecção de bordas e segmentação baseada em regiões.

- Detecção de bordas: A detecção de bordas é uma técnica que identifica as transições de intensidade de pixel que representam as fronteiras entre objetos ou regiões na imagem. Isso ajuda a delinear objetos e a fornecer informações sobre sua forma e contorno.

- Extração de características: A extração de características é o processo de identificar e extrair informações relevantes e distintivas de uma imagem. Isso pode incluir características como texturas, formas, cores ou outros atributos visuais. Essas características são úteis para a identificação e classificação de objetos.

- Outros métodos de processamento de imagens: Além das técnicas mencionadas, existem muitos outros métodos de processamento de imagens utilizados em robótica, como reconhecimento de padrões, correspondência de pontos de interesse, reconstrução 3D e análise de texturas.

O processamento de sinais e imagens desempenha um papel essencial em várias aplicações robóticas, como detecção e reconhecimento de objetos, navegação autônoma, rastreamento de movimento e muito mais. Ele permite que os robôs extraiam informações significativas do ambiente visual e tomem decisões inteligentes com base nessas informações.

➢ **Reconhecimento de padrões:**

O reconhecimento de padrões é uma área essencial da percepção robótica que permite aos robôs identificar e classificar padrões, objetos ou eventos no ambiente. Ele utiliza técnicas de processamento de dados para extrair características relevantes e realizar tarefas de classificação, detecção e reconhecimento. Aqui estão alguns detalhes sobre o reconhecimento de padrões em robótica:

- Classificação: A classificação é uma técnica que permite ao robô atribuir um rótulo ou categoria a um objeto ou evento com base em suas características. Isso é feito treinando um modelo de aprendizado de máquina com um conjunto de dados rotulados, para que o robô possa reconhecer e classificar novos exemplos com base em padrões aprendidos.

- Detecção de objetos: A detecção de objetos é o processo de identificar a presença e a localização de objetos específicos em uma cena. Isso envolve a utilização de algoritmos de visão computacional e técnicas de aprendizado de máquina para encontrar regiões de interesse que correspondam a objetos previamente conhecidos.

- Reconhecimento facial: O reconhecimento facial é uma aplicação do reconhecimento de padrões que envolve a identificação de faces humanas em imagens ou vídeos. Isso pode ser usado pelos robôs para reconhecer pessoas, distinguir expressões faciais ou realizar tarefas de interação social.

- Reconhecimento de voz: O reconhecimento de voz é uma técnica que permite aos robôs interpretar comandos ou instruções fornecidas em forma de áudio. Por meio de algoritmos de processamento de linguagem natural e aprendizado de máquina, o robô pode converter a fala em texto e tomar ações com base nas informações obtidas.

- Outras aplicações: Além das mencionadas, existem muitas outras aplicações do reconhecimento de padrões em robótica, como reconhecimento de gestos, detecção de atividades humanas, reconhecimento de escrita, entre outros.

O reconhecimento de padrões desempenha um papel fundamental em várias tarefas e interações robóticas, permitindo que os robôs compreendam o ambiente, tomem decisões e ajam de maneira adequada. Ele é especialmente útil em cenários nos quais o robô precisa interagir com objetos, pessoas ou eventos de forma autônoma e inteligente.

➢ **Localização e mapeamento simultâneos (SLAM):**

O mapeamento e localização simultâneos (SLAM, do inglês Simultaneous Localization and Mapping) é uma técnica fundamental na robótica que permite aos robôs construir um mapa do ambiente em que estão inseridos e, ao mesmo tempo, determinar sua própria localização nesse mapa. O SLAM é especialmente útil em situações em que o robô precisa explorar um ambiente desconhecido ou em constante mudança. Aqui estão alguns detalhes sobre o SLAM:

- Construção do mapa: O SLAM envolve a criação de um mapa do ambiente em que o robô está operando. Isso pode ser feito usando diferentes tipos de sensores, como câmeras, lasers, sonares ou mesmo dados provenientes de sistemas de navegação inercial. À medida que o robô se move, ele coleta as informações sobre o ambiente e as usa para atualizar e expandir o mapa.

- Localização do robô: Além de construir o mapa, o SLAM permite que o robô determine sua própria localização no ambiente. Isso é alcançado ao combinar as informações dos sensores com o mapa em construção. O robô estima sua posição em relação ao mapa, levando em consideração as medições dos sensores e os movimentos realizados.

- Desafios do SLAM: O SLAM apresenta vários desafios, como a incerteza nas medições dos sensores, ruídos, oclusões e a necessidade de lidar com a escala do ambiente. Algoritmos avançados, como filtros de Kalman estendidos, grafos de fatoração ou técnicas baseadas em métodos probabilísticos, são utilizados para resolver esses desafios e realizar a localização e mapeamento com precisão.

- Aplicações do SLAM: O SLAM tem uma ampla gama de aplicações em robótica, como navegação autônoma, inspeção de ambientes desconhecidos, mapeamento de ambientes internos ou externos, monitoramento de áreas perigosas e até mesmo em realidade aumentada. Essa técnica é particularmente útil em robótica móvel, onde os robôs precisam se mover e operar em ambientes complexos e dinâmicos.

O SLAM desempenha um papel fundamental em permitir que os robôs construam mapas precisos do ambiente em que estão inseridos e se localizem com precisão dentro desse ambiente. Essa capacidade é essencial para que os robôs realizem tarefas autônomas de maneira segura e eficiente.

➢ **Sensoriamento avançado:**

O sensoriamento avançado é uma área da robótica que se concentra no uso de sensores mais sofisticados e especializados para obter informações detalhadas sobre o ambiente. Esses sensores vão além dos sensores básicos, como câmeras e microfones, e fornecem dados mais precisos e específicos. Aqui estão alguns exemplos de sensores avançados comumente utilizados:

- Sensores de profundidade: Esses sensores são capazes de medir a distância entre o robô e os objetos no ambiente, permitindo a criação de mapas 3D e a detecção de obstáculos com alta precisão. Os sensores de profundidade mais comuns incluem câmeras 3D, sensores a laser (como os LIDARs) e sensores baseados em tecnologia de tempo de voo.

- Sensores de força e torque: Esses sensores são capazes de medir a força e o torque aplicados a um objeto pelo robô ou pelo ambiente. Eles são usados para garantir interações seguras e precisas com objetos e humanos, permitindo o controle de força em tarefas como manipulação e montagem.

- Sensores táteis: Os sensores táteis permitem que os robôs sintam o toque e a pressão em suas extremidades. Eles são utilizados para detectar contato com objetos, medir a força de contato e fornecer feedback háptico. Esses sensores são especialmente úteis em aplicações que envolvem interação física com objetos ou seres humanos.

- Sensores de temperatura e umidade: Esses sensores são capazes de medir a temperatura e a umidade do ambiente em que o robô está operando. Eles são úteis em aplicações como monitoramento de condições ambientais, controle de qualidade em processos industriais ou detecção de incêndios.

- Sensores de gás: Esses sensores são projetados para detectar e medir a presença de diferentes gases no ambiente. Eles são usados em robôs para tarefas como detecção de vazamentos, monitoramento da qualidade do ar ou detecção de gases tóxicos em ambientes industriais.

O uso de sensores avançados permite que os robôs obtenham informações mais detalhadas sobre o ambiente, o que é essencial para a tomada de decisões inteligentes e a execução segura de tarefas.

➢ Fusão de dados sensoriais:

A fusão de dados sensoriais é uma técnica utilizada pelos robôs para combinar informações provenientes de diferentes sensores e obter uma visão mais completa e precisa do ambiente. Essa técnica permite superar as limitações individuais de cada sensor e obter uma compreensão mais confiável do ambiente em que o robô está operando. Aqui estão alguns aspectos importantes relacionados à fusão de dados sensoriais:

- Fusão de dados: A fusão de dados sensoriais envolve a combinação de informações provenientes de diferentes sensores para criar uma representação unificada do ambiente. Isso pode ser feito de várias maneiras, como agregação simples, média ponderada, fusão probabilística ou métodos avançados de aprendizado de máquina.

- Complementaridade de sensores: Cada sensor possui suas próprias vantagens e limitações. Alguns sensores podem ser mais adequados para detectar determinadas características do ambiente, enquanto outros podem ser melhores para capturar informações específicas. Ao combinar diferentes tipos de sensores, é possível aproveitar suas complementaridades e obter uma visão mais completa do ambiente.

- Redução de incertezas: A fusão de dados sensoriais também é útil para lidar com incertezas e ruídos presentes nas medidas individuais dos sensores. Ao combinar informações de vários sensores, é possível reduzir a incerteza global e obter estimativas mais confiáveis das características do ambiente.

- Robustez e confiabilidade: A fusão de dados sensoriais contribui para a robustez e confiabilidade do sistema robótico. Ao ter uma visão mais completa e confiável do ambiente, o robô pode tomar decisões mais informadas e executar tarefas de maneira mais precisa e segura.

- Aplicações: A fusão de dados sensoriais é aplicada em diversas áreas da robótica, como navegação autônoma, mapeamento e localização, reconhecimento de objetos, interação humano-robô e muitas outras. Em cada aplicação, a fusão de dados sensoriais desempenha um papel fundamental para melhorar a percepção e o desempenho do robô.

A fusão de dados sensoriais é uma técnica essencial na robótica, permitindo que os robôs obtenham uma compreensão mais completa e precisa do ambiente em que estão operando.

Ao combinar informações de diferentes sensores, o robô pode melhorar sua capacidade de percepção, tomada de decisão e interação com o ambiente e com seres humanos.

Tudo isso contribui para o desenvolvimento de sistemas robóticos mais eficientes, confiáveis e capazes de lidar com uma variedade de tarefas complexas.

➢ Tomada de decisão baseada em percepção:

A tomada de decisão baseada em percepção é um processo no qual os robôs utilizam as informações percebidas do ambiente para tomar decisões inteligentes e adaptar seu comportamento. Essa abordagem permite que os robôs ajam de maneira autônoma e reajam a eventos e mudanças no ambiente em tempo real. Aqui estão alguns aspectos importantes relacionados à tomada de decisão baseada em percepção:

- Processamento de informações: Os robôs utilizam técnicas de percepção robótica para processar as informações capturadas pelos sensores. Isso pode incluir o processamento de sinais, o processamento de imagens, o reconhecimento de padrões e outras técnicas de análise de dados. O objetivo é extrair informações relevantes e significativas do ambiente para tomar decisões informadas.

- Representação de conhecimento: A percepção robótica fornece ao robô uma visão do ambiente em termos de objetos, entidades e eventos. Essas informações são representadas de forma estruturada em uma base de conhecimento interna do robô. Essa base de conhecimento contém informações sobre as propriedades dos objetos, as relações entre eles e as possíveis ações que o robô pode executar.

- Raciocínio e planejamento: Com base nas informações percebidas e na base de conhecimento, o robô realiza raciocínio e planejamento para tomar decisões. Isso pode envolver a aplicação de algoritmos de inteligência artificial, como lógica, inferência probabilística, aprendizado de máquina e planejamento de ações. O objetivo é selecionar a melhor ação a ser executada com base nas circunstâncias atuais e nos objetivos do robô.

- Adaptabilidade: A tomada de decisão baseada em percepção permite que os robôs sejam adaptáveis a diferentes situações e mudanças no ambiente. Eles podem reagir a eventos inesperados, atualizar sua base de conhecimento e ajustar suas ações para lidar com novas circunstâncias. Isso é especialmente importante em ambientes dinâmicos e imprevisíveis, nos quais os robôs precisam se adaptar continuamente para alcançar seus objetivos.

- Interação humano-robô: A tomada de decisão baseada em percepção também desempenha um papel fundamental na interação humano-robô. Os robôs podem usar a percepção para entender as intenções e ações dos seres humanos e responder de maneira adequada. Isso inclui a capacidade de interpretar comandos verbais, gestos e expressões faciais, permitindo uma comunicação mais natural e eficiente.

A percepção robótica desempenha um papel crucial em diversas áreas da robótica, como navegação autônoma, mapeamento de ambientes, detecção e reconhecimento de objetos, interação com humanos e muito mais.

4. Tomada de decisões e planejamento de ações:

A tomada de decisões e o planejamento de ações são processos essenciais na robótica, nos quais o robô seleciona a melhor ação a ser executada com base em seus objetivos e no contexto em que está inserido. Essas etapas envolvem a utilização de técnicas avançadas para garantir a eficiência e a eficácia das ações realizadas. Vamos explorar alguns aspectos importantes relacionados a essas técnicas:

➢ Planejamento de trajetórias / Planejamento de tarefas:

O planejamento de trajetórias é uma etapa essencial na robótica, que consiste em determinar a sequência de movimentos necessários para que o robô alcance um objetivo específico. Essa sequência de movimentos é planejada levando em consideração as restrições físicas do robô e do ambiente, garantindo que o robô se mova de forma segura e eficiente.

Durante o planejamento de trajetórias, é necessário levar em conta uma série de fatores, como a geometria do ambiente, a posição inicial e final do robô, os obstáculos presentes, as restrições de velocidade e as limitações de colisão. O objetivo é encontrar um caminho livre de colisões que permita ao robô atingir seu objetivo da forma mais eficiente possível.

Existem diferentes algoritmos utilizados para o planejamento de trajetórias em robótica. Alguns dos mais comuns são:

- Algoritmo A* (A-star): O algoritmo A* é amplamente utilizado para planejamento de trajetórias em mapas discretizados. Ele utiliza uma busca heurística para encontrar o caminho mais curto entre dois pontos, levando em consideração a distância percorrida e uma estimativa do custo restante.

- Algoritmo D* (D-star): O algoritmo D* é uma extensão do A* e é especialmente útil em ambientes dinâmicos, nos quais as condições podem mudar ao longo do tempo. Ele permite que o robô replaneje sua trajetória quando ocorrem alterações no ambiente, como a movimentação de obstáculos.

- Árvore de Exploração Rápida e Aleatória (RRT - Rapidly-exploring Random Tree): O RRT é um algoritmo de planejamento de trajetórias que gera uma árvore aleatória de caminhos possíveis. Ele explora o espaço de configuração do robô de forma rápida e eficiente, encontrando trajetórias que evitam obstáculos e atingem o objetivo.

Esses algoritmos são apenas alguns exemplos, e existem muitas outras abordagens e variações utilizadas no planejamento de trajetórias. Cada algoritmo possui suas características e é mais adequado para diferentes cenários e requisitos específicos.

O objetivo final é encontrar um caminho seguro, eficiente e viável para o robô se mover e atingir seus objetivos no ambiente.

➢ Tomada de decisões baseada em lógica:

A tomada de decisões baseada em lógica envolve a utilização de regras lógicas e inferências para tomar decisões em um ambiente robótico. Nesse caso, o robô utiliza um conjunto de regras pré-definidas que descrevem relações entre as informações percebidas e as ações a serem executadas. Essas regras são aplicadas para inferir a melhor ação com base nas informações disponíveis. Exemplos de técnicas de tomada de decisões baseadas em lógica incluem sistemas especialistas e redes semânticas.

Os sistemas especialistas são baseados em um conjunto de regras lógicas que representam o conhecimento de um especialista humano em um determinado domínio. Essas regras são usadas para inferir respostas ou tomar decisões com base nas informações fornecidas ao sistema. O robô pode utilizar um sistema especialista para realizar diagnósticos, tomar decisões em situações específicas ou fornecer recomendações.

As redes semânticas são estruturas que representam conceitos e suas relações em um domínio específico. Cada conceito é representado por um nó e as relações são representadas por conexões entre os nós. Essas redes podem ser usadas para inferir informações adicionais a partir dos dados percebidos pelo robô, permitindo uma tomada de decisão mais abrangente e contextualizada.

A tomada de decisões baseada em lógica tem a vantagem de ser transparente e compreensível, pois as regras e inferências podem ser facilmente interpretadas. No entanto, ela pode ser limitada em termos de lidar com a incerteza e a imprecisão, uma vez que as regras são definidas de forma estática e podem não abranger todas as situações possíveis.

É importante ressaltar que a tomada de decisões baseada em lógica pode ser combinada com outras técnicas, como aprendizado de máquina, para obter melhores resultados. A combinação de abordagens lógicas e baseadas em aprendizado de máquina pode permitir que o robô tome decisões mais sofisticadas, adaptando-se a diferentes cenários e aprendendo com experiências passadas.

> **Tomada de decisões baseada em aprendizado:**

A tomada de decisões baseada em aprendizado envolve o uso de algoritmos de aprendizado de máquina para treinar modelos capazes de tomar decisões com base em dados históricos e experiências prévias. O robô aprende com exemplos passados e utiliza esse conhecimento para fazer previsões e tomar decisões em novas situações. Algoritmos como árvores de decisão, redes neurais e algoritmos genéticos são aplicados para a tomada de decisões baseada em aprendizado.

Árvores de decisão são estruturas de decisão hierárquicas que mapeiam um conjunto de características para uma decisão ou ação. Cada nó interno da árvore representa uma característica e cada ramo representa um possível valor dessa característica. As folhas da árvore representam as decisões ou ações a serem tomadas. O robô pode usar uma árvore de decisão para classificar dados e tomar decisões com base nas características percebidas.

Redes neurais são modelos inspirados no funcionamento do cérebro humano, compostos por camadas de neurônios artificiais interconectados. Essas redes são capazes de aprender a partir de dados de treinamento, ajustando os pesos das conexões entre os neurônios para otimizar o desempenho do modelo. O robô pode utilizar redes neurais para fazer previsões e tomar decisões com base em padrões complexos nos dados percebidos.

Algoritmos genéticos são baseados no conceito de evolução biológica e são aplicados para otimizar soluções em problemas de tomada de decisão. O algoritmo gera uma população inicial de soluções e utiliza operadores genéticos, como seleção, cruzamento e mutação, para evoluir a população ao longo de várias gerações. O robô pode utilizar algoritmos genéticos para encontrar a melhor solução ou decisão em um determinado problema.

A tomada de decisões baseada em aprendizado permite que o robô adapte seu comportamento com base em experiências passadas e dados atualizados. Isso proporciona maior flexibilidade e capacidade de lidar com situações complexas e variáveis.

No entanto, é importante treinar os modelos com dados de alta qualidade e garantir que as decisões tomadas sejam éticas e seguras. Além disso, a interpretabilidade dos modelos de aprendizado de máquina é um desafio, pois nem sempre é fácil compreender o raciocínio por trás das decisões tomadas pelos modelos.

➤ Planejamento e tomada de decisões adaptativas:

O planejamento e a tomada de decisões adaptativas são essenciais para permitir que os robôs lidem com ambientes dinâmicos e imprevisíveis. Nesses cenários, é necessário que o robô seja capaz de se adaptar rapidamente a mudanças nas condições do ambiente e tomar decisões em tempo real. Algoritmos adaptativos, como planejamento reativo e aprendizado por reforço, são utilizados para habilitar essa capacidade de adaptação.

O planejamento reativo é um tipo de planejamento que ocorre em tempo real, em resposta direta às informações perceptuais do ambiente. Em vez de planejar uma sequência de ações antecipadamente, o robô toma decisões com base nas informações imediatas, ajustando seu comportamento de acordo com as condições do ambiente em tempo real. Isso permite que o robô reaja rapidamente a mudanças e evite obstáculos de forma ágil.

O aprendizado por reforço é uma abordagem em que o robô aprende a tomar decisões através de interações com o ambiente. O robô recebe feedback em forma de recompensas ou punições, dependendo do resultado de suas ações, e utiliza essas informações para ajustar seu comportamento. O objetivo é que o robô aprenda a tomar decisões que maximizem as recompensas ao longo do tempo. Esse processo de aprendizado contínuo permite que o robô se adapte a mudanças nas condições do ambiente e melhore seu desempenho ao longo do tempo.

Esses algoritmos adaptativos permitem que o robô tome decisões rápidas e eficientes diante de mudanças no ambiente, tornando-o mais robusto e capaz de lidar com situações imprevisíveis. No entanto, é importante considerar a segurança e ética ao projetar esses sistemas adaptativos, para garantir que as ações tomadas pelo robô sejam adequadas e não representem riscos para si mesmo, para os humanos ou para o ambiente.

A tomada de decisões e o planejamento de ações são aspectos cruciais da robótica inteligente. Essas técnicas permitem que os robôs ajam de forma autônoma, eficiente e adaptativa, levando em consideração o contexto e os objetivos específicos.

Com a combinação adequada de algoritmos de planejamento, técnicas de tomada de decisões baseadas em lógica ou aprendizado, os robôs podem executar tarefas complexas de forma autônoma e interagir efetivamente com o ambiente e com os seres humanos.

5. Interatividade e comunicação:

A interatividade e comunicação são aspectos fundamentais na robótica, tanto no que diz respeito à interação entre o robô e os seres humanos, quanto à comunicação entre robôs. Nesse contexto, são explorados diferentes aspectos, como interfaces de usuário, linguagens de programação, interação natural por meio de voz, gestos e outras formas de comunicação, além da colaboração entre humanos e robôs.

As interfaces de usuário desempenham um papel importante na interatividade robô/humano, permitindo que os seres humanos interajam com o robô de forma intuitiva e eficiente. Isso pode envolver o uso de telas sensíveis ao toque, dispositivos de realidade virtual ou aumentada, comandos de voz e gestos. O objetivo é criar interfaces que sejam acessíveis e compreensíveis para os usuários, facilitando a interação com o robô.

No que se refere à linguagem de programação, existem várias opções disponíveis para programar e controlar robôs. Linguagens como Python, C++ e Java são comumente utilizadas na programação de robôs, permitindo que os desenvolvedores criem algoritmos, definam comportamentos e implementem funcionalidades específicas.

A interação natural é um aspecto importante da comunicação robô/humano, permitindo que os robôs compreendam comandos de voz, reconheçam gestos e expressem emoções por meio de expressões faciais ou corporais. Isso torna a interação mais intuitiva e semelhante à comunicação entre seres humanos, facilitando a colaboração e a comunicação eficaz entre o robô e o usuário.

Além disso, a colaboração humano/robô é uma área em crescimento na robótica. Os robôs são projetados para trabalhar em conjunto com seres humanos, compartilhando tarefas, tomando decisões conjuntas e colaborando de maneira eficiente. Isso pode envolver a divisão de tarefas, a coordenação de movimentos ou a comunicação em tempo real para realizar uma tarefa em conjunto.

No geral, a interatividade e a comunicação desempenham um papel crucial na robótica, permitindo que os robôs sejam integrados de forma eficaz em ambientes humanos e sejam capazes de interagir e colaborar com as pessoas de maneira natural e intuitiva.

6. Ética e questões sociais:

A ética e as questões sociais são aspectos cruciais a serem considerados na robótica inteligente. À medida que os robôs se tornam cada vez mais avançados e integrados em nossa sociedade, surgem preocupações relacionadas à privacidade, segurança, responsabilidade e impacto no mercado de trabalho.

No que diz respeito à privacidade, os robôs inteligentes podem coletar e armazenar uma quantidade significativa de dados sobre os usuários e o ambiente em que operam. Isso levanta questões sobre como esses dados são usados, protegidos e compartilhados. É importante garantir que os robôs respeitem a privacidade das pessoas e que os dados coletados sejam usados de forma ética e legal.

A segurança também é uma preocupação essencial na robótica inteligente. Os robôs podem interagir fisicamente com os seres humanos e seu ambiente, o que significa que devem ser projetados e programados para evitar causar danos ou colocar em risco a segurança das pessoas. É importante desenvolver robôs com mecanismos de segurança robustos e garantir que eles atendam a padrões de segurança adequados.

A questão da responsabilidade também é relevante. À medida que os robôs se tornam mais autônomos e capazes de tomar decisões, surge a questão de quem é responsável por suas ações. Em caso de acidentes ou danos causados pelos robôs, é necessário definir claramente a responsabilidade, considerando aspectos legais, éticos e de segurança.

Além disso, a introdução de robôs inteligentes no mercado de trabalho levanta preocupações sobre o impacto no emprego humano. À medida que os robôs automatizam tarefas anteriormente realizadas por seres humanos, podem ocorrer mudanças significativas no mercado de trabalho. É importante considerar o desenvolvimento de políticas e estratégias para mitigar os impactos negativos e garantir uma transição justa e equitativa.

Essas são apenas algumas das questões éticas e sociais que devem ser abordadas na robótica inteligente. É fundamental que os avanços tecnológicos sejam acompanhados por discussões éticas e regulamentações adequadas, a fim de garantir que a robótica inteligente seja desenvolvida e utilizada de forma responsável, segura e benéfica para a sociedade como um todo.

7. Aprendizado de máquina e redes neurais:

O aprendizado de máquina e as redes neurais são áreas fundamentais na robótica inteligente. Essas disciplinas envolvem o desenvolvimento de algoritmos e técnicas que permitem aos robôs aprender a partir de dados e realizar tarefas complexas.

No aprendizado de máquina, os robôs podem ser treinados para reconhecer padrões e tomar decisões com base nesses padrões identificados nos dados de treinamento. Isso inclui técnicas como classificação, regressão, agrupamento e reforço. Por exemplo, um robô pode ser treinado para reconhecer objetos em uma imagem, identificar comandos de voz ou prever o próximo movimento de um objeto em movimento.

As redes neurais são modelos computacionais inspirados no funcionamento do cérebro humano. Elas consistem em uma rede de neurônios artificiais interconectados que são capazes de processar informações e aprender a partir dos dados. As redes neurais podem ser usadas para resolver problemas complexos, como reconhecimento de imagens, processamento de linguagem natural e controle de robôs. Elas têm a capacidade de aprender e adaptar seus parâmetros internos com base nos dados de entrada, permitindo que os robôs realizem tarefas sofisticadas.

No contexto da robótica inteligente, o aprendizado de máquina e as redes neurais são aplicados em diversas áreas. Por exemplo, na percepção robótica, as redes neurais podem ser usadas para detectar e reconhecer objetos em imagens ou para processar informações sensoriais. No planejamento de trajetórias, o aprendizado de máquina pode ser utilizado para prever movimentos futuros de obstáculos e otimizar a trajetória do robô. Na tomada de decisões, algoritmos de aprendizado de máquina podem ser empregados para que o robô escolha a ação mais adequada com base nas informações percebidas.

O aprendizado de máquina e as redes neurais são ferramentas poderosas na robótica inteligente, permitindo que os robôs aprendam a partir dos dados e realizem tarefas complexas de forma adaptativa.

Essas técnicas têm um papel fundamental na capacidade dos robôs de interagir com o ambiente e com os seres humanos de maneira inteligente e eficiente.

8. Robótica autônoma:

A robótica autônoma é uma área de estudo que busca desenvolver robôs capazes de realizar tarefas de forma independente, sem intervenção humana direta. Esses robôs são projetados para operar em ambientes diversos e complexos, adaptando-se a situações imprevistas e executando tarefas de forma autônoma.

Um dos principais desafios na robótica autônoma é a navegação autônoma, que envolve a capacidade do robô de se mover de forma segura e eficiente em seu ambiente. Isso requer a habilidade de perceber o ambiente, mapeá-lo e planejar trajetórias para evitar obstáculos e alcançar os objetivos definidos.

Além da navegação autônoma, a manipulação de objetos é outro aspecto importante. Os robôs autônomos devem ser capazes de identificar objetos, planejar e executar ações de manipulação, como agarrar, levantar e soltar objetos de forma precisa e segura. Isso envolve a integração de sensores avançados, planejamento de trajetórias e controle de movimento preciso.

A interação com o ambiente também é uma área de destaque na robótica autônoma. Os robôs precisam ser capazes de perceber e compreender as informações do ambiente, interagir com objetos e tomar decisões em tempo real com base nessas informações. Isso pode incluir a detecção e resposta a estímulos ambientais, a interação com outros agentes e a adaptação a mudanças nas condições do ambiente.

Um aspecto crucial na robótica autônoma é a capacidade de adaptação a situações imprevistas. Os robôs devem ser capazes de lidar com mudanças repentinas no ambiente, como a presença de obstáculos não mapeados, e ajustar seu comportamento de acordo. Isso requer a aplicação de algoritmos adaptativos e o uso de técnicas de aprendizado de máquina para que o robô possa aprender com experiências passadas e se adaptar a novas situações.

A robótica autônoma busca criar robôs capazes de operar de forma independente, executando tarefas complexas e se adaptando a mudanças no ambiente. Navegação autônoma, manipulação de objetos, interação com o ambiente e adaptação a situações imprevistas são conceitos fundamentais nessa área, impulsionando o desenvolvimento de robôs cada vez mais autônomos e versáteis.

9. Aplicações da robótica inteligente:

A robótica inteligente tem um amplo leque de aplicações em diversas áreas, proporcionando benefícios e contribuições significativas. A seguir, são apresentados exemplos práticos de aplicação da robótica inteligente em diferentes setores:

➢ **Medicina:**

Na área da medicina, a robótica inteligente tem desempenhado um papel cada vez mais importante, trazendo avanços significativos em diferentes aspectos. Um dos principais campos de aplicação é a cirurgia, onde a robótica tem sido utilizada em procedimentos minimamente invasivos. Os robôs cirúrgicos controlados por médicos oferecem uma série de benefícios, como maior precisão, estabilidade e visualização tridimensional do local da cirurgia.

Esses sistemas robóticos permitem que os médicos realizem intervenções com maior precisão e menor invasividade. Os robôs são manipulados remotamente pelos cirurgiões, que controlam os instrumentos com precisão milimétrica. Além disso, a visualização em 3D proporcionada pelos sistemas robóticos permite uma melhor percepção dos detalhes anatômicos, auxiliando na tomada de decisões durante a cirurgia.

Essa abordagem menos invasiva tem vantagens significativas para os pacientes, como menor trauma, menor tempo de recuperação, menor risco de complicações e cicatrizes menores. A robótica também tem sido utilizada em procedimentos complexos, como cirurgias cardíacas, urológicas, gastrointestinais e ginecológicas.

Além da cirurgia, a robótica inteligente tem sido empregada na terapia física e reabilitação. Robôs especializados são utilizados para auxiliar pacientes em sua recuperação, proporcionando exercícios controlados e terapias específicas. Esses robôs podem fornecer feedback em tempo real e adaptar o nível de dificuldade de acordo com as necessidades individuais de cada paciente, promovendo uma recuperação mais eficiente e personalizada.

A robótica inteligente na medicina está em constante evolução, com o desenvolvimento de novas tecnologias e aprimoramento dos sistemas existentes. A busca por maior precisão, segurança e eficiência nos procedimentos médicos impulsiona a pesquisa e o desenvolvimento nessa área. A expectativa é que a robótica continue a desempenhar um papel importante na medicina, melhorando a qualidade dos cuidados de saúde e permitindo avanços significativos no diagnóstico, tratamento e reabilitação de pacientes.

> **Indústria:**

Na indústria, a robótica inteligente tem revolucionado o campo da automação, proporcionando melhorias significativas em eficiência, produtividade e segurança.

Os robôs inteligentes são utilizados em diversas tarefas industriais, substituindo trabalhos repetitivos e perigosos que antes eram realizados por humanos.

Um exemplo comum de aplicação da robótica inteligente na indústria é em linhas de produção. Os robôs são programados para executar tarefas de montagem, embalagem e inspeção de produtos de forma rápida, precisa e consistente.
Essa automação aumenta a velocidade de produção, reduzindo o tempo de ciclo e permitindo a fabricação de produtos em larga escala.

Os robôs inteligentes são capazes de trabalhar em ambientes perigosos ou desafiadores, onde a presença humana seria arriscada ou inviável. Eles podem lidar com materiais tóxicos, inflamáveis ou pesados, sem comprometer a segurança dos trabalhadores. Isso contribui para a redução de acidentes de trabalho e para a proteção da saúde dos funcionários.

A robótica inteligente na indústria também está associada à otimização dos processos de fabricação. Os robôs podem ser integrados a sistemas de logística e controle de estoque, agilizando a movimentação de materiais e o gerenciamento de inventário.

Além disso, a coleta de dados e a análise em tempo real possibilitam a detecção precoce de falhas, a manutenção preditiva e a melhoria contínua dos processos.

Essa combinação de automação, eficiência e segurança proporcionada pela robótica inteligente resulta em benefícios para a indústria, incluindo redução de custos, aumento da produtividade, melhoria da qualidade do produto e maior competitividade no mercado global.

A expectativa é que a robótica continue a evoluir e a se tornar uma parte cada vez mais integral do cenário industrial, impulsionando o avanço tecnológico e a transformação dos processos de produção.

➤ Exploração Espacial:

Na exploração espacial, a robótica inteligente desempenha um papel crucial, possibilitando a realização de missões em ambientes hostis e desconhecidos fora da Terra. Os robôs espaciais são projetados para superar os desafios enfrentados no espaço, como a falta de atmosfera, gravidade reduzida e condições extremas de temperatura e radiação.

Um exemplo importante de aplicação da robótica inteligente na exploração espacial é a utilização de robôs para a exploração de planetas. Veículos espaciais robóticos, como rovers, são enviados para a superfície de planetas como Marte, onde realizam a coleta de amostras do solo, a análise de composição química e a investigação geológica. Esses robôs são equipados com sensores avançados, como câmeras, espectrômetros e perfuradores, permitindo a obtenção de informações valiosas sobre a composição e a história desses corpos celestes.

A robótica inteligente desempenha um papel fundamental na manutenção de equipamentos e infraestrutura em estações espaciais. Robôs são utilizados para realizar tarefas de reparo, inspeção e manutenção em espaçonaves e em partes externas das estações espaciais, evitando a necessidade de caminhadas espaciais arriscadas para os astronautas.

A robótica inteligente também contribui para a realização de tarefas complexas e de alto risco no espaço. Por exemplo, robôs podem ser utilizados para montar estruturas em órbita, reparar satélites ou até mesmo realizar operações delicadas, como a captura de satélites ou detritos espaciais.

As aplicações da robótica inteligente na exploração espacial permitem a ampliação do conhecimento sobre o espaço, a coleta de dados científicos valiosos e a realização de tarefas que seriam difíceis ou perigosas para os seres humanos. Essa tecnologia desempenha um papel crucial na expansão das fronteiras da exploração espacial e no avanço da nossa compreensão do universo.

➤ Agricultura:

Na agricultura, a robótica inteligente desempenha um papel significativo na automação de diversas tarefas, auxiliando os agricultores a aumentar a eficiência e a produtividade. Os robôs inteligentes podem ser utilizados em diferentes etapas do processo agrícola, desde o plantio até a colheita e o monitoramento das safras.

Um exemplo importante de aplicação da robótica inteligente na agricultura é o uso de robôs para o plantio de sementes e mudas. Esses robôs são capazes de realizar o plantio de forma precisa e eficiente, garantindo o espaçamento adequado entre as plantas e reduzindo o desperdício de recursos. Além disso, eles podem ser programados para trabalhar em diferentes tipos de terreno e em condições climáticas variadas.

Outra aplicação é a utilização de robôs na irrigação. Esses robôs podem ser equipados com sensores para medir a umidade do solo e determinar a quantidade de água necessária para cada planta.

Com base nesses dados, eles podem controlar de forma autônoma a distribuição de água, garantindo uma irrigação eficiente e precisa, economizando recursos hídricos e melhorando o crescimento das plantas.

Na fase de colheita, os robôs inteligentes podem ser programados para realizar a colheita de forma autônoma e precisa. Eles podem identificar e selecionar os frutos maduros, realizar a colheita de forma delicada e colocá-los em recipientes adequados. Essa automação reduz a dependência de mão de obra humana e aumenta a eficiência na colheita.

Além disso, a robótica inteligente também pode ser aplicada no monitoramento das safras. Robôs equipados com sensores podem realizar a detecção de doenças, identificar pragas, analisar a qualidade do solo e monitorar o crescimento das plantas ao longo do tempo. Essas informações permitem que os agricultores tomem decisões mais informadas e adotem medidas preventivas para garantir a saúde e o rendimento das safras.

A utilização da robótica inteligente na agricultura proporciona diversos benefícios, como a redução de custos de mão de obra, a otimização do uso de recursos, o aumento da produtividade e a melhoria da sustentabilidade. Essa tecnologia contribui para uma agricultura mais eficiente, sustentável e capaz de enfrentar os desafios do aumento da demanda por alimentos.

➢ **Logística:**

Na área de logística, a robótica inteligente desempenha um papel fundamental na automação e otimização de operações em armazéns e centros de distribuição. Os robôs inteligentes são utilizados para realizar uma variedade de tarefas, como a movimentação de estoques, a organização de produtos e o gerenciamento de inventário.

Um exemplo de aplicação da robótica inteligente na logística é o uso de robôs autônomos para a coleta e o transporte de produtos nos armazéns. Esses robôs são capazes de navegar de forma autônoma pelo ambiente, evitando obstáculos e seguindo rotas otimizadas. Eles podem ser equipados com sensores para identificar e localizar os produtos desejados, agilizando o processo de coleta e reduzindo erros.

Os robôs inteligentes também podem ser utilizados para a organização de estoques. Eles podem receber informações sobre a localização dos produtos e realizar a arrumação de forma eficiente, maximizando o uso do espaço disponível e facilitando a localização rápida dos itens quando necessário.

Outra aplicação importante é o gerenciamento de inventário. Os robôs podem ser programados para realizar a contagem e a identificação de produtos de forma precisa e rápida. Com o uso de sensores e tecnologias de leitura, eles podem identificar códigos de barras, etiquetas ou outros marcadores para registrar as informações necessárias no sistema de gerenciamento de estoque. Isso reduz a necessidade de intervenção humana nesse processo, diminuindo erros e agilizando as atividades de controle de estoque.

A robótica inteligente na logística traz benefícios significativos, como a redução de custos operacionais, o aumento da eficiência e a melhoria da precisão nas operações de armazenagem e distribuição.

A automação dos processos logísticos contribui para a redução de erros, o aumento da produtividade e a melhoria da satisfação do cliente, garantindo entregas mais rápidas e precisas.

Com a robótica inteligente, a logística é transformada, permitindo um gerenciamento mais eficiente e otimizado dos estoques, agilizando o fluxo de mercadorias e melhorando a qualidade dos serviços logísticos oferecidos.

➢ Entretenimento:

Na indústria do entretenimento, a robótica inteligente desempenha um papel importante na criação de experiências únicas e memoráveis para o público. Os robôs são utilizados em parques temáticos, museus, exposições e outras atrações para entreter, educar e proporcionar interações imersivas.

Em parques temáticos, os robôs podem desempenhar diversos papéis, desde animações e performances até a interação direta com os visitantes. Eles são projetados para realizar movimentos e ações específicas que se encaixam no contexto do parque temático, trazendo personagens à vida ou criando experiências divertidas. Esses robôs podem ser controlados por meio de programação pré-definida ou até mesmo por operadores humanos, permitindo uma interação mais personalizada e adaptável.

Nos museus e exposições, os robôs podem desempenhar um papel educativo, fornecendo informações e interagindo com os visitantes. Eles podem conduzir visitas guiadas, explicar conceitos ou apresentar exposições de forma interativa.

O robôs inteligentes também podem ser utilizados como atores em performances teatrais ou como personagens em exposições interativas, criando experiências imersivas e envolventes para o público.

Outro aspecto interessante na robótica inteligente no entretenimento é o desenvolvimento de robôs humanoides com habilidades de comunicação e expressão facial. Esses robôs são projetados para se assemelharem a seres humanos e são capazes de interagir com as pessoas por meio de conversas, gestos e expressões faciais. Eles podem ser utilizados em shows, eventos ou até mesmo em contextos de entretenimento doméstico, proporcionando uma interação social e divertida com o público.

A robótica inteligente no entretenimento traz uma nova dimensão às experiências de entretenimento, permitindo a criação de personagens, performances e interações personalizadas. Combina tecnologia avançada, criatividade e engenhosidade para criar momentos inesquecíveis para o público, agregando valor e diversão aos diversos setores da indústria do entretenimento.

Essa tecnologia está em constante evolução e tem o potencial de revolucionar diversos setores, trazendo maior eficiência, precisão e segurança para as tarefas realizadas.

10.   Desafios futuros e tendências:

Desafios futuros e tendências na área da robótica inteligente estão direcionados para alcançar níveis mais avançados de autonomia e adaptabilidade dos robôs, aprimorar a interação entre humanos e máquinas, desenvolver robôs sociais e abordar questões éticas relacionadas ao uso da robótica inteligente.

Um dos desafios é tornar os robôs mais autônomos e capazes de lidar com ambientes complexos e em constante mudança. Isso envolve aprimorar a capacidade de percepção dos robôs, para que possam compreender e interpretar de forma mais precisa o ambiente ao seu redor. Além disso, é necessário desenvolver algoritmos e técnicas de planejamento e tomada de decisões que permitam aos robôs adaptarem-se a situações imprevistas e tomarem decisões inteligentes em tempo real.

Outro desafio é melhorar a interação entre humanos e máquinas. Isso envolve aprimorar as interfaces de usuário, tornando-as mais intuitivas e naturais, para que as pessoas possam interagir com os robôs de forma eficiente e confortável. Além disso, é necessário desenvolver técnicas de comunicação e colaboração entre humanos e robôs, permitindo que trabalhem juntos de forma harmoniosa e segura.

A tendência de desenvolvimento de robôs sociais também está em ascensão. Esses robôs são projetados para interagir com seres humanos de maneira mais socialmente inteligente, utilizando expressões faciais, gestos e linguagem verbal para criar uma experiência mais natural e envolvente. O objetivo é permitir que os robôs compreendam emoções humanas, sejam capazes de expressar empatia e se adaptem ao comportamento e preferências individuais.

Além disso, a ética na robótica inteligente é um tema cada vez mais importante. À medida que os robôs se tornam mais autônomos e integrados à sociedade, é necessário abordar questões relacionadas à privacidade, segurança, responsabilidade e impacto social. Isso inclui a definição de diretrizes éticas e regulamentações para o desenvolvimento e uso responsável da robótica inteligente.

Os desafios futuros na robótica inteligente envolvem a busca por maior autonomia, adaptabilidade e interação com humanos, bem como o desenvolvimento de robôs sociais e a consideração de questões éticas. As tendências emergentes estão direcionadas para aprimorar a inteligência dos robôs e promover uma integração mais harmoniosa e ética entre humanos e máquinas.

A introdução à robótica inteligente busca fornecer uma visão geral dos principais conceitos e técnicas utilizadas nessa área, permitindo aos estudantes e profissionais compreenderem as bases teóricas e práticas necessárias para desenvolver sistemas robóticos inteligentes.

7.2 Componentes de um Robô Inteligente

Um robô inteligente é composto por diversos componentes que trabalham em conjunto para permitir seu funcionamento autônomo e inteligente. Esses componentes podem incluir:

1. Sensores:

Os sensores desempenham um papel fundamental na capacidade de um robô inteligente perceber e compreender o ambiente em que está inserido. Eles fornecem dados e informações que são essenciais para que o robô tome decisões e execute suas tarefas de maneira autônoma. Os principais tipos são:

- Câmeras: As câmeras são sensores visuais que capturam imagens do ambiente. Elas permitem que o robô identifique objetos, pessoas, características do ambiente e padrões visuais. Além disso, as câmeras podem ser utilizadas em técnicas avançadas de processamento de imagens, como reconhecimento de objetos, detecção de movimento e mapeamento do ambiente.

- Sensores de proximidade: Esses sensores são utilizados para detectar a presença de objetos próximos ao robô. Eles podem utilizar diferentes tecnologias, como ultrassom, infravermelho ou laser, para medir a distância entre o robô e os objetos ao seu redor. Esses sensores são especialmente úteis para evitar colisões e garantir a segurança do robô e de seu ambiente.

- Sensores de toque: Os sensores de toque são projetados para detectar o contato físico do robô com objetos ou superfícies. Eles podem ser sensíveis à pressão, ao toque ou até mesmo detectar vibrações. Esses sensores permitem que o robô detecte interações físicas, como manipulação de objetos ou colisões, e ajuste suas ações de acordo com essas informações.

- Sensores de temperatura: Os sensores de temperatura são utilizados para medir a temperatura do ambiente ou de objetos específicos. Eles permitem que o robô monitore e reaja a mudanças de temperatura, o que pode ser importante em aplicações como controle de qualidade, ambiental ou detecção de incêndios.

- Outros sensores: Além dos sensores mencionados acima, existem diversos outros tipos de sensores utilizados em robótica inteligente. Isso inclui sensores de giroscópio e acelerômetro para medir a orientação e movimento do robô, sensores de luminosidade para detectar níveis de luz, sensores de áudio para reconhecimento de voz e detecção de sons, sensores de gases para monitoramento da qualidade do ar, entre outros.

A variedade de sensores disponíveis oferece ao robô uma ampla gama de capacidades sensoriais, permitindo que ele interaja com o ambiente de forma mais precisa, adaptável e autônoma.

2. Unidade de processamento:

A unidade de processamento desempenha um papel crucial na robótica inteligente, pois é responsável por processar as informações captadas pelos sensores e executar os algoritmos necessários para que o robô possa tomar decisões inteligentes. Essa unidade geralmente consiste em um computador embarcado ou um processador dedicado.

A unidade de processamento possui capacidade de processamento e memória para executar os cálculos e algoritmos necessários para interpretar os dados dos sensores. Ela pode ser equipada com processadores de alto desempenho, como CPUs (Unidades Centrais de Processamento), GPUs (Unidades de Processamento Gráfico) ou até mesmo ASICs (Circuitos Integrados de Aplicação Específica) projetados especificamente para tarefas de processamento de robótica.

Além disso, a unidade de processamento também pode incluir memória de armazenamento, que é utilizada para armazenar dados, programas e modelos de aprendizado de máquina. Esses dados e modelos podem ser acessados rapidamente para realizar inferências, treinamento de modelos ou outras tarefas de processamento.

A unidade de processamento é programada com algoritmos e software específicos para a robótica inteligente. Isso inclui algoritmos de visão computacional, aprendizado de máquina, planejamento de movimento, processamento de linguagem natural e outros. Esses algoritmos são executados de forma iterativa e contínua, permitindo que o robô processe os dados dos sensores em tempo real e tome decisões com base nesses dados.

A capacidade de processamento da unidade de processamento é um fator determinante para a eficiência e desempenho do robô. Quanto mais poderosa for a unidade de processamento, maior será a capacidade do robô de processar dados complexos, executar algoritmos avançados e tomar decisões rápidas e precisas.

A unidade de processamento é o "cérebro" do robô, responsável por processar as informações sensoriais e executar os algoritmos necessários para permitir que o robô tome decisões inteligentes e execute tarefas de forma autônoma. É um componente essencial para a robótica inteligente, fornecendo a capacidade de processamento e poder computacional necessário para tornar o robô inteligente e adaptável ao ambiente em que está inserido.

3. Algoritmos de aprendizado de máquina:

Esses algoritmos são projetados para extrair informações úteis a partir dos dados fornecidos, permitindo que o robô faça previsões, tome decisões e execute tarefas de forma mais eficiente e precisa.

Existem diferentes tipos de algoritmos de aprendizado de máquina que podem ser aplicados na robótica inteligente:

- Aprendizado supervisionado: Nesse tipo de algoritmo, o robô é treinado com um conjunto de dados de entrada e saída correspondentes. O objetivo é encontrar uma função que mapeie os dados de entrada para a saída correta. Por exemplo, um robô pode ser treinado para reconhecer objetos em imagens, onde as imagens de entrada são fornecidas com rótulos que indicam quais objetos estão presentes. O algoritmo aprende a associar características específicas das imagens aos objetos correspondentes.

- Aprendizado não supervisionado: Nesse tipo de algoritmo, o robô é exposto a um conjunto de dados sem rótulos. O objetivo é encontrar padrões e estruturas nos dados, agrupando-os de acordo com suas similaridades. Por exemplo, um robô pode usar aprendizado não supervisionado para agrupar diferentes tipos de objetos em categorias, com base em suas características comuns. Esse tipo de algoritmo pode ajudar o robô a descobrir informações ocultas nos dados e a identificar relações entre eles.

- Aprendizado por reforço: Nesse tipo de algoritmo, o robô aprende através da interação com o ambiente. O robô recebe recompensas ou punições com base em suas ações, e o objetivo é maximizar as recompensas ao longo do tempo. O algoritmo de aprendizado por reforço permite que o robô aprenda a tomar decisões sequenciais e a executar ações que levem a resultados favoráveis. Por exemplo, um robô pode aprender a jogar xadrez ou dirigir um veículo autônomo utilizando esse tipo de algoritmo.

- Redes neurais: As redes neurais são modelos computacionais inspirados pelo funcionamento do cérebro humano. Elas consistem em um conjunto de neurônios interconectados que podem aprender e processar informações. As redes neurais são aplicadas em diversas tarefas de robótica inteligente, como reconhecimento de padrões, processamento de linguagem natural e controle de movimento.

Esses são apenas alguns exemplos de algoritmos de aprendizado de máquinas utilizadas na robótica inteligente. Cada algoritmo tem suas características e aplicações específicas, e a escolha do algoritmo adequado depende do problema a ser resolvido e dos dados disponíveis.

O uso desses algoritmos permite que os robôs adquiram conhecimento, tomem decisões com base nesse conhecimento e melhorem seu desempenho ao longo do tempo.

4. Controladores:

Os controladores desempenham um papel essencial na robótica inteligente, pois são responsáveis por enviar os comandos necessários para controlar os atuadores do robô. Eles traduzem as decisões tomadas pelo sistema de processamento em ações físicas executadas pelo robô.

Existem diferentes tipos de controladores utilizados na robótica inteligente, dependendo das necessidades específicas do robô e das tarefas a serem realizadas. Alguns exemplos incluem:

- Controladores de motores: Esses controladores são utilizados para controlar a velocidade, direção e posicionamento dos motores do robô. Eles garantem que o robô se mova de acordo com as instruções recebidas, permitindo uma navegação precisa e eficiente.

- Controladores de braços robóticos: Esses controladores são responsáveis por controlar os movimentos e as posições dos braços robóticos. Eles garantem que o robô execute tarefas de manipulação com precisão, como pegar, mover e soltar objetos.

- Controladores de rodas: Esses controladores são usados em robôs móveis para controlar a velocidade e a direção das rodas. Eles permitem que o robô se desloque de forma autônoma, seguindo trajetórias planejadas ou respondendo a comandos do ambiente ou do usuário.

- Controladores de manipulação: Esses controladores são específicos para robôs que realizam tarefas de manipulação mais complexas, como ações de montagem, soldagem ou corte. Eles garantem que o robô execute movimentos precisos e delicados, controlando a força, a pressão e a orientação necessárias para a tarefa.

Os controladores são projetados para garantir que o robô execute as ações desejadas com precisão, eficiência e segurança. Eles podem ser implementados de várias maneiras, desde controladores programados com algoritmos específicos até controladores baseados em técnicas de aprendizado de máquina, capazes de adaptar seu comportamento com base em dados e experiências anteriores.

Além disso, os controladores podem interagir com outros componentes do robô, como os sensores e a unidade de processamento, para receber informações em tempo real sobre o ambiente e ajustar as ações do robô de acordo.

Essa comunicação e integração entre os componentes são fundamentais para o funcionamento eficaz do robô e para a realização das tarefas de forma inteligente e autônoma.

5. Atuadores:

Os atuadores desempenham um papel fundamental na robótica inteligente, pois são responsáveis por realizar os movimentos físicos do robô. Eles convertem os comandos enviados pelos controladores em ações físicas, permitindo que o robô interaja com o ambiente e execute tarefas específicas.

Existem diferentes tipos de atuadores utilizados na robótica inteligente, cada um com suas características e aplicações específicas:

- Motores: Os motores elétricos são amplamente utilizados como atuadores em robôs. Eles podem ser de corrente contínua (DC) ou de corrente alternada (AC) e são usados para fornecer energia mecânica para mover as partes do robô, como as rodas, braços ou articulações. Os motores podem ser controlados para girar em diferentes direções, velocidades e torque, permitindo uma ampla gama de movimentos e ações do robô.

- Servomotores: Os servomotores são um tipo especial de motor que possui um sistema de feedback embutido. Eles são amplamente utilizados em robótica para fornecer controle preciso de posição e velocidade. Os servomotores são frequentemente usados em articulações e braços robóticos, permitindo movimentos mais precisos e controlados.

- Sistemas pneumáticos: Os atuadores pneumáticos utilizam ar comprimido para gerar força e movimento. Eles são frequentemente usados em robôs industriais para realizar tarefas que exigem força significativa, como a movimentação de cargas pesadas. Os sistemas pneumáticos oferecem uma resposta rápida e são conhecidos por sua robustez e capacidade de operar em ambientes adversos.

- Sistemas hidráulicos: Os atuadores hidráulicos utilizam fluido pressurizado para gerar força e movimento. Eles são usados quando é necessária uma força ainda maior do que a fornecida pelos sistemas pneumáticos. Os atuadores hidráulicos são comumente encontrados em robôs industriais de grande porte, como guindastes e equipamentos de construção.

Os atuadores são projetados para operar de forma eficiente e precisa, permitindo que o robô realize uma variedade de tarefas físicas.

Eles são controlados pelos sinais enviados pelos controladores, que determinam a direção, velocidade, torque e outros parâmetros do movimento.

A integração adequada entre os atuadores, controladores e outros componentes do robô é essencial para garantir um desempenho adequado e seguro do robô na execução de suas tarefas.

6. Software de controle:

O software de controle desempenha um papel crucial na robótica inteligente, sendo responsável por coordenar e controlar todas as operações do robô. Ele é projetado para lidar com tarefas como processamento de dados dos sensores, controle dos atuadores, tomada de decisões e interação com o ambiente.

Existem diferentes tipos de software de controles utilizados na robótica inteligente, cada um com sua finalidade específica. Alguns exemplos incluem:

- Sistemas operacionais de robô (ROS): O ROS é uma plataforma de software amplamente utilizada na robótica. Ele fornece uma estrutura flexível para desenvolver e gerenciar sistemas robóticos complexos. O ROS facilita a comunicação entre os componentes do robô, como sensores, atuadores e módulos de controle, permitindo uma integração mais eficiente.

- Controladores de movimento: Os controladores de movimento são programas ou algoritmos responsáveis pelo controle preciso dos atuadores do robô. Eles recebem comandos do software de controle principal e gerenciam a velocidade, posição e torque dos atuadores para realizar os movimentos desejados. Esses controladores podem incluir técnicas de controle PID (Proporcional, Integral e Derivativo) e outros algoritmos avançados para garantir um movimento suave e preciso do robô.

- Algoritmos de tomada de decisão: Os algoritmos de tomada de decisão são parte integrante do software de controle. Eles permitem que o robô analise os dados dos sensores, processe essas informações e tome decisões com base nelas. Esses algoritmos podem ser baseados em lógica, aprendizado de máquina, redes neurais ou outras técnicas, dependendo das necessidades do robô e da tarefa em questão.

- Interfaces de usuário: As interfaces de usuário permitem que os humanos interajam e controlem o robô de forma intuitiva. Isso pode incluir interfaces gráficas, comandos de voz, dispositivos de realidade virtual ou qualquer outra forma de interação homem-máquina. O software de controle gerencia a interface de usuário e garante que os comandos e interações sejam interpretados corretamente pelo robô.

O software de controle é fundamental para o funcionamento eficiente e seguro dos robôs inteligentes. Ele permite a integração de todos os componentes do robô, desde os sensores até os atuadores, e coordena suas operações de acordo com as necessidades da aplicação. Além disso, o software de controle pode ser atualizado e aprimorado ao longo do tempo para melhorar o desempenho e a capacidade do robô.

7. Interface de usuário:

A interface de usuário é um componente crucial na interação entre os seres humanos e os robôs. Ela permite que os humanos se comuniquem e interajam com o robô, facilitando o controle e entendimento das ações realizadas pelo robô. Existem diferentes tipos de interfaces de usuário utilizadas na robótica inteligente, cada uma com sua finalidade específica. Alguns exemplos incluem:

- Interfaces gráficas: As interfaces gráficas são interfaces visuais que exibem informações e permitem a interação por meio de elementos gráficos, como botões, menus, telas sensíveis ao toque, entre outros. Essas interfaces são amplamente utilizadas em robôs que possuem telas de exibição, como robôs de serviços ou robôs de entretenimento, permitindo uma interação intuitiva por meio de toques ou cliques.

- Interfaces por voz: As interfaces por voz permitem que os seres humanos interajam com o robô por meio de comandos de voz. O robô utiliza tecnologias de reconhecimento de voz para interpretar os comandos e responder de acordo. Essas interfaces são comumente encontradas em assistentes pessoais robóticos ou robôs de serviço doméstico.

- Interfaces táteis: As interfaces táteis permitem a interação física direta com o robô por meio de toques ou gestos. Essas interfaces podem incluir sensores de toque em diferentes partes do corpo do robô, permitindo que os seres humanos comuniquem-se com o robô por meio de toques ou movimentos específicos.

- Interfaces de realidade virtual ou aumentada: Essas interfaces utilizam tecnologias de realidade virtual ou aumentada para criar uma experiência imersiva e interativa com o robô. Os seres humanos podem usar dispositivos como óculos de realidade virtual ou dispositivos de projeção para interagir com o ambiente virtual ou ver informações adicionais sobre o robô em tempo real.

A interface de usuário desempenha um papel fundamental na facilitação da comunicação e interação entre os seres humanos e os robôs. Ela permite que os seres humanos forneçam comandos, recebam informações sobre o estado do robô e compreendam as ações realizadas pelo robô. Uma interface de usuário bem projetada e intuitiva contribui para uma experiência de interação eficiente e satisfatória com o robô.

Esses são alguns dos principais componentes de um robô inteligente. Cada um desempenha um papel fundamental no funcionamento autônomo e inteligente do robô, permitindo que ele perceba o ambiente, tome decisões, execute ações físicas e interaja com os seres humanos de maneira eficiente e eficaz.

7.3 Aplicações da Robótica Inteligente

➢ Como em tópicos anteriores mencionados, seguem alguns tópicos resumidos de exemplos da aplicação de robótica inteligente:

- A robótica inteligente tem uma variedade de aplicações em diferentes áreas, proporcionando benefícios significativos. Na medicina, os robôs cirúrgicos permitem procedimentos mais precisos e menos invasivos, enquanto os robôs de terapia física auxiliam na reabilitação dos pacientes.

- Na indústria, os robôs inteligentes automatizam tarefas repetitivas e perigosas, aumentando a eficiência e a qualidade da produção. Na exploração espacial, os robôs espaciais são usados para a exploração de planetas e manutenção de equipamentos em condições hostis.

- Na agricultura, os robôs inteligentes contribuem para o plantio, irrigação, colheita e monitoramento de safras, otimizando recursos e aumentando a produtividade. Na logística, os robôs automatizam a movimentação e organização de estoques, agilizando os processos de armazenamento e distribuição.

- No campo da entrega e transporte, os robôs autônomos desempenham um papel importante na entrega de produtos e serviços, proporcionando eficiência e redução de custos. Na área de serviços domésticos, os robôs inteligentes podem auxiliar nas tarefas domésticas, como limpeza e jardinagem.

- Na educação e entretenimento, os robôs inteligentes são usados para proporcionar experiências interativas e imersivas, atuando como tutores, guias turísticos e animadores.

- Além disso, a robótica inteligente também encontra aplicações em setores como segurança e defesa, onde robôs autônomos podem ser utilizados para tarefas de patrulhamento, detecção de ameaças e desativação de dispositivos explosivos.

- Na área de cuidados e assistência, os robôs inteligentes são desenvolvidos para auxílio de idosos e pessoas com necessidades especiais, oferecendo suporte em atividades diárias, monitoramento de saúde e companhia emocional.

- A robótica inteligente também está presente no campo da pesquisa científica, permitindo a exploração de ambientes inacessíveis para os seres humanos, como o fundo do mar e áreas contaminadas. Robôs subaquáticos e terrestres podem coletar dados e realizar experimentos em locais de difícil acesso, contribuindo para avanços científicos e descobertas importantes.

- Além das áreas mencionadas, a robótica inteligente encontra aplicações em segmentos como energia, construção, transporte público, monitoramento ambiental, entre outros. Essas aplicações evidenciam a crescente importância da robótica inteligente no contexto atual, onde a automação e a inteligência artificial desempenham um papel crucial na busca por soluções inovadoras e eficientes.

É importante destacar que a implementação da robótica inteligente também levanta questões éticas, sociais e econômicas.

A discussão sobre o impacto no mercado de trabalho, a privacidade dos dados, a responsabilidade pelos erros e o acesso igualitário à tecnologia são aspectos que precisam ser considerados e abordados de forma responsável e cuidadosa.

Diante dos desafios e das tendências emergentes, a robótica inteligente continuará a evoluir e se adaptar às demandas da sociedade. O desenvolvimento de sistemas cada vez mais autônomos, aprimorados em termos de interação com os humanos e capazes de aprender e se adaptar continuamente são algumas das direções futuras da robótica inteligente.

Capítulo 8

Ética na Inteligência Artificial

Ética na Inteligência Artificial

8.1 Considerações Éticas na IA

Considerações éticas desempenham um papel crucial no desenvolvimento, implantação e uso da inteligência artificial (IA). À medida que a IA se torna cada vez mais presente em nossa sociedade, é importante refletir sobre as implicações éticas e tomar medidas para garantir que sua aplicação seja benéfica e responsável.

Os avanços na área da inteligência artificial (IA) têm trazido consigo uma série de desafios éticos que precisam ser cuidadosamente abordados. Alguns dos principais desafios éticos relacionados à IA incluem:

1. Privacidade e proteção de dados:

A privacidade e a proteção de dados são questões fundamentais no contexto da inteligência artificial (IA). A IA depende da coleta e do uso de grandes quantidades de dados para treinar seus algoritmos e tomar decisões. No entanto, isso pode levantar preocupações sobre a privacidade dos indivíduos e a segurança das informações pessoais.

Para garantir a privacidade e a proteção de dados na IA, é necessário adotar medidas adequadas, como:

➤ Consentimento informado:

O consentimento informado é um dos princípios fundamentais da privacidade e proteção de dados na área da inteligência artificial (IA). Consiste no processo de obtenção do consentimento explícito e informado dos indivíduos antes da coleta e uso de seus dados pessoais.

Para obter um consentimento informado adequado, as organizações devem garantir que os indivíduos estejam plenamente informados sobre como seus dados serão coletados, armazenados, processados e utilizados. Isso inclui fornecer informações claras e compreensíveis sobre os fins específicos da coleta de dados, as categorias de dados que serão coletadas, os terceiros com os quais os dados serão compartilhados (se houver), a duração do armazenamento dos dados e os direitos dos indivíduos em relação aos seus dados.

Além disso, é importante que os indivíduos tenham a capacidade de tomar uma decisão livre e voluntária sobre o consentimento. Isso significa que eles devem ter a opção de consentir ou não consentir sem sofrer qualquer forma de coerção ou consequência negativa por sua escolha.

Os indivíduos também devem ter o direito de retirar o seu consentimento a qualquer momento, caso desejem. As organizações devem garantir que seja fácil para os indivíduos revogarem o seu consentimento e que essa revogação seja respeitada, resultando na interrupção do uso dos seus dados.

Para obter um consentimento informado válido, é recomendado que as organizações adotem práticas como:

- Apresentar a informação de forma clara e compreensível, utilizando linguagem simples e evitando jargões técnicos ou complexos.

- Disponibilizar a política de privacidade ou termos de uso de forma acessível, em um formato facilmente compreensível.

- Obter o consentimento de forma ativa, por exemplo, através de uma caixa de seleção ou clicando em um botão de consentimento.

- Registrar e documentar o consentimento obtido, incluindo a data, hora e detalhes do consentimento para fins de comprovação.

O consentimento informado é uma prática ética e legalmente exigida para proteger a privacidade e os direitos dos indivíduos no contexto da IA e do uso de dados pessoais. Ao garantir um consentimento informado adequado, as organizações demonstram seu compromisso com a transparência, a responsabilidade e o respeito pela privacidade das pessoas.

➢ Anonimização e pseudonimização:

A anonimização e pseudonimização são técnicas utilizadas para proteger a identidade dos indivíduos presentes nos dados. Ambas têm como objetivo reduzir o risco de identificação direta ou indireta de uma pessoa específica a partir dos dados coletados.

A anonimização consiste na remoção ou modificação de informações pessoais que possam identificar um indivíduo. Isso pode incluir a exclusão de nomes, endereços, números de identificação, entre outros dados pessoais identificáveis. O objetivo é tornar os dados completamente anônimos, de forma que não seja possível identificar os indivíduos a partir dessas informações.

Já a pseudonimização envolve a substituição das informações identificáveis por pseudônimos ou códigos. Nesse caso, os dados ainda podem conter informações pessoais, mas elas são substituídas por identificadores únicos ou pseudônimos que não podem ser facilmente associados a uma pessoa específica. Dessa forma, a pseudonimização reduz a identificabilidade dos dados, tornando mais difícil vinculá-los a indivíduos reais.

Ambas as técnicas têm como objetivo principal proteger a privacidade dos indivíduos e reduzir o risco de identificação indevida. No entanto, é importante ressaltar que a anonimização oferece um nível mais elevado de proteção, uma vez que torna os dados completamente não identificáveis. Já a pseudonimização, embora ofereça uma camada de proteção, ainda permite alguma possibilidade de reidentificação dos indivíduos, especialmente se forem combinados com outros conjuntos de dados.

É fundamental que as organizações que lidam com dados pessoais adotem práticas adequadas de anonimização e pseudonimização, levando em consideração as regulamentações de proteção de dados, como o Regulamento Geral de Proteção de Dados (GDPR) na União Europeia. Ao aplicar essas técnicas, é possível reduzir significativamente os riscos de violação da privacidade e garantir a conformidade com os princípios éticos e legais relacionados à proteção de dados.

> **Segurança da informação:**

A segurança da informação desempenha um papel crucial na proteção dos dados utilizados na área da robótica inteligente. Para garantir a confidencialidade, integridade e disponibilidade dos dados, é necessário implementar medidas de segurança adequadas.

Uma das principais medidas é a criptografia, que consiste em codificar os dados de forma que somente as pessoas autorizadas possam decifrá-los. A criptografia pode ser aplicada tanto nos dados em repouso, armazenados em dispositivos de armazenamento, quanto nos dados em trânsito, transmitidos pela rede. Isso impede que informações sensíveis sejam acessadas por terceiros não autorizados.

Além da criptografia, é fundamental implementar firewalls e sistemas de detecção de intrusões para proteger a rede e os sistemas do robô contra acessos não autorizados. Os firewalls atuam como uma barreira entre a rede interna e a externa, filtrando o tráfego e bloqueando tentativas de invasão. Os sistemas de detecção de intrusões monitoram o tráfego em busca de atividades suspeitas e alertam sobre possíveis ameaças.

A autenticação de usuário é outra medida importante de segurança. Ela envolve a verificação da identidade dos usuários antes de permitir o acesso aos sistemas e dados. Isso pode incluir o uso de senhas fortes, autenticação de dois fatores ou outras formas de autenticação biométrica, como impressões digitais ou reconhecimento facial.

Entretanto, se faz necessário implementar práticas de segurança da informação, como atualização regular dos sistemas operacionais e aplicativos, realização de backups periódicos dos dados, restrição de privilégios de acesso, e treinamento dos usuários para conscientizá-los sobre boas práticas de segurança.

A segurança da informação é um aspecto fundamental na proteção dos dados sensíveis e na prevenção de violações de privacidade. É importante que as organizações que utilizam robótica inteligente adotem medidas de segurança adequadas, levando em consideração as melhores práticas e as regulamentações vigentes, a fim de garantir a proteção dos dados e a confiança dos usuários.

➢ Minimização de dados:

A minimização de dados é um princípio importante na proteção da privacidade e consiste em coletar e armazenar apenas os dados necessários para o propósito específico da IA. Isso significa evitar a coleta excessiva de informações pessoais e restringir a retenção dos dados apenas pelo tempo necessário.

Ao adotar a minimização de dados, as organizações devem identificar claramente quais são as informações essenciais para alcançar os objetivos da IA e limitar a coleta a essas informações específicas. Isso envolve definir os critérios de relevância e necessidade dos dados, considerando os requisitos da aplicação e as expectativas de privacidade dos indivíduos.

É importante definir uma política clara de retenção de dados, estabelecendo um período de tempo específico para a manutenção dos dados coletados. Essa política deve levar em consideração as exigências legais e regulatórias, bem como as finalidades da IA. Após o período determinado, os dados devem ser adequadamente destruídos ou anonimizados para evitar o acesso não autorizado.

A minimização de dados contribui para limitar os riscos associados à coleta e ao armazenamento de informações pessoais, reduzindo a exposição de dados sensíveis e protegendo a privacidade dos indivíduos. Essa prática também está alinhada com os princípios de privacidade por design e minimiza os impactos potenciais de violações de segurança e vazamentos de dados.

Ao implementar a minimização de dados, as organizações devem adotar medidas técnicas e organizacionais adequadas para garantir que apenas os dados necessários sejam coletados e retidos, e que eles sejam devidamente protegidos durante todo o ciclo de vida da IA. Isso inclui a implementação de políticas de governança de dados, a adoção de medidas de segurança da informação e a criação de práticas de gerenciamento de dados responsáveis.

➢ Responsabilidade dos dados:

A responsabilidade dos dados é um aspecto fundamental no contexto da IA e envolve a obrigação das organizações de garantir o uso adequado e ético dos dados. Isso inclui a adoção de políticas claras de privacidade, a implementação de práticas de proteção de dados e a conformidade com as leis e regulamentações aplicáveis.

As organizações devem estabelecer políticas de privacidade transparentes e acessíveis, que informem os indivíduos sobre como seus dados serão coletados, armazenados, utilizados e compartilhados. Essas políticas devem explicar claramente os propósitos da coleta de dados, as medidas de segurança adotadas e os direitos dos indivíduos em relação aos seus dados.

Essas organizações têm a responsabilidade de treinar seus funcionários sobre a importância da proteção de dados e fornecer diretrizes claras sobre como lidar com as informações pessoais. Isso envolve conscientizar os colaboradores sobre as melhores práticas de segurança da informação, a importância do consentimento informado e a necessidade de respeitar a privacidade dos indivíduos.

As organizações também devem implementar processos adequados para garantir a conformidade com as leis e regulamentações de privacidade, como o Regulamento Geral de Proteção de Dados (GDPR) na União Europeia. Isso pode incluir a designação de um encarregado de proteção de dados, a realização de avaliações de impacto à privacidade e a implementação de medidas técnicas e organizacionais para proteger os dados.

A responsabilidade dos dados é uma questão que vai além das organizações, envolvendo também a conscientização da sociedade sobre os direitos e a proteção da privacidade. É essencial estabelecer um ambiente no qual os indivíduos possam confiar no uso de seus dados e ter controle sobre como suas informações pessoais são utilizadas.

Ao assumir a responsabilidade dos dados, as organizações contribuem para uma cultura de privacidade e ética no contexto da IA, garantindo a proteção dos direitos dos indivíduos e promovendo a confiança no uso da tecnologia. É de extrema importante que haja uma supervisão adequada e uma regulamentação eficaz para garantir a proteção dos direitos individuais e a responsabilidade das organizações no uso da IA.

A privacidade e a proteção de dados devem ser consideradas como princípios fundamentais no desenvolvimento e na implementação de sistemas de IA, visando sempre o respeito e a proteção dos direitos dos indivíduos.

2. Viés e discriminação:

O viés e a discriminação são preocupações importantes no desenvolvimento e uso de algoritmos de IA. Esses algoritmos aprendem a partir dos dados com os quais são treinados, e se os dados contiverem preconceitos ou desigualdades existentes, os resultados gerados pelos algoritmos também podem refletir esses vieses.

É fundamental garantir a equidade e a imparcialidade nos algoritmos de IA, evitando a discriminação e promovendo a diversidade e a inclusão. Isso envolve diversas etapas e considerações durante o ciclo de vida do sistema de IA:

➢ Coleta de dados diversificados:

A coleta de dados diversificados é um passo fundamental para mitigar o viés nos algoritmos de IA.

Algumas práticas a serem consideradas ao coletar dados:

- Representatividade: É fundamental que os conjuntos de dados sejam representativos da população ou do contexto em que o sistema de IA será aplicado. Isso significa incluir dados de diferentes grupos étnicos, culturais, de gênero, socioeconômicos e demográficos. A representatividade dos dados ajuda a evitar a marginalização de grupos minoritários e a capturar a diversidade presente na sociedade.

- Amostragem estratificada: Ao coletar dados, é recomendável utilizar uma amostragem estratificada, que envolve a seleção de amostras em proporções equilibradas para cada grupo ou categoria relevante. Isso evita a sub-representação ou a sobre-representação de certos grupos, garantindo uma amostra mais equilibrada e diversificada.

- Inclusão de perspectivas diversas: Além da diversidade demográfica, é importante considerar diferentes perspectivas e experiências ao coletar dados. Isso inclui a inclusão de vozes e opiniões diversas, representando uma variedade de opiniões, crenças e valores. Dessa forma, é possível obter uma visão mais abrangente e evitar o viés de uma única perspectiva dominante.

- Contextualização dos dados: Ao coletar dados, é fundamental considerar o contexto em que eles são gerados e coletados. Por exemplo, ao coletar dados de mídias sociais, é importante entender as dinâmicas sociais e as possíveis distorções que podem estar presentes nesse ambiente. Compreender o contexto ajuda a interpretar adequadamente os dados e evitar conclusões equivocadas.

- Dados atualizados e de qualidade: Para que os algoritmos de IA sejam eficazes e imparciais, é importante utilizar dados atualizados e de qualidade. Dados desatualizados ou de baixa qualidade podem introduzir vieses e prejudicar os resultados dos algoritmos. Portanto, é necessário realizar uma verificação e validação dos dados antes de utilizá-los no treinamento dos algoritmos.

> **Pré-processamento de dados:**

O pré-processamento de dados é uma etapa essencial no desenvolvimento de sistemas de IA, pois ajuda a garantir a qualidade, a integridade e a imparcialidade dos dados utilizados para treinamento dos algoritmos.

A seguir, detalho algumas das principais etapas envolvidas no pré-processamento de dados:

- Limpeza de dados: Nessa etapa, é realizada a identificação e correção de dados ausentes, inconsistentes ou errôneos. Isso pode incluir a remoção de valores nulos, a correção de erros de digitação e a padronização de formatos de dados.

- Normalização e padronização: Os dados podem ser normalizados ou padronizados para garantir que estejam na mesma escala e possam ser comparados corretamente. Isso ajuda a evitar a predominância de determinados atributos nos modelos de IA, equilibrando a contribuição de cada varlável.

- Tratamento de outliers: Outliers são valores atípicos que podem distorcer os resultados dos algoritmos. Nessa etapa, os outliers podem ser identificados e tratados, seja por remoção, substituição ou transformação adequada.

- Detecção e remoção de viés: É importante identificar e tratar qualquer viés presente nos dados, que possa resultar em resultados enviesados ou discriminatórios. Isso pode envolver a análise de variáveis sensíveis, a criação de grupos de controle e a aplicação de técnicas de balanceamento para mitigar o impacto do viés.

- Balanceamento de classes: Quando há um desequilíbrio significativo entre as classes ou categorias dos dados, é necessário realizar técnicas de balanceamento para evitar a predominância de uma classe sobre as demais. Isso pode incluir oversampling (aumento de amostras da classe minoritária) ou undersampling (redução de amostras da classe majoritária), por exemplo.

- Análise exploratória de dados: Antes de utilizar os dados para treinamento dos algoritmos, é importante realizar uma análise exploratória para compreender a distribuição dos dados, identificar padrões, relações e tendências. Isso pode ajudar a identificar potenciais vieses, outliers ou inconsistências nos dados.

- Validação cruzada: Para avaliar a eficácia dos algoritmos de IA, é comum utilizar técnicas de validação cruzada, que envolvem a divisão dos dados em conjuntos de treinamento e teste. Essa técnica permite avaliar o desempenho dos modelos em dados não utilizados no treinamento e verificar sua capacidade de generalização.

- É importante ressaltar que o pré-processamento pode variar de acordo com a natureza dos dados e o problema específico em questão. A qualidade dos dados utilizados nos algoritmos de IA é fundamental para garantir resultados confiáveis.

➢ Avaliação contínua:

Essa prática envolve o monitoramento regular dos sistemas de IA, a análise dos resultados produzidos e a tomada de ações corretivas, quando necessário.

A seguir, detalho algumas das principais etapas envolvidas na avaliação contínua de sistemas de IA:

- Monitoramento dos resultados: Os resultados gerados pelos sistemas de IA devem ser monitorados de forma contínua. Isso inclui a análise dos outputs dos algoritmos, a identificação de possíveis viéses, discriminações ou erros, e o acompanhamento de métricas de desempenho, como taxa de acerto, sensibilidade e especificidade.

- Análise de padrões indesejados: Durante o monitoramento, é importante buscar por padrões indesejados ou resultados inconsistentes. Isso pode envolver a identificação de viéses em relação a determinados grupos, a descoberta de erros sistemáticos ou qualquer outro comportamento inesperado dos algoritmos.

- Avaliação de impacto: A avaliação de impacto visa entender como as decisões tomadas pelos sistemas de IA podem afetar os indivíduos e a sociedade como um todo. Isso envolve analisar se os resultados estão em conformidade com princípios éticos, legais e regulatórios, e se podem estar perpetuando ou ampliando desigualdades existentes.

- Ajustes e correções: Caso sejam identificados viéses, discriminações ou outros problemas nos resultados, medidas corretivas devem ser tomadas. Isso pode envolver a reavaliação dos algoritmos, a atualização dos dados de treinamento, a introdução de técnicas de mitigação de viés, entre outras ações, com o objetivo de melhorar a imparcialidade e a qualidade dos resultados.

- Transparência e responsabilização: É fundamental garantir a transparência sobre o funcionamento dos sistemas de IA, incluindo a divulgação de informações sobre os algoritmos, os dados utilizados, as métricas de desempenho e as ações tomadas para mitigar viéses e discriminações. Além disso, as organizações devem ser responsabilizadas por eventuais problemas ou danos causados pelos sistemas de IA.

- A avaliação contínua dos sistemas de IA é essencial para garantir sua confiabilidade, ética e conformidade com princípios e regulamentações, garantindo a justiça e a imparcialidade nos sistemas de IA e promovendo a confiança dos usuários e da sociedade em geral.

> **Transparência e explicabilidade:**

A seguir, detalho os principais pontos relacionados à transparência e explicabilidade na IA:

- Documentação dos algoritmos: Os algoritmos de IA devem ser documentados de forma clara e completa, fornecendo informações sobre seu funcionamento, as técnicas utilizadas, os parâmetros ajustados e as limitações conhecidas. Isso permite que os usuários e partes interessadas entendam o processo de tomada de decisão e possam analisar criticamente os resultados.

- Explicação das decisões: Os sistemas de IA devem ser capazes de fornecer explicações sobre as decisões tomadas. Isso envolve a capacidade de descrever como os dados foram processados, quais características foram consideradas relevantes e como elas influenciaram a decisão final. A explicação ajuda a compreender o raciocínio do sistema de IA e a identificar possíveis viéses ou erros.

- Transparência nos dados: É fundamental que os dados utilizados para treinar os algoritmos sejam transparentes e acessíveis. Isso inclui a divulgação das fontes dos dados, a descrição dos critérios de seleção e a garantia de que os dados sejam representativos e diversificados. A transparência nos dados permite uma análise mais crítica dos resultados e a identificação de possíveis viéses presentes nos conjuntos de dados.

- Auditoria dos algoritmos: A auditoria dos algoritmos de IA consiste na verificação independente do seu desempenho, imparcialidade e conformidade com princípios éticos e regulamentações. A auditoria pode ser realizada por especialistas externos, organizações independentes ou por meio de revisões internas. Essa prática contribui para a transparência e a confiabilidade dos sistemas de IA.

- Controles de explicabilidade: Os algoritmos de IA devem ser projetados levando em consideração a explicabilidade. Isso pode envolver a utilização de técnicas interpretables, como modelos lineares ou árvores de decisão, que são mais fáceis de serem compreendidos e explicados. Além disso, podem ser adotadas abordagens de interpretação pós-hoc, que buscam fornecer explicações adicionais sobre as decisões tomadas pelos algoritmos de IA.

- A transparência e a explicabilidade dos algoritmos de IA são fundamentais para promover a confiança e a aceitação dos sistemas por parte dos usuários e da sociedade. Ao compreender como as decisões são tomadas e ter acesso às informações necessárias, é possível realizar uma análise crítica dos resultados, identificar possíveis viéses e discriminações e tomar medidas corretivas, se necessário. A transparência e a explicabilidade contribuem para a responsabilidade e a ética no uso da IA, promovendo um ambiente mais justo e confiável.

➢ **Supervisão humana:**

A seguir, detalho os principais pontos relacionados à supervisão humana na IA:

- Definição dos objetivos: Os seres humanos devem participar ativamente na definição dos objetivos dos sistemas de IA. Isso envolve estabelecer os critérios de tomada de decisão, determinar os requisitos éticos e legais, e identificar as métricas de desempenho adequadas. A supervisão humana é fundamental para garantir que os sistemas de IA sejam orientados para resultados desejáveis e alinhados com os valores humanos.

- Seleção dos dados de treinamento: A supervisão humana desempenha um papel importante na seleção e preparação dos conjuntos de dados de treinamento. Os especialistas humanos devem avaliar a qualidade dos dados, identificar possíveis viéses e discriminações, e garantir que os dados sejam representativos e diversificados. A supervisão humana contribui para evitar a reprodução de estereótipos e desigualdades presentes nos dados.

- Avaliação dos resultados: Os sistemas de IA devem ser constantemente monitorados e avaliados por especialistas humanos. Essa supervisão permite verificar se os algoritmos estão atingindo os objetivos estabelecidos, se estão agindo de forma ética e se estão gerando resultados justos e imparciais. A avaliação humana é fundamental para identificar possíveis problemas e realizar ajustes nos sistemas de IA, quando necessário.

- Correção de viéses e discriminações: A supervisão humana desempenha um papel crucial na identificação e correção de viéses e discriminações presentes nos sistemas de IA. Os especialistas humanos podem analisar os resultados gerados pelos algoritmos, identificar padrões indesejados e tomar medidas para mitigar os efeitos discriminatórios. A supervisão humana contribui para garantir a equidade e a imparcialidade dos sistemas de IA.

- Tomada de decisões críticas: Em casos em que as decisões tomadas pelos sistemas de IA têm impactos significativos na vida das pessoas, é essencial que haja supervisão humana. A tomada de decisões críticas, como a seleção de candidatos a emprego ou a concessão de empréstimos, deve ser acompanhada por especialistas humanos que possam avaliar e questionar as recomendações dos algoritmos. A supervisão humana ajuda a garantir que as decisões sejam justas, transparentes e responsáveis.

- A expertise humana desempenha um papel essencial na identificação de viéses, na tomada de decisões críticas e na correção de possíveis problemas nos sistemas de IA. Ao combinar a inteligência artificial com a supervisão humana, é possível alcançar resultados mais confiáveis, justos e socialmente aceitáveis.

➢ **Responsabilidade e governança:**

A responsabilidade e governança na área da IA são aspectos essenciais para garantir a ética e a não discriminação nos sistemas desenvolvidos.

A seguir, detalho os principais pontos relacionados a esses aspectos:

- Estabelecimento de políticas: As organizações e os desenvolvedores de IA têm a responsabilidade de estabelecer políticas claras que promovam a não discriminação e a equidade nos sistemas de IA. Essas políticas devem definir diretrizes para o desenvolvimento, implementação e uso responsável da IA, garantindo que os sistemas sejam projetados e utilizados de forma ética e imparcial.

- Promoção da diversidade e inclusão: A diversidade e a inclusão são fundamentais no desenvolvimento de algoritmos de IA. É importante garantir a participação de uma variedade de perspectivas, experiências e conhecimentos durante o processo de desenvolvimento. Isso ajuda a evitar vieses e discriminações, contribuindo para a criação de sistemas mais justos e equitativos.

- Mitigação de vieses identificados: As organizações e os desenvolvedores de IA devem adotar medidas para identificar e mitigar vieses nos sistemas. Isso envolve a realização de análises regulares para identificar possíveis desigualdades, vieses de gênero, racial ou outros vieses indesejados. Caso sejam identificados viéses, é necessário tomar medidas para corrigir e melhorar os sistemas, garantindo a equidade e a imparcialidade.

- Transparência e prestação de contas: A transparência é fundamental na governança da IA. As organizações e os desenvolvedores devem ser transparentes sobre como os algoritmos funcionam, quais dados são utilizados e como as decisões são tomadas. Além disso, é importante estabelecer mecanismos de prestação de contas, permitindo que os usuários e as partes interessadas questionem e avaliem os sistemas de IA.

- Monitoramento e auditoria: Os sistemas de IA devem ser monitorados e auditados de forma contínua para garantir sua conformidade com as políticas e diretrizes estabelecidas. Isso envolve a análise de resultados, a identificação de possíveis desvios éticos e a correção de problemas encontrados. O monitoramento e a auditoria são essenciais para garantir que os sistemas de IA continuem a operar de maneira ética e não discriminatória ao longo do tempo.

Ao lidar com viés e discriminação na IA, é importante reconhecer que esses problemas não são exclusivos da tecnologia em si, mas sim reflexos das desigualdades e preconceitos presentes na sociedade. A abordagem ética e responsável na construção e uso de algoritmos de IA pode contribuir para minimizar esses problemas e promover sistemas mais justos e equitativos.

3. Responsabilidade e tomada de decisões:

A responsabilidade e a tomada de decisões são questões fundamentais na utilização da IA, principalmente quando os sistemas estão envolvidos na tomada de decisões em áreas críticas. Abaixo, detalho os principais aspectos relacionados a esse tema:

➢ Atribuição de responsabilidade:

Abaixo, detalho os principais aspectos relacionados a esse tema:

- Desenvolvedores: Os desenvolvedores de sistemas de IA têm uma responsabilidade inicial na criação e no treinamento dos algoritmos. Eles devem garantir a qualidade dos dados de treinamento, a adequação dos algoritmos utilizados e a implementação de medidas para mitigar viéses e discriminações. Os desenvolvedores também têm a responsabilidade de realizar testes adequados para identificar e corrigir possíveis falhas nos sistemas de IA.

- Operadores do sistema: Os operadores do sistema, que utilizam e mantêm os sistemas de IA em funcionamento, também têm uma responsabilidade significativa. Eles devem estar familiarizados com o funcionamento dos sistemas e serem capazes de monitorá-los adequadamente. Os operadores devem tomar medidas para garantir a integridade dos dados, a segurança dos sistemas e a conformidade com as políticas e regulamentações aplicáveis.

- Usuários: Os usuários que interagem com os sistemas de IA também têm um papel na responsabilidade. Eles devem utilizar os sistemas de maneira adequada e ética, compreendendo suas limitações e buscando esclarecimentos ou suporte quando necessário. Os usuários têm a responsabilidade de fornecer dados precisos e relevantes, além de garantir que as decisões tomadas pelos sistemas sejam verificadas e validadas quando necessário.

- Algoritmos: Embora os algoritmos em si não tenham personalidade ou intencionalidade, eles podem ser considerados responsáveis em certos contextos. Os algoritmos devem ser projetados de forma ética, evitando vieses e discriminações injustas. No entanto, é importante lembrar que os algoritmos são criados por seres humanos e, portanto, a responsabilidade final recai sobre os desenvolvedores e operadores.

- A atribuição de responsabilidade em sistemas de IA requer uma abordagem holística, levando em consideração as diferentes partes envolvidas. É fundamental estabelecer mecanismos claros para atribuir responsabilidades e determinar quem é responsável por ações e decisões tomadas pelos sistemas de IA. Isso pode envolver a definição de políticas, a implementação de medidas de controle e a criação de um ambiente de governança adequado para garantir a prestação de contas em todas as etapas do ciclo de vida da IA.

➤ **Transparência na tomada de decisões:**

A transparência na tomada de decisões por sistemas de IA é uma preocupação fundamental para garantir a confiança e a prestação de contas. Abaixo, detalho os principais aspectos relacionados a esse tema:

- Explicabilidade dos algoritmos: Os sistemas de IA devem ser capazes de fornecer explicações claras e compreensíveis sobre as decisões que tomam. Isso inclui a capacidade de identificar quais características ou padrões foram considerados relevantes, como os dados foram ponderados e quais critérios foram utilizados para tomar a decisão. Os usuários e as partes interessadas devem ser capazes de entender o raciocínio por trás das decisões e questionar possíveis viéses ou falhas.

- Acesso aos dados: A transparência na tomada de decisões também envolve o acesso aos dados utilizados pelo sistema de IA. Os usuários e as partes Interessadas devem ter visibilidade sobre quais dados foram utilizados, como foram coletados, qual a qualidade desses dados e como foram tratados ou processados antes de serem usados para tomar decisões. Isso permite uma avaliação crítica da adequação dos dados e a identificação de possíveis viéses.

- Documentação e relatórios: Os sistemas de IA devem fornecer documentação clara e relatórios detalhados sobre suas operações e resultados. Isso inclui informações sobre o desempenho do sistema, os processos utilizados, os critérios de tomada de decisão, a avaliação de riscos e a mitigação de viéses. A documentação e os relatórios devem ser disponibilizados de forma acessível e compreensível, permitindo que os usuários e as partes interessadas tenham uma visão clara e completa das decisões tomadas pelo sistema.

- Auditoria e revisão independente: A transparência pode ser reforçada por meio de auditorias e revisões independentes dos sistemas de IA. Especialistas externos podem avaliar o desempenho, a imparcialidade e a adequação dos algoritmos, bem como verificar se as decisões estão em conformidade com os princípios éticos e legais estabelecidos. A auditoria e a revisão independentes trazem uma perspectiva externa e objetiva, fortalecendo a confiança nas decisões tomadas pelos sistemas de IA.

- Isso permite que os usuários e as partes interessadas entendam como as decisões são tomadas, tenham a capacidade de questionar e verificar os resultados e ajuda a identificar e corrigir possíveis viéses ou consequências indesejadas. A transparência também facilita a responsabilização e a prestação de contas, tornando os sistemas de IA mais justos, confiáveis e éticos.

> **Prestação de contas:**

As principais considerações relacionadas a esse aspecto:

- Mecanismos de questionamento: As organizações e os desenvolvedores de sistemas de IA devem estabelecer mecanismos que permitam aos usuários e às partes interessadas questionarem as decisões tomadas pelos sistemas. Isso pode incluir canais de comunicação direta, como suporte ao cliente, ou meios mais formais, como formulários de contestação. Esses mecanismos devem ser acessíveis e transparentes, fornecendo um meio para os usuários expressarem preocupações, apresentarem argumentos contrários ou solicitar explicações adicionais sobre as decisões tomadas.

- Revisão e recurso: É importante fornecer meios para revisão e recurso em casos de decisões contestadas. Isso pode envolver a revisão de um painel de especialistas independentes, a avaliação por parte de um comitê ético ou a mediação de um terceiro imparcial. Os usuários devem ter a oportunidade de contestar decisões consideradas injustas, enviesadas ou prejudiciais, e essas contestações devem ser tratadas de maneira justa e imparcial.

- Transparência na resposta: Ao receber questionamentos ou contestações, é fundamental que as organizações e os desenvolvedores forneçam respostas claras e completas. Isso inclui explicar os critérios de tomada de decisão, os dados utilizados, os processos envolvidos e as razões por trás da decisão tomada. A transparência na resposta contribui para a confiança dos usuários e das partes interessadas, permitindo uma análise crítica e uma compreensão mais profunda das decisões tomadas pelos sistemas de IA.

- Melhoria contínua: A prestação de contas também envolve o compromisso de melhorar constantemente os sistemas de IA com base no feedback recebido e nas lições aprendidas. As organizações e os desenvolvedores devem estar abertos a críticas construtivas, identificação de problemas e busca de soluções para aprimorar a imparcialidade, a eficiência e a confiabilidade dos sistemas de IA. Isso demonstra um compromisso com a responsabilidade e a melhoria contínua.

- A prestação de contas dos sistemas de IA desempenha um papel fundamental na garantia de uma tomada de decisão justa, transparente e ética. Permite que os usuários e as partes interessadas tenham voz e influência sobre as decisões que afetam suas vidas, bem como ajuda a identificar e corrigir possíveis vieses ou consequências indesejadas. Ao estabelecer mecanismos efetivos de questionamento, revisão e resposta transparente, as organizações e os desenvolvedores demonstram seu compromisso com a responsabilidade e a confiança nos sistemas de IA.

➢ Diretrizes éticas:

As diretrizes éticas desempenham um papel crucial na governança e na responsabilidade dos sistemas de IA. Abaixo, detalho os principais aspectos relacionados a esse tema:

- Valores fundamentais: As diretrizes éticas devem estar fundamentadas em valores essenciais, como justiça, igualdade, respeito aos direitos humanos e benefício social. Esses valores orientam as decisões dos sistemas de IA, garantindo que elas sejam alinhadas com princípios éticos universais e promovam o bem-estar geral.

- Não discriminação: É fundamental que as diretrizes éticas estabeleçam a não discriminação como um princípio central. Os sistemas de IA devem ser projetados e treinados para evitar viéses e discriminações injustas com base em características como gênero, raça, origem étnica, orientação sexual ou qualquer outra forma de diferenciação injusta. A igualdade de oportunidades e a equidade devem ser consideradas em todas as decisões dos sistemas de IA.

- Transparência e explicabilidade: As diretrizes éticas devem enfatizar a importância da transparência e da explicabilidade dos sistemas de IA. Os usuários e as partes interessadas devem ser capazes de compreender como as decisões são tomadas, quais critérios são considerados e quais dados são utilizados. Isso promove a confiança e permite uma análise crítica dos sistemas de IA, possibilitando a identificação de eventuais viéses ou consequências indesejadas.

- Privacidade e proteção de dados: As diretrizes éticas devem abordar a privacidade e a proteção de dados como preocupações primordiais. Os sistemas de IA devem ser projetados e implementados levando em consideração a legislação de proteção de dados e respeitando os direitos individuais à privacidade. A coleta, o armazenamento e o uso de dados devem ser realizados de forma ética, transparente e consentida.

- Responsabilidade e prestação de contas: As diretrizes éticas devem estabelecer a responsabilidade dos desenvolvedores e das organizações pelos sistemas de IA que criam e operam. Isso inclui a implementação de medidas de segurança e privacidade, a adoção de práticas de supervisão e a prestação de contas em relação às decisões tomadas pelos sistemas. A transparência na tomada de decisões e a capacidade de questionamento e recurso são aspectos importantes a serem considerados.

- Envolvimento das partes interessadas: As diretrizes éticas devem envolver as partes interessadas, como usuários, especialistas em ética, organizações da sociedade civil e governos. É importante promover a colaboração e a participação ativa de diferentes perspectivas na definição e revisão dessas diretrizes.

➢ **Auditoria e revisão:**

A auditoria e revisão são práticas importantes para garantir a transparência, responsabilidade e conformidade dos sistemas de IA. Abaixo, detalho esses aspectos:

- Avaliação de qualidade: As auditorias e revisões permitem uma análise aprofundada da qualidade das decisões tomadas pelos sistemas de IA. Isso inclui a verificação da precisão, confiabilidade e imparcialidade dos resultados gerados. Através da análise de casos específicos e da comparação com resultados esperados, é possível identificar possíveis falhas, viéses ou comportamentos indesejados.

- Revisão de algoritmos e modelos: Durante a auditoria, os algoritmos e modelos utilizados nos sistemas de IA são revisados para avaliar sua eficácia e ética. É importante verificar se os algoritmos estão atualizados, se os modelos são apropriados e se as técnicas utilizadas são éticas e conformes com as diretrizes estabelecidas. Essa revisão ajuda a identificar possíveis melhorias ou ajustes necessários nos sistemas.

- Conformidade com diretrizes éticas e regulamentações: A auditoria e revisão têm como objetivo garantir a conformidade dos sistemas de IA com as diretrizes éticas e regulamentações aplicáveis. Durante o processo de auditoria, é avaliada a aderência dos sistemas às políticas de privacidade, proteção de dados e não discriminação, bem como a conformidade com as leis e regulamentos específicos da área em que o sistema é utilizado.

- Identificação e correção de problemas: A auditoria e revisão ajudam a identificar problemas, falhas ou viéses nos sistemas de IA. Essas descobertas são então utilizadas para implementar correções e melhorias nos sistemas, garantindo que eles atendam aos padrões éticos e de qualidade estabelecidos. Esses processos também permitem aprender com erros passados e evitar a repetição de problemas em futuras iterações dos sistemas.

- Transparência e responsabilidade: A auditoria e revisão promovem a transparência e a responsabilidade na utilização dos sistemas de IA. Ao submeter os sistemas a avaliações independentes, as organizações demonstram um compromisso em garantir a conformidade e a ética em suas operações. A divulgação dos resultados dessas auditorias contribui para a confiança dos usuários e das partes interessadas.

- Em resumo, a auditoria e revisão são práticas essenciais para garantir a qualidade, ética e conformidade dos sistemas de IA. Elas ajudam a identificar problemas, melhorar a transparência e responsabilidade, e assegurar que os sistemas estejam em conformidade com as diretrizes éticas e regulamentações estabelecidas.

4. Autonomia e controle:

À medida que a IA se torna mais autônoma, é necessário abordar a questão do controle humano sobre as decisões tomadas pelos sistemas. Abaixo, detalho a importância de garantir o controle e a supervisão humana:

> ➢ **Supervisão e intervenção:**

- Definição de limites e diretrizes: É necessário estabelecer limites claros e diretrizes para o comportamento dos sistemas de IA autônomos. Isso envolve definir restrições e regras que garantam a conformidade com princípios éticos, normas legais e requisitos de segurança. Os seres humanos devem participar ativamente na definição desses limites, garantindo que os sistemas atuem de maneira adequada e responsável.

- Monitoramento contínuo: Os sistemas de IA autônomos devem ser monitorados de forma contínua para garantir o cumprimento dos limites e diretrizes estabelecidos. Isso pode ser feito por meio de mecanismos de monitoramento automatizados, bem como pela supervisão humana direta. O monitoramento permite identificar desvios, falhas ou comportamentos indesejáveis dos sistemas e possibilita a intervenção imediata, quando necessário.

- Intervenção em situações críticas: Os seres humanos devem ter a capacidade de intervir nos sistemas de IA autônomos em situações críticas ou quando questões éticas, legais ou de segurança surgirem. Isso pode envolver a interrupção do funcionamento do sistema, a correção de erros ou a tomada de decisões alternativas. A intervenção humana é fundamental para mitigar riscos, garantir a segurança e evitar consequências negativas.

- Compreensão das decisões da IA: Os seres humanos devem ser capazes de entender e questionar as decisões tomadas pelos sistemas de IA autônomos. Isso requer transparência e explicabilidade por parte dos algoritmos, ou seja, os sistemas devem fornecer informações sobre como as decisões foram tomadas, critérios considerados e quais dados utilizados.

- Treinamento e capacitação: É importante que os seres humanos responsáveis pela supervisão e intervenção nos sistemas de IA autônomos sejam adequadamente treinados e capacitados. O treinamento apropriado ajuda a garantir que as intervenções sejam feitas de maneira eficaz e alinhadas com os objetivos éticos e operacionais.

- A supervisão e intervenção humana são fundamentais para garantir que os sistemas de IA autônomos sejam utilizados de maneira ética, segura e responsável. A definição de limites, o monitoramento contínuo, a capacidade de intervenção, a compreensão das decisões da IA e o treinamento adequado são elementos-chave para assegurar que os seres humanos mantenham o controle sobre esses sistemas, intervindo quando necessário.

➢ Definição de objetivos:

A definição de objetivos é um aspecto crucial para garantir o controle humano sobre os sistemas de IA. Segue abaixo o detalhamento desse tópico:

- Alinhamento com valores humanos: Os objetivos dos sistemas de IA devem estar em conformidade com os valores humanos e sociais. Isso envolve considerar aspectos éticos, morais, legais e culturais na definição dos objetivos dos sistemas. Os seres humanos devem garantir que os sistemas de IA sejam projetados para promover o bem-estar humano, a justiça, a igualdade e o respeito aos direitos fundamentais.

- Participação ativa: Os seres humanos devem ter um papel ativo na definição dos objetivos dos sistemas de IA. Isso inclui a participação de especialistas, stakeholders e representantes da sociedade em geral. A participação ativa assegura que os objetivos sejam debatidos, questionados e validados, considerando diferentes perspectivas e evitando a imposição de metas que possam gerar consequências negativas ou prejudiciais.

- Estabelecimento de limites: Os seres humanos devem ter a capacidade de estabelecer limites claros sobre os objetivos dos sistemas de IA. Isso implica definir quais resultados são desejáveis e éticos, além de identificar quais ações ou decisões estão fora dos limites aceitáveis. Estabelecer limites é essencial para evitar que os sistemas de

IA tomem decisões que contrariem os interesses humanos ou violem princípios éticos.

- Revisão e adaptação dos objetivos: Os objetivos dos sistemas de IA não devem ser estabelecidos de forma definitiva e imutável. É importante realizar revisões periódicas e adaptar os objetivos à medida que novas informações e contextos surgem. Isso permite corrigir possíveis erros, ajustar metas inadequadas e responder a mudanças nas necessidades e expectativas da sociedade.

- Transparência e prestação de contas: A definição de objetivos deve ser transparente e sujeita a prestação de contas. Isso significa que as razões e os critérios para a escolha dos objetivos devem ser comunicados de forma clara e compreensível. Além disso, as organizações e os desenvolvedores de IA devem ser responsáveis pela revisão e justificação dos objetivos estabelecidos, garantindo a conformidade com princípios éticos e normativos.

- Os seres humanos devem manter o controle sobre esses objetivos, estabelecendo limites, revisando-os conforme necessário e garantindo a transparência e a prestação de contas. Dessa forma, é possível assegurar que os sistemas de IA sejam desenvolvidos e utilizados de maneira ética, promovendo o bem comum e respeitando os interesses e valores da sociedade.

➢ Responsabilidade final:

A responsabilidade final pelas decisões tomadas pelos sistemas de IA autônomos deve recair sobre os seres humanos. Segue abaixo o detalhamento desse tópico:

- Supervisão e controle: Os seres humanos devem manter a capacidade de supervisionar e intervir nos sistemas de IA autônomos. Embora a IA possa tomar decisões complexas, é fundamental que os seres humanos tenham o poder de revisar e questionar essas decisões, especialmente em situações em que questões éticas, legais ou de segurança estejam em jogo. Os seres humanos devem ser capazes de intervir e corrigir possíveis erros ou consequências indesejadas.

- Responsabilidade legal e ética: Os seres humanos devem assumir a responsabilidade legal e ética pelas decisões tomadas pelos sistemas de IA autônomos. Isso significa que os desenvolvedores, operadores e usuários desses sistemas devem ser responsabilizados por suas ações e pelas consequências resultantes das decisões do sistema. É necessário estabelecer mecanismos claros de responsabilização e prestação de contas, garantindo que aqueles que utilizam a IA sejam responsáveis por quaisquer danos causados ou violações de direitos.

- Transparência e explicabilidade: A transparência é fundamental para atribuir responsabilidade aos sistemas de IA. Os seres humanos devem ser capazes de entender como as decisões são tomadas, quais critérios são considerados e quais dados são utilizados pelos sistemas de IA. Além disso, os desenvolvedores e operadores devem ser capazes de explicar e justificar as decisões tomadas pelos sistemas. A transparência e a explicabilidade ajudam a identificar possíveis erros, viéses ou discriminações e permitem uma análise crítica das decisões tomadas.

- Revisão e auditoria: Os sistemas de IA autônomos devem ser sujeitos a revisões e auditorias regulares para avaliar a qualidade das decisões tomadas e identificar possíveis problemas. Essas revisões podem ser realizadas por especialistas independentes, órgãos reguladores ou outras entidades relevantes. A revisão e a auditoria ajudam a garantir a responsabilidade final, verificando se os sistemas estão operando de acordo com os padrões estabelecidos e se estão tomando decisões éticas e justas.

- A transparência, a explicabilidade, a revisão e a auditoria são mecanismos fundamentais para garantir a responsabilidade final e assegurar que os sistemas de IA sejam desenvolvidos e utilizados de maneira ética e correta, respeitando os interesses e valores da sociedade.

➤ Ética e valores humanos:

Os sistemas de IA autônomos devem ser projetados para respeitar e promover os valores éticos e os direitos humanos. Segue abaixo o detalhamento desse tópico:

- Princípios éticos: Os sistemas de IA devem ser orientados por princípios éticos fundamentais, como justiça, equidade, privacidade, transparência e não discriminação. Esses princípios devem ser incorporados nos algoritmos e na tomada de decisões do sistema, garantindo que as ações sejam pautadas por valores humanos.

- Inclusão e diversidade: Os sistemas de IA devem promover a inclusão e a diversidade, evitando a discriminação e o viés injusto. É fundamental garantir que os dados utilizados para treinar os algoritmos sejam representativos e abranjam diferentes grupos e perspectivas. Além disso, a diversidade no desenvolvimento e implementação dos sistemas de IA contribui para a consideração de uma variedade de valores e para a mitigação de possíveis tendências discriminatórias.

- Privacidade e proteção de dados: Os sistemas de IA devem respeitar a privacidade e a proteção de dados pessoais. Isso inclui a adoção de medidas de segurança adequadas para proteger os dados, bem como a coleta e o uso de informações pessoais somente com o consentimento explícito e para fins legítimos. Os sistemas de IA também devem permitir aos usuários o controle sobre seus dados e a capacidade de revisar e excluir informações, quando aplicável.

- Responsabilidade social: Os sistemas de IA devem ser desenvolvidos e utilizados de maneira socialmente responsável. Isso implicará a consideração do impacto dos sistemas em diversos aspectos, como emprego, desigualdades sociais, acesso a serviços e direitos humanos. Os desenvolvedores e operadores dos sistemas de IA devem levar em conta esses impactos e tomar medidas para mitigar quaisquer consequências negativas.

- Governança e prestação de contas: É necessário estabelecer mecanismos de governança que garantam a conformidade dos sistemas de IA com os princípios éticos e valores humanos. Além disso, os desenvolvedores e operadores devem ser responsáveis por suas ações e decisões relacionadas aos sistemas de IA. A prestação de contas é fundamental para garantir a transparência e permitir a revisão e o questionamento das decisões tomadas pelos sistemas.

- As pessoas devem ter a capacidade de influenciar e controlar esses aspectos éticos, garantindo que os sistemas operem de maneira compatível com os valores e normas humanas. A inclusão, a diversidade, a privacidade, a responsabilidade social e a governança são elementos essenciais para promover a ética e os valores humanos no campo da IA.

➢ Transparência e explicabilidade:

A transparência e a explicabilidade dos sistemas de IA são fundamentais para manter o controle humano sobre esses sistemas. Segue abaixo o detalhamento desse tópico:

- Informações claras sobre o funcionamento: Os seres humanos devem ter acesso a informações claras sobre como os sistemas de IA operam. Isso inclui a compreensão dos algoritmos utilizados, os métodos de treinamento, os dados considerados e os critérios utilizados para tomar decisões. A disponibilidade dessas informações permite que os seres humanos entendam como o sistema chegou a uma determinada decisão ou resultado.

- Explicabilidade das decisões: Os sistemas de IA devem ser capazes de explicar as decisões tomadas de maneira compreensível para os seres humanos. Devem fornecer justificativas e evidências que sustentem as decisões tomadas pelo sistema. A explicabilidade é especialmente importante em áreas críticas, como saúde, justiça e finanças, onde é necessário compreender o raciocínio por trás das decisões para garantir a confiança e a responsabilidade.

- Detecção e correção de vieses: A transparência e a explicabilidade também são importantes para a detecção e correção de possíveis vieses presentes nos sistemas de IA. Os seres humanos devem ter a capacidade de identificar viéses injustos ou indesejados e tomar medidas para corrigi-los.

- Auditoria e revisão: A transparência e a explicabilidade dos sistemas de IA facilitam a auditoria e revisão dos mesmos. Os sistemas devem ser sujeitos a avaliações externas e independentes para verificar se estão operando de acordo com as diretrizes éticas estabelecidas. A auditoria e a revisão ajudam a identificar possíveis problemas, vieses ou consequências indesejadas, permitindo que sejam corrigidos antes que causem danos.

- Participação e envolvimento dos usuários: A transparência e a explicabilidade também envolvem a participação e o envolvimento dos usuários. Os seres humanos devem ter a oportunidade de entender e questionar as decisões tomadas pelos sistemas de IA. Isso pode ser feito por meio de interfaces de usuário claras e acessíveis, que forneçam informações sobre o funcionamento e as decisões do sistema.

- Nesse aspecto, garantir o controle humano sobre a IA autônoma é essencial para preservar a ética, a segurança e a conformidade com os valores humanos. A supervisão e intervenção humanas, a definição de objetivos, a responsabilidade final, a consideração da ética e dos valores humanos, bem como a transparência e a explicabilidade, são aspectos-chave para garantir que os sistemas de IA sejam desenvolvidos e utilizados de maneira responsável e ética.

5. Impacto no mercado de trabalho:

O impacto da automação impulsionada pela IA no mercado de trabalho é um tópico importante a ser abordado. Segue abaixo o detalhamento desse assunto:

1. Substituição de atividades humanas:

A substituição de atividades humanas pela IA é um fenômeno que pode impactar diversos setores da economia. Abaixo estão detalhamentos sobre esse aspecto:

- Setor de manufatura: A IA pode ser usada para automatizar processos de produção em fábricas, reduzindo a necessidade de trabalhadores em linhas de montagem. Robôs e sistemas inteligentes podem executar tarefas repetitivas e precisas com maior eficiência e velocidade, o que pode levar à redução de postos de trabalho nesse setor.

- Setor de transporte: A automação impulsionada pela IA também pode afetar o setor de transporte. Veículos autônomos estão sendo desenvolvidos e testados para substituir motoristas em diferentes contextos, como caminhões de carga, táxis e veículos de entrega. Essa mudança pode ter impacto significativo na demanda por motoristas e operadores de transporte.

- Setor de atendimento ao cliente: Chatbots e assistentes virtuais baseados em IA estão se tornando cada vez mais comuns em serviços de atendimento ao cliente. Esses sistemas podem lidar com consultas básicas e rotineiras, reduzindo a necessidade de interação humana. Embora possam agilizar o atendimento e fornecer respostas rápidas, eles também podem substituir trabalhadores nessa área.

- Setor de serviços financeiros: A IA está sendo aplicada no setor financeiro para automatizar tarefas como análise de dados, detecção de fraudes e recomendações de investimento. Essa automação pode impactar funções desempenhadas por analistas e especialistas financeiros, que podem ser substituídos por algoritmos e sistemas inteligentes.

- Setor de agricultura: A IA está sendo utilizada em diversas áreas da agricultura, como monitoramento de cultivos, previsão do tempo e gestão de estoques. Essas tecnologias automatizadas podem reduzir a necessidade de mão de obra agrícola, afetando trabalhadores rurais em atividades como colheita e plantio.

A gestão adequada desse processo de substituição de atividades humanas pela IA requer uma abordagem estratégica e políticas públicas que incentivem a adaptação dos trabalhadores, promovam a requalificação profissional e garantam a transição justa para um ambiente de trabalho automatizado.

2. Requalificação profissional:

A requalificação profissional é uma medida crucial para enfrentar os desafios trazidos pela substituição de atividades por sistemas de IA. Abaixo estão detalhamentos sobre esse aspecto:

- Identificação das habilidades em demanda: É necessário realizar uma análise do mercado de trabalho para identificar as habilidades e competências que serão valorizadas no contexto da automação impulsionada pela IA. Isso envolve identificar setores em crescimento, profissões emergentes e novas habilidades técnicas necessárias para se adaptar às mudanças.

- Programas de capacitação e treinamento: Devem ser desenvolvidos programas de capacitação e treinamento que ofereçam oportunidades de aprendizado para os trabalhadores afetados pela automação. Esses programas podem ser conduzidos por instituições de ensino, organizações governamentais e empresas, com foco em habilidades digitais, tecnológicas e outras competências relevantes para o mercado de trabalho atual e futuro.

- Parcerias público-privadas: Parcerias entre governos, empresas e instituições de ensino são fundamentais para promover a requalificação profissional de forma eficaz. Essas parcerias podem facilitar o acesso a recursos, financiamento e expertise necessários para implementar programas de capacitação e garantir que estejam alinhados com as necessidades do mercado de trabalho.

- Aprendizado ao longo da vida: A requalificação profissional não deve ser vista como um evento pontual, mas sim como um processo contínuo ao longo da vida. Os trabalhadores devem ser incentivados a buscar oportunidades de aprendizado contínuo, atualização de habilidades e desenvolvimento profissional.

- Apoio financeiro e incentivos: É importante oferecer apoio financeiro e incentivos para encorajar os trabalhadores a participar de programas de requalificação. Isso pode incluir bolsas de estudo, subsídios, financiamento para treinamentos e benefícios durante o período de transição.

- Orientação e aconselhamento: Serviços de orientação e aconselhamento profissional podem desempenhar um papel crucial na requalificação profissional. Esses serviços ajudam os trabalhadores a identificar suas habilidades transferíveis, explorar novas opções de carreira e tomar decisões informadas sobre seu futuro profissional.

Ao investir em programas de requalificação, assegura-se que os indivíduos estejam preparados para enfrentar as transformações trazidas pela IA, aumentando suas chances de encontrar emprego em setores emergentes e promovendo a sustentabilidade do mercado de trabalho.

3. Criação de novas oportunidades:

Abaixo estão detalhamentos sobre esse aspecto:

- É necessário identificar áreas emergentes e promissoras relacionadas à IA, como desenvolvimento de algoritmos, análise de dados, aprendizado de máquina, robótica e interação homem-máquina. Isso envolve acompanhar as tendências tecnológicas e compreender as necessidades do mercado de trabalho para direcionar o desenvolvimento de novas oportunidades.

- O investimento em pesquisa e desenvolvimento é fundamental para impulsionar a criação de novas oportunidades relacionadas à IA. Isso pode envolver o apoio a instituições de pesquisa, universidades e empresas que estão conduzindo estudos e projetos inovadores na área. Ao incentivar a pesquisa e o desenvolvimento, é possível gerar conhecimento e tecnologias que impulsionem o surgimento de novas áreas de emprego.

- O empreendedorismo desempenha um papel importante na criação de novas oportunidades de emprego. É necessário criar um ambiente favorável para que empreendedores possam iniciar e desenvolver negócios relacionados à IA. Isso pode incluir a disponibilização de recursos, apoio financeiro, mentoria e programas de incubação para startups e empresas inovadoras.

- Desenvolvimento de habilidades específicas: À medida que novas áreas de emprego relacionadas à IA surgem, é importante investir no desenvolvimento de habilidades específicas necessárias para essas funções. Isso pode ser feito por meio de programas de capacitação, treinamentos especializados e parcerias com instituições de ensino, visando preparar os indivíduos para as demandas do mercado de trabalho.

- Fomento à inovação e colaboração: A inovação e a colaboração são essenciais para a criação de novas oportunidades. É importante criar espaços de colaboração entre empresas, academia e governo, incentivando a troca de conhecimento e a cooperação na criação de soluções inovadoras.

- Atenção à diversidade e inclusão: Ao criar recentes oportunidades de emprego relacionadas à IA, é fundamental garantir a diversidade e a inclusão. Isso envolve promover a participação equitativa de grupos sub-representados, como mulheres, minorias étnicas e pessoas com deficiência.

Ao estimular o desenvolvimento de áreas emergentes, investir em pesquisa e desenvolvimento, fomentar o empreendedorismo e desenvolver habilidades específicas, abre-se caminho para o surgimento de empregos de qualidade e o crescimento econômico impulsionado pela IA.

4. Adaptação das políticas trabalhistas:

A adaptação das políticas trabalhistas frente ao impacto da IA no mercado de trabalho é uma questão crucial. Abaixo estão detalhamentos sobre esse aspecto:

- Requalificação profissional e educação contínua: É necessário desenvolver políticas que incentivem a requalificação profissional e a educação contínua dos trabalhadores. Isso pode envolver a criação de programas de capacitação, subsídios para treinamentos e incentivos para que os trabalhadores adquiram novas habilidades que sejam demandadas no mercado de trabalho em transformação.

- Apoio aos trabalhadores afetados pela automação: Políticas devem ser implementadas para fornecer apoio e assistência aos trabalhadores que são afetados pela automação e pela substituição de atividades por sistemas de IA. Isso pode incluir programas de transição de carreira, assistência financeira temporária e serviços de aconselhamento para ajudar os trabalhadores a encontrar novas oportunidades de emprego.

- Proteção dos direitos dos trabalhadores: Com a crescente automação, é importante garantir que os direitos dos trabalhadores sejam protegidos. As políticas trabalhistas devem se adaptar para abordar questões como a definição de responsabilidades entre humanos e sistemas autônomos, a proteção contra discriminação algorítmica e a garantia de condições de trabalho justas e seguras em ambientes cada vez mais automatizados.

- Diálogo social e colaboração: A adaptação das políticas trabalhistas requer diálogo social e colaboração entre governos, empresas, sindicatos e outras partes interessadas. É importante envolver todas as partes relevantes na discussão e na formulação de políticas que abordem os desafios e oportunidades criados pela IA no mercado de trabalho.

- Monitoramento e atualização contínua: As políticas trabalhistas devem ser constantemente monitoradas e atualizadas para acompanhar os avanços tecnológicos e as mudanças no mercado de trabalho. É necessário avaliar regularmente o impacto da IA e realizar ajustes nas políticas, conforme necessário, para garantir que elas continuem eficazes na proteção dos direitos dos trabalhadores e no incentivo à adaptação às novas realidades do mercado.

Ao criar políticas que promovam a requalificação profissional, apoiem os trabalhadores afetados, protejam os direitos dos trabalhadores e incentivem a colaboração, é possível garantir uma transição mais suave e justa para um futuro do trabalho cada vez mais automatizado.

5. Enfoque na colaboração humano/máquina:

O enfoque na colaboração humano/máquina é essencial para aproveitar os benefícios da IA no mercado de trabalho. Seguem detalhamentos sobre esse aspecto:

- Treinamento e educação: É fundamental investir em treinamento e educação que preparem os trabalhadores para colaborar de forma eficaz com sistemas de IA. Isso inclui fornecer habilidades técnicas relacionadas à IA, bem como habilidades sociais e cognitivas, como pensamento crítico, resolução de problemas e criatividade.

- Complementaridade de habilidades: A colaboração humano/máquina se baseia na complementaridade de habilidades. A IA pode assumir tarefas repetitivas, computacionais e rotineiras, enquanto os trabalhadores humanos podem se concentrar em atividades que exigem empatia, julgamento moral, interação social e criatividade. O desenvolvimento de sistemas de IA que se integrem perfeitamente às habilidades humanas é fundamental para criar uma colaboração eficaz.

- Automação assistida: Em vez de substituir totalmente os trabalhadores humanos, a IA pode ser usada como uma ferramenta de automação assistida. Os sistemas de IA podem fornecer suporte aos trabalhadores, ajudando-os a tomar decisões informadas, identificar padrões em grandes conjuntos de dados e melhorar a eficiência em tarefas complexas. Dessa forma, os trabalhadores podem se beneficiar da automação, em vez de serem substituídos por ela.

- Criação de empregos centrados no ser humano: A colaboração humano/máquina também abre oportunidades para a criação de novos empregos centrados no ser humano. À medida que as tarefas repetitivas e rotineiras são automatizadas, os trabalhadores podem se concentrar em funções que exigem habilidades únicas e exclusivas dos seres humanos, como criatividade, empatia, tomada de decisões éticas e resolução de problemas complexos.

- O impacto gerado pela IA no mercado de trabalho requer uma abordagem cuidadosa e estratégica. É necessário considerar o desenvolvimento de programas de requalificação profissional, estimular a criação de novas oportunidades de emprego, adaptar as políticas trabalhistas e promover a colaboração humano/máquina. Dessa forma, é possível minimizar as consequências negativas e aproveitar os benefícios que a IA pode trazer para o mercado de trabalho.

Esses são apenas alguns exemplos dos desafios éticos associados à IA. É fundamental que a sociedade, as empresas e os órgãos reguladores trabalhem juntos para desenvolver políticas e regulamentações adequadas, que promovam o uso ético da IA, garantindo benefícios para todos e minimizando seus impactos negativos.

8.2 Viés algorítmico e justiça social

O viés algorítmico refere-se à tendência dos sistemas de IA de reproduzir ou amplificar preconceitos existentes na sociedade. Isso pode resultar em decisões discriminatórias ou injustas, afetando negativamente grupos marginalizados.

1. Coleta de dados:

A coleta de dados para treinamento de sistemas de IA deve ser realizada de maneira cuidadosa e ética, levando em consideração a diversidade e representatividade dos conjuntos de dados. Para abordar as desigualdades sociais e os preconceitos existentes, é importante detalhar algumas medidas específicas:

- Análise crítica dos conjuntos de dados: É fundamental realizar uma análise crítica dos conjuntos de dados utilizados para treinar os sistemas de IA. Isso envolve avaliar se os dados são representativos da população-alvo e se capturam a diversidade de características relevantes. A análise deve identificar possíveis vieses, preconceitos ou desigualdades presentes nos dados.

- Diversidade e inclusão: A coleta de dados deve buscar incluir uma ampla gama de perspectivas e experiências. Isso significa considerar diferentes grupos étnicos, raciais, de gênero, socioeconômicos e outras características relevantes. A inclusão de dados diversificados ajuda a evitar a reprodução de estereótipos e preconceitos, garantindo uma base de dados mais justa e imparcial.

- Consentimento informado: Ao coletar dados, é importante obter o consentimento informado dos indivíduos envolvidos. Isso significa fornecer informações claras sobre como os dados serão usados, quem terá acesso a eles e quais são os direitos dos participantes.

- Privacidade e segurança dos dados: A coleta de dados deve ser realizada em conformidade com as leis de proteção de dados e garantir a privacidade e segurança das informações pessoais. Os dados devem ser anonimizados ou pseudonimizados sempre que possível, para proteger a identidade dos participantes.

- Avaliação contínua: A coleta de dados deve ser um processo contínuo, com avaliações regulares para verificar se os conjuntos de dados estão atualizados e continuam sendo representativos. À medida que novas informações e mudanças sociais ocorrem, é necessário atualizar e adaptar os conjuntos de dados para evitar a perpetuação de vieses e desigualdades.

Garantir uma coleta de dados ética e inclusiva é essencial para evitar a amplificação de preconceitos e desigualdades nos sistemas de IA. Uma base de dados diversa e representativa contribui para a criação de sistemas mais justos e imparciais, que respeitem os direitos e valores de todos os indivíduos.

2. Design e desenvolvimento de algoritmos:

No design e desenvolvimento de algoritmos, é fundamental que os desenvolvedores de IA estejam conscientes do potencial de viés algorítmico e trabalhem para mitigá-lo. Seguem alguns detalhamentos relevantes:

- Conscientização do viés algorítmico: Os desenvolvedores devem estar cientes de que os algoritmos podem refletir e ampliar preconceitos existentes na sociedade. Isso ocorre porque os algoritmos são treinados com base em conjuntos de dados que podem refletir desigualdades sociais e discriminações históricas. É importante reconhecer que os algoritmos podem perpetuar esses vieses se não forem cuidadosamente projetados.

- Inclusão de diversidade nos dados: Uma abordagem para mitigar o viés algorítmico é garantir a inclusão de diversidade nos conjuntos de dados utilizados para treinar os algoritmos. Isso envolve coletar dados de diferentes fontes e representar de maneira equilibrada grupos sociais, evitando sub-representação ou amplificação de estereótipos.

- Avaliação e monitoramento contínuo: Os desenvolvedores devem implementar mecanismos de avaliação e monitoramento contínuo dos algoritmos em uso. Isso envolve analisar regularmente os resultados produzidos pelos algoritmos e identificar possíveis vieses ou consequências indesejadas. Caso sejam identificados problemas, é necessário realizar ajustes e melhorias nos algoritmos para mitigar o viés.

- Participação de especialistas e stakeholders: É benéfico envolver especialistas e stakeholders relevantes no processo de design e desenvolvimento dos algoritmos. Isso inclui pessoas com conhecimento em ética, justiça social e diversidade, bem como aqueles que podem ser impactados pelas decisões tomadas pelos algoritmos. A participação desses stakeholders pode ajudar a identificar potenciais vieses e fornecer perspectivas adicionais para garantir a justiça e a equidade nos algoritmos.

- Transparência e explicabilidade: Os algoritmos devem ser projetados de forma transparente e explicável. Os desenvolvedores devem ser capazes de fornecer informações claras sobre como os algoritmos operam, quais critérios são considerados e como as decisões são tomadas. Isso permite que os usuários e partes interessadas analisem criticamente os algoritmos em termos de viés e justiça.

Ao projetar e desenvolver algoritmos de IA, é essencial considerar a justiça social e trabalhar para mitigar o viés algorítmico. Isso ajuda a garantir que os sistemas de IA sejam mais justos, equitativos e alinhados com os valores humanos e sociais.

3. Auditoria e monitoramento:

A auditoria e o monitoramento dos sistemas de IA são fundamentais para identificar e corrigir o viés algorítmico. Seguem detalhamentos relevantes:

- Análise contínua dos resultados: Os resultados produzidos pelos algoritmos devem ser analisados de forma contínua para identificar possíveis disparidades ou viéses. Isso envolve comparar os resultados em diferentes grupos sociais e avaliar se há disparidades significativas nas decisões tomadas pelos sistemas de IA.

- Identificação de viéses e disparidades: Durante o processo de auditoria e monitoramento, é importante identificar e entender os possíveis viéses algorítmicos presentes nos sistemas de IA. Isso pode ser feito comparando os resultados com métricas de referência, avaliando as diferenças de tratamento entre diferentes grupos e considerando os impactos sociais e éticos das decisões tomadas pelos algoritmos.

- Implementação de medidas corretivas: Caso sejam identificados viéses ou disparidades nos resultados dos sistemas de IA, medidas corretivas devem ser implementadas. Isso pode envolver ajustes nos algoritmos, reavaliação dos conjuntos de dados utilizados, revisão dos critérios de tomada de decisão e outras ações para mitigar o viés e garantir uma maior justiça nos resultados produzidos pelos sistemas de IA.

- Transparência e prestação de contas: A auditoria e o monitoramento devem ser conduzidos de forma transparente, permitindo que usuários, partes interessadas e especialistas externos compreendam e avaliem o processo. A divulgação de informações sobre os métodos de auditoria, os resultados obtidos e as medidas corretivas implementadas é fundamental para a prestação de contas e para fortalecer a confiança nas decisões tomadas pelos sistemas de IA.

- Melhoria contínua: A auditoria e o monitoramento devem ser processos contínuos e iterativos. À medida que os sistemas de IA evoluem e são aplicados em novos contextos, é necessário atualizar e aprimorar os mecanismos de auditoria para acompanhar essas mudanças. A aprendizagem contínua e a melhoria contínua dos sistemas de IA são essenciais para minimizar o viés algorítmico e garantir a equidade e a justiça nos resultados.

Isso ajuda a garantir a equidade e a justiça nas decisões tomadas pelos algoritmos e fortalece a confiança e a transparência desses sistemas.

4. Participação diversificada:

A participação diversificada em equipes de desenvolvimento de IA é crucial para mitigar o viés algorítmico. Seguem detalhamentos relevantes:

- Inclusão de vozes diversas: É importante promover a inclusão de indivíduos de diferentes origens, experiências e perspectivas nas equipes de desenvolvimento de IA. Isso pode incluir diversidade étnica, de gênero, cultural, socioeconômica, entre outras. A presença de vozes diversas ajuda a trazer uma variedade de perspectivas e conhecimentos, o que pode ajudar a identificar possíveis viéses algorítmicos e a desenvolver soluções mais justas.

- Consideração de contextos e nuances: Ao ter uma equipe diversificada, é possível considerar uma ampla gama de contextos e nuances sociais. Diferentes grupos podem ter experiências e necessidades diferentes, e ter uma equipe que reflita essa diversidade possibilita uma melhor compreensão e consideração dessas nuances ao desenvolver sistemas de IA.

- Testes e validações inclusivas: A participação diversificada não deve se limitar apenas às equipes de desenvolvimento, mas também deve ser considerada nos testes e validações dos sistemas de IA. Isso significa envolver usuários e partes interessadas de diferentes grupos sociais para avaliar a eficácia e justiça dos algoritmos, garantindo que os sistemas sejam testados em uma variedade de cenários e contextos.

- Educação e conscientização: Além da inclusão nas equipes de desenvolvimento, é importante investir em programas de educação e conscientização sobre viés algorítmico e diversidade nas áreas de IA. Isso pode ajudar a aumentar a conscientização sobre os desafios e impactos sociais da IA e promover a formação de equipes mais diversas no futuro.

- Colaboração com comunidades e especialistas externos: Para garantir uma participação diversificada, é necessário estabelecer parcerias com comunidades e especialistas externos. Isso pode envolver a colaboração com organizações, universidades e grupos de defesa de direitos para obter insights valiosos e garantir que as preocupações e perspectivas de diferentes grupos sejam consideradas no desenvolvimento de IA.

Ao envolver uma variedade de vozes e perspectivas, é possível desenvolver soluções mais abrangentes e tomar decisões mais éticas e equitativas.

5. Responsabilidade e responsabilização:

A responsabilidade e responsabilização são elementos-chave na governança da IA. Seguem detalhamentos relevantes:

- Identificação de responsabilidade: É fundamental que as organizações e desenvolvedores de IA assumam a responsabilidade pelas decisões tomadas pelos sistemas que criam. Isso implica reconhecer que as consequências das ações da IA recaem sobre as pessoas afetadas, e não apenas sobre a tecnologia em si.

- Transparência e explicabilidade: As organizações devem buscar a transparência no desenvolvimento e no uso da IA. Isso significa fornecer informações claras sobre como os sistemas operam, quais critérios são usados para tomar decisões e quais dados são considerados. A explicabilidade permite que os usuários e a sociedade em geral compreendam como as decisões são tomadas e, se necessário, questionem ou contestem essas decisões.

- Avaliação contínua: A responsabilização requer uma avaliação contínua do desempenho dos sistemas de IA. Isso pode ser feito por meio de auditorias, monitoramento e revisões regulares para identificar viéses algorítmicos e outros problemas. Essas avaliações ajudam a identificar áreas de melhoria e a implementar medidas corretivas quando necessário.

- Remediação e reparação: Quando danos ou injustiças ocorrem como resultado das ações da IA, as organizações devem ser responsáveis por remediar esses problemas. Isso pode envolver a correção de viéses algorítmicos, a compensação às partes afetadas ou a implementação de medidas para evitar que esses problemas ocorram novamente no futuro.

- Regulamentação e conformidade: As organizações devem estar em conformidade com as regulamentações e diretrizes éticas estabelecidas para a IA. A adesão a padrões e regulamentos estabelecidos ajuda a garantir uma maior responsabilidade e um ambiente mais seguro para o desenvolvimento e uso da IA.

- Isso requer a adoção de medidas proativas para evitar viéses algorítmicos, a transparência no processo de tomada de decisões e a prestação de contas quando algo der errado.

Ao abordar o viés algorítmico e promover a justiça social nos sistemas de IA, é possível minimizar as consequências negativas e garantir que a tecnologia seja usada para beneficiar a sociedade como um todo, promovendo a igualdade de oportunidades e o respeito aos direitos humanos.

8.3 Responsabilidade e Transparência na IA

A responsabilidade e a transparência são aspectos cruciais na governança da Inteligência Artificial (IA). Seguem detalhamentos relevantes:

1. Responsabilidade pela tomada de decisões:

- Responsabilidade dos desenvolvedores: Os desenvolvedores de IA têm a responsabilidade de projetar e implementar sistemas que sejam capazes de tomar decisões éticas e responsáveis. Considerando cuidadosamente os princípios éticos e os valores humanos durante o desenvolvimento, bem como em incorporar salvaguardas para evitar consequências indesejadas.

- Responsabilidade das organizações: As organizações que utilizam sistemas de IA devem assumir a responsabilidade por suas decisões e ações. Isso inclui estabelecer políticas claras de uso da IA, garantir que os sistemas sejam utilizados de maneira ética e responsável, e supervisionar o impacto das decisões tomadas pela IA.

- Responsabilidade individual: Em alguns casos, indivíduos específicos podem ser responsáveis por supervisionar e intervir nos sistemas de IA. Isso pode incluir especialistas em ética em IA, profissionais regulatórios ou gerentes responsáveis pela implementação da tecnologia. Essas pessoas desempenham um papel fundamental na garantia da ética e da responsabilidade na tomada de decisões da IA.

- Responsabilidade compartilhada: A responsabilidade pela tomada de decisões da IA não deve recair exclusivamente sobre os desenvolvedores ou as organizações. É importante reconhecer que a responsabilidade é compartilhada entre diferentes partes interessadas, incluindo desenvolvedores, usuários, reguladores e a sociedade em geral. A colaboração entre essas partes é essencial para garantir que a IA seja utilizada de maneira ética e responsável.

- Prestação de contas: A responsabilidade pela tomada de decisões da IA conduz em prestar contas por suas ações. Isso envolve a transparência na divulgação das decisões tomadas pelos sistemas de IA, bem como a capacidade de explicar e justificar as escolhas feitas. A prestação de contas contribui para a confiança dos usuários e da sociedade em relação à IA.

Estabelecer claramente a responsabilidade pela tomada de decisões dos sistemas de IA é essencial para garantir que essas tecnologias sejam utilizadas de maneira ética, responsável e em conformidade com os valores e normas da sociedade.

2. Transparência no design e no funcionamento:

Os sistemas de IA devem ser projetados e desenvolvidos de forma transparente. Isso envolve disponibilizar informações claras sobre como os algoritmos funcionam, quais dados são utilizados para treiná-los e quais são as limitações e possíveis viéses associados.

A transparência permite que os usuários e a sociedade compreendam o funcionamento da IA e possam questionar ou contestar suas decisões.

Seguem detalhamentos relevantes:

- Transparência no design: Os desenvolvedores de IA devem adotar uma abordagem transparente ao projetar os sistemas a fim de fornecer informações claras sobre os princípios e critérios utilizados para a tomada de decisões, bem como sobre os objetivos e limitações dos algoritmos. Os usuários e a sociedade em geral devem ter acesso a informações relevantes que lhes permitam entender como a IA opera.

- Transparência no funcionamento: Os sistemas de IA devem ser transparentes em relação ao seu funcionamento em tempo real. Isso significa que os usuários devem ter visibilidade sobre como a IA está tomando decisões e quais dados estão sendo considerados. A transparência permite que os usuários avaliem a confiabilidade e a imparcialidade dos sistemas, bem como identifiquem possíveis viéses algorítmicos.

- Divulgação de dados de treinamento: É fundamental que os desenvolvedores de IA forneçam informações sobre os conjuntos de dados utilizados para treinar os algoritmos. Isso inclui a divulgação da origem dos dados, a forma como foram coletados e quaisquer premissas ou viéses presentes nos dados. A divulgação dos dados de treinamento permite uma análise crítica do viés algorítmico e ajuda a identificar possíveis problemas de justiça e equidade.

- Explicabilidade das decisões: Os sistemas de IA devem ser capazes de explicar suas decisões de maneira compreensível para os usuários. Isso envolve fornecer informações sobre os fatores que influenciaram uma determinada decisão, bem como os critérios utilizados para chegar a ela. A explicabilidade é essencial para que os usuários possam entender e confiar nas decisões tomadas pela IA.

- Auditoria e avaliação externa: Além da transparência interna, os sistemas de IA devem estar sujeitos a auditorias e avaliações externas. Isso envolve a revisão e a análise independente dos sistemas, a fim de identificar possíveis viéses, discriminações ou outras questões éticas. A auditoria e a avaliação externa contribuem para garantir a transparência e a confiança na IA.

3. Explicabilidade das decisões:

Além da transparência, é importante garantir que as decisões tomadas pelos sistemas de IA sejam explicáveis. Isso significa que os usuários devem ser capazes de compreender os motivos pelos quais uma determinada decisão foi tomada.

Seguem detalhamentos relevantes:

- Clareza nos critérios de decisão: Os sistemas de IA devem fornecer informações claras sobre os critérios utilizados para tomar decisões. Isso significa que os usuários devem ser informados sobre os fatores que foram considerados na tomada de decisão e como esses fatores foram pesados. Essa transparência permite que os usuários compreendam os fundamentos da decisão e avaliem sua validade.

- Rastreabilidade do processo decisório: Os sistemas de IA devem ser capazes de fornecer um histórico detalhado do processo decisório. Registrar as etapas e os passos seguidos pelo algoritmo para chegar à decisão final. A rastreabilidade permite que os usuários rastreiem o fluxo de decisão e entendam como o algoritmo chegou à conclusão.

- Explicação em linguagem compreensível: A explicabilidade das decisões deve ser apresentada em linguagem compreensível para os usuários. Isso significa que as explicações devem ser formuladas de forma clara e acessível, evitando jargões técnicos excessivos. É importante garantir que as pessoas afetadas pelas decisões da IA possam entender as explicações fornecidas.

- Evidências e suporte: As explicações das decisões devem ser apoiadas por evidências relevantes. Isso pode incluir a apresentação dos dados usados para a tomada de decisão, estudos científicos ou outras referências que suportem a conclusão. A disponibilização dessas evidências permite que os usuários avaliem a confiabilidade e a validade da decisão.

- Mecanismos de contestação: Os sistemas de IA devem fornecer mecanismos para que os usuários possam contestar as decisões tomadas. Permitindo que os usuários apresentem informações adicionais, expliquem seu ponto de vista ou solicitem uma revisão da decisão. Esses mecanismos garantem que as pessoas afetadas tenham a oportunidade de questionar as decisões e buscar correções, caso necessário.

- A explicabilidade das decisões tomadas pelos sistemas de IA é fundamental para garantir a confiança, a responsabilidade e a justiça. Ela permite que os usuários compreendam o motivo das decisões, avaliem sua validade e detectem possíveis viéses ou discriminações.

4. Responsabilidade pela qualidade dos dados:

Os desenvolvedores de IA devem assumir a responsabilidade pela qualidade dos dados utilizados no treinamento dos algoritmos.

Seguem detalhamentos relevantes:

- Diversidade e representatividade dos dados: Os desenvolvedores de IA devem se esforçar para garantir que os conjuntos de dados utilizados sejam diversificados e representativos da população em questão. Isso significa incluir dados de diferentes grupos demográficos, culturas, origens étnicas, gêneros e perspectivas. A diversidade e representatividade dos dados contribuem para evitar viéses e discriminações indesejadas nos resultados do sistema de IA.

- Qualidade e integridade dos dados: É importante garantir a qualidade e integridade dos dados utilizados. Isso envolve a verificação da precisão, completude e atualidade dos dados. Os desenvolvedores devem realizar uma avaliação cuidadosa dos dados e tomar medidas para corrigir ou descartar dados de baixa qualidade ou corrompidos que possam influenciar negativamente os resultados do sistema de IA.

- Detecção e correção de viéses algorítmicos: Os desenvolvedores têm a responsabilidade de identificar e corrigir possíveis viéses algorítmicos decorrentes dos dados utilizados. Isso envolve a análise crítica dos conjuntos de dados para identificar padrões indesejados ou viéses existentes. Caso seja identificado um viés, é necessário tomar medidas para ajustar o algoritmo e garantir que os resultados sejam mais justos e imparciais.

- Transparência sobre a origem e uso dos dados: Os desenvolvedores de IA devem ser transparentes sobre a origem e o uso dos dados utilizados nos sistemas. Deve informar aos usuários e partes interessadas sobre a procedência dos dados, como eles foram coletados e como estão sendo usados no treinamento do algoritmo. A transparência permite que os usuários compreendam as bases dos resultados e questionem possíveis viéses ou preocupações éticas relacionadas aos dados.

- Monitoramento contínuo da qualidade dos dados: A responsabilidade pela qualidade dos dados não se encerra no momento do treinamento do algoritmo. É necessário realizar um monitoramento contínuo da qualidade dos dados ao longo do tempo. Isso envolve a atualização dos conjuntos de dados, a revisão regular dos critérios de inclusão/exclusão e a verificação da adequação e relevância dos dados à medida que o sistema de IA é utilizado.

- Assumir a responsabilidade pela qualidade dos dados é essencial para evitar viéses e discriminações nos resultados dos sistemas de IA. Isso requer um compromisso contínuo dos desenvolvedores em buscar dados diversificados, de alta qualidade e representativos da realidade.

5. Monitoramento e auditoria contínua:

A auditoria e o monitoramento ajudam a garantir que a IA continue sendo utilizada de maneira responsável ao longo do tempo.

Seguem detalhamentos relevantes:

- Avaliação regular dos resultados: É necessário realizar avaliações regulares dos resultados produzidos pela IA. Isso envolve analisar criticamente as decisões tomadas pelo sistema e avaliar se estão alinhadas com os objetivos desejados. A avaliação dos resultados permite identificar possíveis problemas, como viéses, erros ou consequências indesejadas, que podem surgir ao longo do tempo.

- Identificação de viéses e erros: O monitoramento contínuo dos sistemas de IA busca identificar a presença de viéses algorítmicos, falhas técnicas ou erros que possam ocorrer. É importante estar atento a qualquer desvio em relação aos princípios éticos estabelecidos e corrigir prontamente os problemas identificados.

- Correção e melhoria do sistema: Quando são identificados viéses, erros ou problemas nos resultados da IA, é fundamental agir de maneira responsável para corrigi-los. Isso pode envolver ajustes nos algoritmos, atualização dos conjuntos de dados, refinamento dos critérios de tomada de decisão ou qualquer outra medida necessária para melhorar o desempenho e a qualidade do sistema.

A correção contínua contribui para aprimorar a responsabilidade e a confiabilidade da IA ao longo do tempo.

- Transparência nas auditorias: A realização de auditorias nos sistemas de IA deve ser conduzida com transparência. É importante fornecer informações claras sobre as metodologias utilizadas, os critérios de avaliação e os resultados obtidos. A transparência nas auditorias permite que as partes interessadas compreendam as análises realizadas e tenham confiança nos resultados apresentados.

- Responsabilização e prestação de contas: A auditoria e o monitoramento contínuo também estão relacionados à responsabilização e à prestação de contas. As organizações e os desenvolvedores de IA devem assumir a responsabilidade pelos resultados e pelas consequências das decisões tomadas pelos sistemas.

- O monitoramento e a auditoria contínua são essenciais para garantir que os sistemas de IA sejam utilizados de maneira responsável e ética ao longo do tempo. Essas práticas permitem a identificação e correção de viéses, erros e problemas, contribuindo para aprimorar a qualidade, a confiabilidade e a imparcialidade dos sistemas de IA. Além disso, o monitoramento e a auditoria contínua fortalecem a transparência e a prestação de contas, aspectos fundamentais para a confiança e a aceitação da IA na sociedade.

Capítulo 9

Privacidade e Segurança de dados na IA

Privacidade e Segurança de Dados na IA

9.1 Proteção de dados pessoais na Inteligência Artificial

Com o aumento do uso da inteligência artificial, surgem preocupações sobre a proteção de dados pessoais. A coleta e o processamento de grandes quantidades de dados levantam questões relacionadas à privacidade e ao uso adequado das informações pessoais.

É fundamental garantir que os dados sejam protegidos contra acesso não autorizado e que seu uso esteja em conformidade com as regulamentações de proteção de dados.

A proteção de dados pessoais na IA é um aspecto crucial que requer atenção especial. A coleta, o processamento e o armazenamento de dados são elementos essenciais para o funcionamento eficaz dos sistemas de IA, mas também levantam preocupações significativas em relação à privacidade e à segurança das informações pessoais. Aqui estão alguns detalhes importantes sobre a proteção de dados pessoais na IA.

1. Consentimento informado:

O consentimento informado é um princípio fundamental quando se trata da coleta e uso de dados pessoais na IA. Seguem detalhamentos relevantes:

- Informação clara e compreensível: É importante fornecer aos usuários informações claras e compreensíveis sobre a coleta e uso de seus dados pessoais. Isso inclui explicar o propósito da coleta de dados, os tipos de dados que serão coletados, como esses dados serão processados e os possíveis compartilhamentos de dados com terceiros. A informação deve ser apresentada de forma transparente, evitando jargões técnicos e linguagem complexa, para que os usuários possam entender plenamente o que estão consentindo.

- Consentimento expresso e voluntário: O consentimento deve ser expresso, ou seja, deve ser dado de forma clara e afirmativa pelo usuário. Além disso, o consentimento deve ser voluntário, sem a imposição de qualquer pressão ou consequências negativas caso o usuário não consinta. Os usuários devem ter a liberdade de decidir se desejam ou não fornecer seus dados pessoais para a IA.

- Opção de retirada do consentimento: Os usuários devem ter o direito de retirar o seu consentimento a qualquer momento. Isso significa que eles devem ser informados sobre como podem revogar o consentimento previamente dado e quais serão as consequências dessa revogação. A opção de retirada do consentimento deve ser fácil de exercer, sem obstáculos desnecessários.

- Proteção da privacidade e segurança dos dados: É responsabilidade dos desenvolvedores de IA garantir a proteção da privacidade e segurança dos dados pessoais coletados. Isso inclui a implementação de medidas técnicas e organizacionais adequadas para evitar o acesso não autorizado, a divulgação ou a modificação dos dados pessoais. Os usuários devem ser informados sobre as medidas de segurança adotadas para proteger seus dados.

- Educação e conscientização dos usuários: Além de obter o consentimento informado, é importante promover a educação e conscientização dos usuários sobre a coleta e uso de seus dados pessoais na IA. Isso envolve fornecer informações claras sobre seus direitos em relação à proteção de dados, bem como orientações sobre como podem proteger sua privacidade online.

- O consentimento informado desempenha um papel crucial na proteção da privacidade e dos direitos dos usuários na era da IA. Ao garantir que os usuários sejam informados adequadamente e tenham o poder de decisão sobre seus dados pessoais, promove-se uma relação mais transparente, confiável e ética entre os usuários e os sistemas de IA.

2. Minimização de dados:

A minimização de dados é um princípio fundamental na proteção da privacidade e dos direitos dos usuários na IA. Aqui estão detalhamentos importantes:

- Coleta limitada: Os sistemas de IA devem ser projetados para coletar apenas os dados necessários para cumprir um objetivo específico. Isso significa evitar a coleta excessiva e desnecessária de dados pessoais. Os desenvolvedores devem determinar quais dados são essenciais para o funcionamento do sistema e limitar a coleta a esses dados, minimizando assim a quantidade de informações pessoais que são armazenadas e processadas.

- Retenção limitada: Os dados pessoais coletados devem ser mantidos apenas pelo tempo necessário para cumprir a finalidade para a qual foram coletados. Após atingir esse objetivo, os dados devem ser devidamente excluídos ou anonimizados, a menos que existam obrigações legais ou outros motivos legítimos para sua retenção.

- Anonimização e pseudonimização: Quando possível, os dados pessoais devem ser anonimizados ou pseudonimizados. A anonimização envolve a remoção de informações que possam identificar diretamente um indivíduo, tornando os dados irreversivelmente não identificáveis. A pseudonimização envolve a substituição de identificadores diretos por identificadores indiretos, de modo que a identificação do indivíduo só seja possível com a utilização de informações adicionais, mantidas separadamente.

- Limitação de acesso: Os dados pessoais coletados devem ser acessíveis apenas para aqueles que têm uma necessidade legítima de conhecê-los. Os sistemas de IA devem ser projetados com mecanismos de segurança adequados para garantir que somente pessoas autorizadas possam acessar, processar e utilizar os dados pessoais.

- Proteção da segurança: Os desenvolvedores de IA devem implementar medidas de segurança apropriadas para proteger os dados pessoais coletados. Isso inclui a adoção de práticas de criptografia, controle de acesso, monitoramento e detecção de violações de segurança. A segurança dos dados pessoais é fundamental para evitar o acesso não autorizado, o uso indevido e a violação da privacidade dos usuários.

- Ao limitar a quantidade de dados coletados e reter apenas o necessário, os desenvolvedores de IA podem mitigar os riscos de exposição e abuso de informações pessoais, promovendo a confiança e a transparência na utilização dos sistemas de IA.

3. nonimização e pseudonimização:

A anonimização e a pseudonimização são técnicas utilizadas para proteger a identidade dos indivíduos nos dados pessoais coletados e processados. Aqui estão detalhamentos importantes:

- Anonimização: A anonimização é um processo pelo qual as informações pessoais são modificadas ou removidas de forma irreversível, de modo que os dados resultantes não possam ser vinculados a um indivíduo específico. Isso é feito removendo ou mascarando identificadores pessoais, como nomes, endereços, números de telefone, entre outros. O objetivo é garantir que os dados sejam transformados em um formato no qual a identificação dos indivíduos seja praticamente impossível.

- Pseudonimização: A pseudonimização é uma técnica que envolve a substituição de identificadores pessoais por identificadores fictícios, conhecidos como pseudônimos. Esses pseudônimos não revelam diretamente a identidade de um indivíduo, mas permitem a associação entre diferentes conjuntos de dados, desde que sejam usadas chaves de descriptografia específicas. A pseudonimização busca reduzir o risco de identificação direta de um indivíduo pelos dados, enquanto ainda permite a realização de análises e estudos.

- Chaves de descriptografia: No caso da pseudonimização, é importante que existam chaves de descriptografia seguras que permitam a associação correta entre os pseudônimos e as informações pessoais reais. Essas chaves são mantidas separadamente dos dados pseudonimizados e apenas pessoas autorizadas têm acesso a elas. A utilização de chaves de descriptografia é fundamental para garantir a segurança e a integridade dos dados, bem como a possibilidade de reverter a pseudonimização, se necessário.

- Limitações e cuidados: Embora a anonimização e a pseudonimização sejam técnicas importantes para proteger a privacidade, é importante destacar que existem limitações e riscos associados a elas. A reidentificação ainda é possível em certos casos, principalmente quando os dados pseudonimizados são combinados com outras informações disponíveis publicamente. Portanto, é fundamental aplicar salvaguardas adicionais, como o controle de acesso aos dados pseudonimizados e a adoção de medidas de segurança robustas.

- Ao implementar essas técnicas, os desenvolvedores de IA podem reduzir o risco de identificação direta e minimizar a exposição de informações sensíveis, garantindo a conformidade com as regulamentações de proteção de dados e a preservação da privacidade dos usuários.

4. Segurança e criptografia:

A segurança dos dados pessoais é de extrema importância no contexto da IA. Aqui está o detalhamento sobre segurança e criptografia:

- Medidas de segurança: As organizações devem implementar medidas de segurança robustas para proteger os dados pessoais utilizados na IA. Isso inclui a adoção de firewalls, sistemas de detecção de intrusões, controle de acesso, autenticação forte, monitoramento de rede e outros mecanismos de segurança para prevenir e detectar possíveis ameaças cibernéticas.

- Criptografia de dados: A criptografia é uma técnica fundamental para garantir a segurança dos dados pessoais. Ela envolve a conversão dos dados em um formato ilegível, por meio de algoritmos matemáticos complexos, para que somente as partes autorizadas possam decifrá-los. Existem dois tipos principais de criptografia: criptografia simétrica, em que uma chave única é usada para criptografar e descriptografar os dados, e criptografia assimétrica, que envolve o uso de um par de chaves – uma chave pública para criptografar e uma chave privada para descriptografar.

- Armazenamento seguro: Os dados pessoais utilizados na IA devem ser armazenados de forma segura, garantindo a integridade e a confidencialidade. Isso pode envolver o armazenamento em servidores protegidos fisicamente e com acesso restrito, além da utilização de técnicas de criptografia para proteger os dados armazenados. O acesso aos dados deve ser limitado apenas a pessoas autorizadas e deve ser implementado um controle de acesso adequado.

- Transmissão segura: Ao transmitir dados pessoais, é essencial garantir que as informações sejam protegidas contra interceptação ou acesso não autorizado. Isso pode ser alcançado por meio da utilização de protocolos de segurança, como o SSL/TLS, que criptografam as comunicações e garantem a autenticidade dos participantes envolvidos na transmissão.

- Auditoria e conformidade: Além das medidas de segurança e criptografia, as organizações devem realizar auditorias regulares para verificar a conformidade com as políticas de segurança estabelecidas. Isso ajuda a identificar possíveis falhas de segurança e tomar medidas corretivas adequadas para proteger os dados pessoais.

- Ao implementar medidas de segurança adequadas e adotar técnicas de criptografia, as organizações podem reduzir significativamente os riscos de violação de dados e garantir a confidencialidade e integridade dos dados pessoais utilizados nos sistemas de IA.

5. Princípios de privacidade desde o design:

A incorporação dos princípios de privacidade desde o design é essencial no desenvolvimento de sistemas de IA. Aqui está o detalhamento sobre os princípios de privacidade desde o design:

- Minimização de dados: O princípio de minimização de dados conduz a coletar e utilizar apenas os dados necessários para atingir um objetivo específico. Isso envolve a análise cuidadosa dos tipos de dados necessários e limitar a coleta e o uso de dados pessoais ao mínimo necessário para a funcionalidade do sistema de IA.

- Consentimento informado: Os usuários devem ser informados sobre como seus dados serão coletados, usados e compartilhados, e ter a opção de fornecer um consentimento informado. Isso envolve apresentar de forma clara e compreensível as finalidades para as quais os dados serão utilizados e permitir que os usuários tomem uma decisão informada sobre o compartilhamento de suas informações.

- Privacidade por padrão: Os sistemas de IA devem ser projetados para oferecer configurações de privacidade por padrão, garantindo que as configurações mais protetivas de privacidade sejam definidas como configurações iniciais. Isso coloca a privacidade como a opção padrão, permitindo que os usuários escolham ativamente compartilhar seus dados pessoais.

- Transparência e explicabilidade: Os sistemas de IA devem ser transparentes em relação ao uso e processamento de dados pessoais. Os usuários devem ter acesso a informações claras sobre como seus dados são coletados, utilizados e compartilhados, bem como os critérios utilizados para tomar decisões automatizadas que afetam suas vidas.

- Segurança e proteção de dados: Os sistemas de IA devem ser projetados com medidas de segurança adequadas para proteger os dados pessoais contra acesso não autorizado, uso indevido e violações de segurança. Isso envolve a implementação de práticas de segurança, criptografia de dados, monitoramento contínuo e a adoção de políticas e procedimentos adequados para a proteção dos dados.

- Responsabilidade e prestação de contas: Os desenvolvedores e as organizações que utilizam sistemas de IA devem assumir a responsabilidade pela privacidade e proteção de dados pessoais. Isso inclui a implementação de políticas e processos que garantam a conformidade com as leis de proteção de dados, a realização de avaliações de impacto à privacidade e a prestação de contas em caso de violações de privacidade.

- Ao considerar a privacidade em todas as fases do desenvolvimento, os sistemas de IA podem ser projetados de maneira ética, respeitando os direitos e as expectativas dos usuários em relação à privacidade e proteção de dados.

6. Transparência e responsabilidade

A transparência e responsabilidade são elementos fundamentais no uso da IA. Aqui está o detalhamento desses aspectos:

- Transparência nas práticas de coleta e uso de dados: As organizações que utilizam IA devem ser transparentes sobre como coletam, armazenam, utilizam e compartilham dados pessoais. Isso envolve fornecer informações claras e compreensíveis sobre as práticas de coleta de dados, os propósitos para os quais os dados são utilizados e os terceiros com quem os dados são compartilhados. A transparência permite que os usuários compreendam como suas informações pessoais estão sendo tratadas e tomem decisões informadas sobre o compartilhamento de seus dados.

- Direitos dos usuários: As organizações devem informar os usuários sobre seus direitos em relação aos seus dados pessoais. Isso inclui o direito de acessar seus dados, corrigir informações incorretas, solicitar a exclusão de dados, limitar o uso de seus dados e se opor a decisões automatizadas baseadas em perfis.

- Conformidade com leis e regulamentos: As organizações devem cumprir as leis e regulamentos de proteção de dados, como a Lei Geral de Proteção de Dados (LGPD) no Brasil, bem como quaisquer outras leis e regulamentos aplicáveis. Isso envolve garantir que os processos e práticas de tratamento de dados estejam em conformidade com os requisitos legais, incluindo a obtenção de consentimento adequado quando necessário e a implementação de medidas de segurança apropriadas.

- Responsabilidade pelo tratamento de dados: As organizações devem assumir a responsabilidade pela proteção e segurança dos dados pessoais que coletam e utilizam. Isso inclui adotar medidas técnicas e organizacionais para proteger os dados contra acesso não autorizado, perda, alteração ou divulgação. Além disso, as organizações devem implementar processos internos para lidar com violações de dados e notificar as autoridades competentes e os usuários afetados, conforme exigido por lei.

- Transparência em decisões automatizadas: Quando a IA é utilizada para tomar decisões automatizadas que afetam significativamente os usuários, é importante fornecer transparência sobre os critérios e as lógicas envolvidas nessas decisões. Isso permite que os usuários entendam como as decisões são tomadas e possam questionar ou contestar tais decisões, se necessário.

- Ao adotar práticas transparentes e responsáveis, as organizações demonstram seu compromisso em proteger a privacidade dos usuários e garantir que seus dados sejam tratados de maneira adequada.

9.2 Segurança cibernética e proteção contra ataques

À medida que a IA se torna mais integrada em várias áreas, é essencial garantir a segurança cibernética dos sistemas de inteligência artificial. Os ataques cibernéticos podem ter consequências graves, tanto em termos de privacidade quanto de integridade dos dados.

É necessário implementar medidas de segurança robustas para proteger os sistemas de IA contra ataques maliciosos e garantir a confiabilidade e a segurança das informações.

A segurança cibernética e a proteção contra ataques são desafios cruciais na área da Inteligência Artificial (IA). À medida que a IA se torna mais presente em diversos setores, surgem preocupações sobre a segurança dos sistemas, dados e infraestrutura relacionados.

Aqui estão alguns dos principais desafios da IA em segurança cibernética e proteção contra ataques:

1. Adversarial attacks:

Os ataques adversariais são uma preocupação crescente na área da IA. Aqui está o detalhamento dos ataques adversariais:

- Definição dos adversarial attacks: Os adversarial attacks são ataques direcionados aos modelos de IA, nos quais inputs maliciosos são projetados para enganar o sistema e obter resultados incorretos. Esses ataques exploram vulnerabilidades nos algoritmos de aprendizado de máquina, buscando manipular os dados de entrada de forma a enganar o sistema e induzir erros.

- Manipulação de dados de entrada: Os adversarial attacks podem envolver a manipulação de dados de entrada, como imagens, textos ou áudios. Esses dados são modificados de maneira sutil, porém significativa, de modo que a IA os interprete de maneira errônea, levando a resultados indesejados. Por exemplo, uma imagem pode ser alterada com pequenas perturbações imperceptíveis ao olho humano, mas que levem o sistema de IA a classificar erroneamente a imagem.

- Exploração de vulnerabilidades: Os adversarial attacks exploram as vulnerabilidades dos modelos de IA, aproveitando características como sensibilidade a pequenas mudanças nos dados de entrada ou falta de robustez em relação a exemplos adversariais. Essas vulnerabilidades podem ser exploradas por adversários para criar inputs maliciosos que enganem o sistema.

- Desenvolvimento de defesas robustas: Lidar com os adversarial attacks é um desafio contínuo na segurança da IA. Os pesquisadores e desenvolvedores estão trabalhando no desenvolvimento de mecanismos robustos de defesa contra esses ataques. Isso inclui técnicas como detecção de ataques adversariais, treinamento com exemplos adversariais, ajuste de hiperparâmetros e aprimoramento dos algoritmos de aprendizado de máquina para torná-los mais resistentes a inputs maliciosos.

- Importância da segurança da IA: A segurança da IA é crucial, pois sistemas de IA são cada vez mais utilizados em aplicações críticas, como saúde, finanças e segurança. Os adversarial attacks representam uma ameaça à integridade e confiabilidade desses sistemas, podendo ter consequências significativas. Portanto, é fundamental investir em pesquisa e desenvolvimento para fortalecer a segurança da IA e mitigar os riscos associados aos adversarial attacks.

- Os adversarial attacks são uma área ativa de pesquisa e desenvolvimento, à medida que a IA continua avançando. É importante estar ciente desses ataques e adotar medidas de segurança adequadas para proteger os sistemas de IA contra manipulações maliciosas.

2. Privacidade dos dados:

A privacidade dos dados é uma preocupação importante na segurança da IA. Aqui está o detalhamento da privacidade dos dados:

- Dados sensíveis e pessoais: Os sistemas de IA lidam com uma enorme quantidade de dados sensíveis e pessoais, como informações de identificação pessoal, históricos médicos, dados financeiros e preferências individuais. Proteger esses dados contra acesso não autorizado e uso indevido é fundamental para garantir a privacidade dos usuários.

- Consentimento informado: Para coletar e utilizar dados pessoais, é necessário obter o consentimento informado dos usuários. Isso significa que os usuários devem ser informados de forma clara e compreensível sobre quais dados estão sendo coletados, como esses dados serão usados e quais são seus direitos em relação aos seus dados pessoais. O consentimento informado é essencial para garantir que os usuários tenham controle sobre suas informações pessoais.

- Segurança dos dados: A segurança dos dados é um aspecto fundamental da proteção da privacidade. Os dados pessoais devem ser armazenados e transmitidos de forma segura, utilizando medidas de segurança adequadas, como criptografia e firewalls. Isso reduz o risco de acesso não autorizado e garante a confidencialidade dos dados pessoais.

- Minimização de dados: Os princípios de minimização de dados afirmam que apenas os dados necessários devem ser coletados e utilizados. Isso significa que os sistemas de IA devem ser projetados para coletar apenas os dados essenciais para cumprir um objetivo específico, reduzindo assim o risco de exposição e uso indevido de dados pessoais.

- Anonimização e pseudonimização: Para proteger ainda mais a privacidade dos dados, técnicas como anonimização e pseudonimização podem ser aplicadas. A anonimização envolve a remoção de informações que possam identificar uma pessoa específica nos dados, enquanto a pseudonimização substitui identificadores pessoais por identificadores fictícios. Essas técnicas reduzem o risco de identificação direta dos indivíduos por meio dos dados coletados.

- Conformidade com leis e regulamentos: As organizações que lidam com dados pessoais devem estar em conformidade com as leis e regulamentos de proteção de dados, como o Regulamento Geral de Proteção de Dados (GDPR). Isso inclui adotar medidas técnicas e organizacionais adequadas para garantir a privacidade dos dados e fornecer mecanismos para que os usuários possam exercer seus direitos de privacidade.

- As organizações devem adotar práticas e medidas de segurança adequadas para proteger a privacidade dos dados pessoais e cumprir as regulamentações de proteção de dados aplicáveis.

3. Proteção da infraestrutura:

A proteção da infraestrutura é uma preocupação crucial na segurança da IA. Aqui está o detalhamento da proteção da infraestrutura:

- Segurança física: A infraestrutura que suporta os sistemas de IA deve ser protegida fisicamente contra acesso não autorizado. Isso envolve medidas como o controle de acesso às instalações, a utilização de sistemas de vigilância, o monitoramento do ambiente físico e a implementação de políticas de segurança rigorosas. A segurança física é fundamental para prevenir o roubo de equipamentos e garantir a integridade dos sistemas.

- Proteção da rede: A rede utilizada para conectar os componentes da infraestrutura de IA deve ser protegida contra qualquer ataque cibernéticos. Isso inclui a implementação de firewalls, sistemas de detecção de intrusões e outras medidas de segurança para monitorar e controlar o tráfego de rede.

- Gerenciamento de acesso: O acesso aos sistemas de IA deve ser estritamente controlado e limitado apenas às pessoas autorizadas. Isso envolve a implementação de políticas de autenticação robustas, como senhas fortes, autenticação de dois fatores e a atribuição de privilégios de acesso de acordo com as necessidades de cada usuário.

- Monitoramento de atividades: É importante ter sistemas de monitoramento em vigor para detectar e responder a atividades suspeitas ou maliciosas na infraestrutura de IA. Isso inclui o monitoramento contínuo dos logs de atividade, a análise de eventos de segurança e a implementação de sistemas de alerta para identificar possíveis violações de segurança. O monitoramento de atividades ajuda a identificar incidentes de segurança em tempo hábil e a tomar medidas corretivas.

- Resiliência e redundância: A infraestrutura de IA deve ser projetada com resiliência e redundância para garantir a continuidade das operações, mesmo em caso de falhas ou ataques. Isso pode incluir a utilização de sistemas de backup, replicação de dados, distribuição de carga e failover de servidores. A resiliência e redundância ajudam a minimizar os impactos de possíveis incidentes de segurança e garantem a disponibilidade dos sistemas de IA.

- Atualizações e patches de segurança: Manter a infraestrutura de IA atualizada com os patches de segurança mais recentes é fundamental para protegê-la contra vulnerabilidades conhecidas. É importante implementar um processo de gerenciamento de patches que inclua a aplicação regular de atualizações de segurança nos sistemas e dispositivos.

4. Uso indevido de dados:

O uso indevido de dados é uma questão crítica na área da IA. Aqui está o detalhamento do uso indevido de dados:

- Consentimento e finalidade: É fundamental obter o consentimento dos usuários antes de coletar e utilizar seus dados pessoais. Além disso, os dados devem ser utilizados apenas para os fins específicos informados aos usuários no momento da coleta. Qualquer desvio desses propósitos requer um novo consentimento dos usuários.

- Segurança e proteção: Os dados pessoais devem ser protegidos contra acesso não autorizado, roubo ou uso indevido. Isso envolve a implementação de medidas de segurança adequadas, como criptografia, proteção de rede, controle de acesso e monitoramento de atividades. A segurança dos dados é essencial para evitar violações de privacidade e garantir a confidencialidade e integridade das informações pessoais.

- Compartilhamento e transferência: O compartilhamento de dados deve ser feito com responsabilidade e em conformidade com as leis de proteção de dados. As organizações devem garantir que as transferências de dados para terceiros sejam realizadas de acordo com acordos contratuais adequados, que estabeleçam medidas de segurança e limitações para o uso dos dados compartilhados.

- Retenção e exclusão: Os dados pessoais devem ser retidos apenas pelo tempo necessário para atingir os propósitos informados aos usuários. Após esse período, os dados devem ser devidamente excluídos ou anonimizados. A exclusão adequada dos dados é essencial para evitar o uso indevido de informações pessoais após o término da necessidade de sua utilização.

- Responsabilidade e responsabilização: As organizações que utilizam IA devem ser responsáveis pelo uso adequado dos dados pessoais. Isso inclui a implementação de políticas internas, treinamentos e mecanismos para garantir que os funcionários estejam cientes das práticas adequadas de uso de dados. Além disso, as organizações devem responder e remediar prontamente quaisquer violações de privacidade ou uso indevido de dados que possam ocorrer.

- Auditoria e monitoramento: A auditoria e o monitoramento regulares são necessários para garantir a conformidade com as políticas de proteção de dados e detectar qualquer uso indevido de informações pessoais. Isso envolve a análise contínua das práticas de coleta e uso de dados, identificando possíveis violações e tomando medidas corretivas apropriadas.

- Essas medidas ajudam a garantir a proteção dos dados pessoais e evitam o uso indevido ou não autorizado das informações.

5. Robustez e resiliência:

A robustez e resiliência dos sistemas de IA são aspectos essenciais para garantir a segurança e a confiabilidade desses sistemas. Aqui está o detalhamento desses conceitos:

- Desenvolvimento de algoritmos robustos: Os algoritmos de IA devem ser projetados levando em consideração possíveis ameaças e ataques. Isso envolve a criação de modelos de IA capazes de lidar com entradas adversárias ou maliciosas e que sejam resilientes a tentativas de manipulação ou exploração de vulnerabilidades.

- Detecção e resposta a anomalias: É importante estabelecer mecanismos de monitoramento contínuo para detectar possíveis anomalias ou comportamentos suspeitos nos sistemas de IA. Isso pode envolver o uso de técnicas de detecção de intrusões, análise de logs e monitoramento de métricas de desempenho. Ao identificar uma possível ameaça ou ataque, é necessário implementar medidas de resposta adequadas para mitigar os danos e restaurar a segurança do sistema.

- Adaptação a novas ameaças: Os sistemas de IA devem ser capazes de se adaptar a novas ameaças e ataques à medida que surgem. Isso envolve o desenvolvimento de algoritmos e modelos que possam aprender e se atualizar com base em novos dados e cenários. A capacidade de se adaptar rapidamente a ameaças emergentes é crucial para manter a segurança e a eficácia dos sistemas de IA ao longo do tempo.

- Testes e avaliações de segurança: A realização de testes e avaliações de segurança é fundamental para verificar a robustez e a resiliência dos sistemas de IA. Isso envolve a execução de cenários de teste que explorem possíveis vulnerabilidades e tentativas de ataque. A partir dos resultados desses testes, é possível identificar e corrigir quaisquer pontos fracos ou falhas de segurança nos sistemas.

- Colaboração e compartilhamento de informações: A colaboração entre pesquisadores, desenvolvedores e especialistas em segurança é crucial para fortalecer a robustez e a resiliência dos sistemas de IA. O compartilhamento de informações sobre ameaças, vulnerabilidades e melhores práticas de segurança pode ajudar a comunidade a aprender e se proteger contra ataques. Além disso, é importante manter-se atualizado sobre as últimas pesquisas e avanços na área da segurança da IA.

- Ao implementar medidas de segurança, realizar testes e avaliações regulares e promover a colaboração na área da segurança da IA, é possível fortalecer a proteção contra ameaças e ataques, garantindo a continuidade e o bom funcionamento dos sistemas de IA.

6. Conscientização e treinamento:

A conscientização e o treinamento desempenham um papel crucial na mitigação dos riscos de segurança da IA. Aqui está o detalhamento desses aspectos:

- Conscientização sobre segurança da IA: É fundamental que os desenvolvedores, usuários e profissionais de segurança tenham um entendimento sólido dos desafios e das ameaças de segurança específicas da IA. Isso inclui estar ciente das vulnerabilidades comuns, das técnicas de ataque utilizadas e das melhores práticas de segurança cibernética no contexto da IA.

- Treinamento em práticas de segurança: Os profissionais envolvidos no desenvolvimento e na implementação de sistemas de IA devem receber treinamento adequado em práticas de segurança. Isso pode incluir treinamento sobre identificação e mitigação de vulnerabilidades, gerenciamento de riscos de segurança, práticas de codificação segura e melhores práticas de proteção de dados pessoais.

- Treinamento em detecção e resposta a ameaças: Além do treinamento em práticas de segurança, é importante fornecer treinamento em detecção e resposta a ameaças específicas relacionadas à IA. Isso pode envolver a identificação de possíveis ataques adversariais, o reconhecimento de comportamentos anormais nos sistemas de IA e o conhecimento de técnicas de resposta e mitigação de ameaças.

- Atualização contínua: A segurança cibernética é um campo em constante evolução, e as ameaças estão sempre em mutação. É crucial que os profissionais envolvidos na segurança da IA estejam atualizados sobre as últimas tendências, técnicas e tecnologias de segurança cibernética.

- Colaboração e compartilhamento de informações: A colaboração entre profissionais da área de segurança da IA, compartilhando informações e melhores práticas, é essencial para fortalecer a conscientização e o treinamento em segurança.

- A conscientização e os treinamentos adequados permitem que os profissionais estejam preparados para identificar, responder e mitigar ameaças de segurança na IA. Ao investir na educação e treinamento, as organizações podem fortalecer seus sistemas de IA e reduzir os riscos de ataques e violações de dados.

Os desafios de segurança cibernética e proteção contra ataques na IA requer uma abordagem abrangente e multidisciplinar. É necessário esforços em conjunto de especialistas em segurança cibernética, desenvolvedores de IA, pesquisadores e autoridades regulatórias para estabelecer padrões de segurança, melhores práticas e regulamentações adequadas que garantam a confiabilidade e a proteção dos sistemas de IA.

9.3 Regulamentações e políticas de privacidade

A proteção da privacidade na era da inteligência artificial requer a implementação de regulamentações e políticas de privacidades adequadas.

Essas regulamentações devem abordar questões como a transparência no uso de dados, o consentimento informado e o direito dos indivíduos de controlar suas informações pessoais.

Além disso, é importante promover a educação e a conscientização sobre a importância da privacidade dos dados e os direitos dos usuários.

As regulamentações e políticas de privacidade são desafios cruciais na área da Inteligência Artificial (IA). À medida que a IA se torna mais amplamente adotada e impacta diferentes setores, surgem preocupações em relação à proteção dos direitos individuais, privacidade e ética.

Aqui estão alguns dos principais desafios relacionados às regulamentações e políticas de privacidade da IA:

1. Marco regulatório:

O estabelecimento de um marco regulatório adequado para a IA é uma tarefa desafiadora, mas essencial. Aqui está o detalhamento dessa questão:

- Direitos individuais e privacidade: O marco regulatório deve garantir a proteção dos direitos individuais, incluindo o direito à privacidade. Deve-se estabelecer diretrizes claras sobre como os dados pessoais podem ser coletados, usados e armazenados pelos sistemas de IA, garantindo o consentimento informado dos usuários e a conformidade com as leis de proteção de dados.

- Transparência e explicabilidade: O marco regulatório deve exigir transparência nas práticas de IA, incluindo a divulgação de informações sobre como os algoritmos funcionam, quais dados são utilizados e como as decisões são tomadas. A explicabilidade das decisões de IA é particularmente importante em setores críticos, como saúde, justiça e finanças, onde é necessário compreender as bases em que as decisões são tomadas.

- Responsabilidade e responsabilização: O marco regulatório deve estabelecer a responsabilidade das organizações e desenvolvedores de IA pelas consequências de suas decisões. Isso inclui a responsabilidade de identificar e corrigir viéses algorítmicos, bem como a prestação de contas quando danos ou injustiças ocorrem. A responsabilidade deve ser claramente atribuída, considerando os diversos atores envolvidos no ecossistema da IA.

- Não discriminação e equidade: A regulamentação deve evitar a discriminação e promover a equidade nos sistemas de IA. É importante garantir que os algoritmos sejam desenvolvidos de forma a não perpetuar preconceitos e a discriminação, levando em consideração a diversidade e a inclusão em todas as etapas do desenvolvimento.

- Inovação e avanço tecnológico: É necessário encontrar um equilíbrio entre a regulamentação e a promoção da inovação e do avanço tecnológico. O marco regulatório deve incentivar o desenvolvimento responsável da IA, sem impor restrições excessivas que possam inibir a criatividade e o progresso científico. É importante promover uma abordagem flexível e adaptável, capaz de acompanhar a evolução rápida da tecnologia.

- Colaboração internacional: A regulamentação da IA deve considerar a colaboração e a harmonização com iniciativas internacionais. A cooperação entre os países é fundamental para estabelecer padrões e diretrizes globais, evitando disparidades regulatórias que possam criar obstáculos ao desenvolvimento e à adoção da IA em escala global.

- Ao desenvolver um marco regulatório para a IA, é essencial envolver múltiplos atores, incluindo governos, indústria, especialistas em ética e direitos humanos, e a sociedade em geral. A criação de políticas e regulamentações eficazes requer um processo participativo e consultas públicas, para garantir que as vozes e perspectivas de diferentes partes interessadas sejam consideradas.

2. Proteção da privacidade dos dados:

A proteção da privacidade dos dados é um aspecto crítico no contexto da IA. Aqui está o detalhamento dessa questão:

- Coleta e armazenamento: Regulamentações e políticas devem ser estabelecidas para orientar a coleta e o armazenamento de dados pessoais. As organizações que lidam com IA devem garantir que os dados sejam coletados de maneira legal e ética, com o consentimento informado dos usuários. Além disso, devem adotar medidas de segurança robustas para proteger os dados pessoais contra acesso não autorizado ou uso indevido.

- Consentimento informado: É fundamental obter o consentimento informado dos usuários antes de coletar e utilizar seus dados pessoais. Os usuários devem ser informados de forma clara e compreensível sobre como seus dados serão utilizados, o propósito da coleta, as categorias de dados envolvidas e os direitos que possuem em relação aos seus dados.

- Minimização de dados: Os princípios de minimização de dados devem ser aplicados, garantindo que apenas os dados estritamente necessários sejam coletados e utilizados. As organizações devem evitar a coleta excessiva de informações pessoais e assegurar que apenas os dados relevantes para o propósito pretendido sejam armazenados.

- Segurança e proteção: Medidas de segurança adequadas devem ser implementadas para proteger os dados pessoais contra acesso não autorizado, alteração, divulgação ou destruição. Isso inclui a adoção de técnicas de criptografia, o uso de firewalls, o estabelecimento de controles de acesso e a implementação de práticas de segurança em toda a infraestrutura de TI.

- Retenção e exclusão de dados: Regulamentações devem definir limites de retenção de dados e estabelecer políticas para a exclusão segura dos dados pessoais após o término do período necessário. As organizações devem ter processos claros e eficazes para garantir que os dados pessoais sejam excluídos de maneira irreversível e segura quando não forem mais necessários.

- Compartilhamento de dados: Quando ocorrer o compartilhamento de dados pessoais entre organizações, é essencial estabelecer acordos claros e contratos adequados para proteger a privacidade dos dados. Isso pode envolver a implementação de medidas técnicas e organizacionais, como acordos de confidencialidade, criptografia de dados durante a transferência e a definição de limitações claras quanto ao uso dos dados compartilhados.

- Auditoria e conformidade: As organizações devem realizar auditorias regulares para garantir que estejam em conformidade com as regulamentações de privacidade de dados. Essas auditorias devem avaliar as práticas de coleta, armazenamento, processamento e compartilhamento de dados, identificando possíveis lacunas ou violações e tomando as medidas corretivas necessárias.

- A proteção da privacidade dos dados na IA requer uma abordagem multidimensional, envolvendo a implementação de regulamentações sólidas, o uso de tecnologias de segurança apropriadas e a conscientização e treinamento dos profissionais envolvidos. A colaboração entre governos, indústria e sociedade é essencial para criar um ambiente em que os dados pessoais sejam tratados com respeito e responsabilidade.

3. Transparência e explicabilidade:

A transparência e a explicabilidade são aspectos fundamentais na construção de sistemas de IA confiáveis. Aqui está o detalhamento desses pontos:

- Transparência no design: Os sistemas de IA devem ser projetados levando em consideração a transparência desde o início. Isso significa que os algoritmos e modelos devem ser desenvolvidos de forma a permitir uma compreensão clara de como funcionam e como chegam às decisões. A documentação adequada, com descrições detalhadas dos algoritmos, parâmetros e processos de treinamento, é essencial para alcançar a transparência.

- Explicabilidade das decisões: É importante que os sistemas de IA sejam capazes de fornecer explicações claras e compreensíveis sobre as decisões que tomam. Os usuários devem ser capazes de entender os motivos pelos quais uma determinada decisão foi tomada, quais características dos dados foram consideradas e como elas influenciaram o resultado. Isso é especialmente relevante em áreas críticas, como saúde, justiça e segurança.

- Interpretabilidade dos modelos: Além de fornecer explicações sobre as decisões, os modelos de IA devem ser interpretáveis. Isso significa que os usuários devem ser capazes de compreender como os dados são processados e como os recursos são ponderados na tomada de decisões. Técnicas, como o uso de modelos mais simples e interpretables, podem ser empregadas para facilitar a interpretação e compreensão dos modelos de IA.

- Auditoria e responsabilidade: A transparência também inclui a capacidade de auditar e monitorar continuamente os sistemas de IA. As organizações devem ser responsáveis por garantir que os sistemas estejam funcionando de maneira esperada, evitando viéses e detectando possíveis problemas. Isso requer a implementação de mecanismos de auditoria e monitoramento que possam ser revisados e compreendidos por especialistas externos.

- Participação e envolvimento da sociedade: A transparência e a explicabilidade não devem ser exclusivas dos desenvolvedores e especialistas. É importante envolver a sociedade, os usuários e outras partes interessadas no processo. Isso pode ser feito por meio de consultas públicas, painéis consultivos ou outras formas de diálogo, permitindo que diferentes perspectivas sejam consideradas e que a tomada de decisões seja mais inclusiva e responsável.

- Ao permitir que os usuários e a sociedade compreendam o funcionamento e as decisões da IA, podemos mitigar o risco de viéses injustos, aumentar a equidade e garantir que a IA seja utilizada de forma ética e responsável.

4. Responsabilidade e responsabilização:

A responsabilidade e a responsabilização são questões fundamentais quando se trata do uso de sistemas de IA. Aqui está o detalhamento desses pontos:

- Atribuição de responsabilidade: É importante definir claramente quem é responsável pelas ações e decisões tomadas pelos sistemas de IA. Isso implica em estabelecer a responsabilidade final pelos resultados e pelas consequências das ações realizadas pela IA. As organizações e os desenvolvedores devem assumir a responsabilidade por garantir que a IA seja utilizada de maneira ética e responsável.

- Marco regulatório: Para lidar com a responsabilidade em casos de danos ou decisões incorretas causadas por sistemas de IA, é necessário um marco regulatório adequado. As regulamentações devem estabelecer claramente os direitos e obrigações das partes envolvidas, incluindo desenvolvedores, usuários e outras partes interessadas. Isso pode incluir diretrizes sobre a responsabilidade civil, responsabilidade por danos causados e mecanismos para resolver disputas.

- Monitoramento e auditoria: Para garantir a responsabilização, é necessário um monitoramento e uma auditoria contínuos dos sistemas de IA em uso. Isso envolve avaliar regularmente os resultados produzidos pela IA, identificar possíveis problemas e corrigi-los quando necessário. A auditoria e o monitoramento ajudam a garantir que a IA continue sendo utilizada de maneira responsável ao longo do tempo e que as partes responsáveis sejam identificadas e responsabilizadas por eventuais danos.

- Contratos e acordos claros: Ao utilizar sistemas de IA, é importante estabelecer contratos e acordos claros entre as partes envolvidas. Esses contratos devem especificar as responsabilidades das partes, as limitações de uso da IA, as salvaguardas de segurança e as medidas de responsabilização em caso de danos. Isso ajuda a garantir que todas as partes estejam cientes de suas responsabilidades e obrigações legais.

- Educação e conscientização: A responsabilidade e a responsabilização também requerem educação e conscientização. Os desenvolvedores, usuários e a sociedade em geral devem ser informados sobre os riscos e as consequências do uso da IA, bem como sobre suas responsabilidades ao utilizar esses sistemas. Isso pode ser alcançado por meio de programas de treinamento, campanhas de conscientização e divulgação de informações relevantes sobre ética e responsabilidade na IA.

- Ao definir claramente as responsabilidades, estabelecer regulamentações adequadas e promover a conscientização, podemos assegurar que a IA seja utilizada de forma ética e responsável, com consequências claras para as partes envolvidas.

5. Cooperação internacional:

A cooperação internacional desempenha um papel fundamental na regulamentação da IA. Aqui está o detalhamento desse aspecto:

- Padrões comuns: É essencial estabelecer padrões comuns que orientem o desenvolvimento e o uso responsável da IA em escala global. Esses padrões podem abordar questões como privacidade, segurança, transparência, ética e responsabilidade. Ao desenvolver padrões comuns, os países podem garantir que as mesmas salvaguardas e diretrizes sejam aplicadas em diferentes contextos, promovendo a confiança e a interoperabilidade entre sistemas de IA.

- Compartilhamento de melhores práticas: A troca de experiências e melhores práticas entre países é crucial para enfrentar os desafios relacionados à IA. Os governos, organizações internacionais e a comunidade acadêmica podem colaborar para compartilhar conhecimentos sobre regulamentação, políticas de privacidade, segurança cibernética e outras questões relevantes. Essa colaboração permite que os países aprendam uns com os outros e adotem abordagens eficazes para lidar com os desafios da IA.

- Colaboração em questões transfronteiriças: A IA transcende fronteiras nacionais e apresenta desafios que exigem cooperação internacional. Questões como privacidade de dados em transferências transfronteiriças, combate a cibercrimes e garantia da responsabilidade em casos envolvendo múltiplos países requerem uma abordagem colaborativa. A cooperação internacional pode incluir acordos bilaterais ou multilaterais para facilitar a troca de informações e a cooperação em investigações.

- Fóruns internacionais: Fóruns internacionais, como organizações intergovernamentais e conferências, fornecem plataformas para discutir e desenvolver estratégias conjuntas sobre a regulamentação da IA. Esses fóruns reúnem representantes de diferentes países, especialistas e partes interessadas para compartilhar ideias, discutir desafios e tomar decisões conjuntas. Eles desempenham um papel importante na promoção da cooperação e coordenação internacional na regulamentação da IA.

- Diplomacia digital: A diplomacia digital envolve negociações e diálogos entre países para abordar questões relacionadas à IA. Os governos podem estabelecer canais de comunicação e dialogar sobre políticas, regulamentações e acordos relacionados à IA. A diplomacia digital também pode envolver a criação de tratados ou acordos internacionais para lidar com questões específicas da IA, como segurança cibernética e proteção de dados.

6. Atualização constante:

A atualização constante das regulamentações e políticas de privacidade relacionadas à IA, são cruciais para acompanhar o ritmo acelerado do desenvolvimento tecnológico. Aqui está o detalhamento desse aspecto:

- Acompanhamento dos avanços tecnológicos: A IA está em constante evolução, com novas técnicas, algoritmos e aplicações sendo desenvolvidos regularmente. As regulamentações devem ser atualizadas para abordar os desafios e riscos emergentes associados a esses avanços. Isso envolve o acompanhamento e a compreensão das últimas tendências e inovações na área da IA, para que as regulamentações possam ser ajustadas de acordo.

- Diálogo com especialistas e partes interessadas: Para atualizar as regulamentações de maneira adequada, é importante envolver especialistas, pesquisadores, profissionais da área da IA e outras partes interessadas relevantes. Essas vozes devem ser ouvidas para entender melhor os impactos das novas tecnologias e identificar as necessidades de atualização das regulamentações. O diálogo contínuo com a comunidade da IA pode fornecer informações valiosas para orientar as atualizações necessárias.

- Revisões regulares: As regulamentações relacionadas à IA devem passar por revisões regulares para garantir que permaneçam eficazes e relevantes. Essas revisões devem considerar os avanços tecnológicos, os casos de uso da IA, as implicações éticas e os impactos na privacidade e segurança dos dados. As revisões regulares permitem que as regulamentações sejam adaptadas de acordo com as necessidades atuais e emergentes.

- Aprendizado contínuo com a implementação: À medida que as regulamentações são implementadas e aplicadas, é importante aprender com a experiência e realizar avaliações contínuas. Isso envolve monitorar a eficácia das regulamentações, identificar lacunas ou desafios e ajustar as políticas conforme necessário. A implementação prática das regulamentações fornece insights valiosos sobre o seu impacto e a necessidade de atualizações.

- Cooperação internacional: A cooperação internacional é essencial para garantir que as regulamentações de IA estejam alinhadas globalmente e reflitam as necessidades e desafios atuais. A troca de informações e melhores práticas entre países pode ajudar na identificação de lacunas e na atualização conjunta das regulamentações. Fóruns internacionais, acordos bilaterais e organizações intergovernamentais desempenham um papel crucial nesse processo.

- Esse processo contínuo de atualização é fundamental para promover o uso ético, responsável e seguro da IA no mundo atual em constante mudança.

Capítulo 10

Impacto Social da Inteligência Artificial

Impacto Social da Inteligência Artificial

10.1 Transformação dos empregos e do mercado de trabalho

A inteligência artificial tem o potencial de transformar o mercado de trabalho, automatizando tarefas repetitivas e aumentando a eficiência em várias indústrias. Isso pode levar à criação de novos empregos, mas também à substituição de empregos tradicionais por sistemas automatizados.

É necessário preparar-se para essa transformação, investindo em educação e requalificação profissional para garantir que as pessoas possam se adaptar às mudanças e se beneficiar das oportunidades criadas pela IA.

A IA está impulsionando uma transformação significativa nos empregos e no mercado de trabalho, e isso apresenta uma série de desafios que precisam ser abordados. Aqui estão alguns dos principais desafios da IA nessa área:

1. Automação de tarefas:

A automação de tarefas é uma aplicação importante da IA que tem o potencial de transformar diversos setores e processos. Aqui estão os detalhamentos relacionados a esse aspecto:

- Substituição de empregos: A IA e a automação podem substituir certos empregos que são repetitivos, baseados em tarefas previsíveis ou que envolvem processamento de dados. Isso levanta preocupações sobre o impacto na demanda por certas habilidades e o potencial desemprego resultante. É necessário um planejamento adequado para garantir que medidas sejam tomadas para ajudar os trabalhadores afetados pela automação a fazerem transições para outras ocupações e setores.

- Requalificação e transição de trabalhadores: Com a automação de tarefas, é importante investir em programas de requalificação e treinamento para capacitar os trabalhadores a desenvolverem habilidades complementares ou migrarem para áreas onde a demanda por mão de obra é maior.

- Isso pode incluir programas de treinamento em tecnologia, habilidades digitais, empreendedorismo ou outras áreas em ascensão. A transição de trabalhadores para setores emergentes é uma maneira de aproveitar o potencial da IA para impulsionar o crescimento econômico e criar oportunidades de emprego.

- Foco em habilidades humanas únicas: À medida que certas tarefas são automatizadas, há uma valorização crescente das habilidades humanas exclusivas, como criatividade, pensamento crítico, empatia, habilidades sociais e capacidade de resolver problemas complexos.

- Os esforços devem ser direcionados para desenvolver essas habilidades em conjunto com o avanço da automação. Isso pode incluir programas de educação que enfatizem aprimorar essas habilidades nas futuras gerações.

- Colaboração homem-máquina: Em vez de ver a automação como uma substituição completa dos trabalhadores humanos, é importante explorar a colaboração entre humanos e sistemas de IA.

- A IA pode ser usada como uma ferramenta para auxiliar os trabalhadores em suas tarefas, aumentando sua eficiência e capacidade de tomar decisões informadas. A colaboração entre humanos e máquinas pode resultar em um ambiente de trabalho mais produtivo e eficaz.

- Avaliação contínua de impacto: À medida que a automação de tarefas avança, é importante realizar avaliações contínuas do impacto nos trabalhadores e na sociedade como um todo. Isso pode ajudar a identificar quais ocupações estão em risco, quais habilidades são mais demandadas e quais políticas e programas podem ser implementados para garantir uma transição suave e justa.

- A automação de tarefas por meio da IA tem o potencial de melhorar a eficiência, a produtividade e a qualidade do trabalho. No entanto, é fundamental considerar as implicações sociais e econômicas dessa transformação e garantir que sejam tomadas medidas adequadas para lidar com os desafios que surgem. Isso inclui o apoio aos trabalhadores afetados, o desenvolvimento de habilidades humanas únicas e a busca por uma colaboração eficaz entre humanos e máquinas.

2. Desigualdade de emprego:

A automação impulsionada pela IA pode ter um impacto significativo nas desigualdades existentes no mercado de trabalho. Aqui estão os detalhamentos relacionados a esse aspecto:

- Desigualdades setoriais: Nem todos os setores serão afetados da mesma maneira pela automação. Algumas ocupações e setores, como manufatura, transporte e atendimento ao cliente, são mais propensos a serem automatizados. Isso pode levar a uma maior desigualdade de emprego, com certos setores enfrentando perdas significativas de empregos, enquanto outros setores se beneficiam da automação. É importante considerar essas desigualdades setoriais ao planejar políticas e programas de transição.

- Desigualdades de habilidades: A automação pode tornar certas habilidades obsoletas, enquanto aumenta a demanda por outras. Isso pode criar desigualdades no mercado de trabalho, onde aqueles que possuem habilidades complementares à IA têm maior probabilidade de encontrar emprego e melhores oportunidades de carreira. É fundamental investir em programas de requalificação e treinamento para equipar os trabalhadores com as habilidades necessárias para se adaptar às mudanças no mercado de trabalho.

- Acesso à tecnologia: A desigualdade no acesso à tecnologia pode ampliar as disparidades de emprego. Aqueles que têm acesso limitado à internet, computadores ou treinamento em tecnologia podem enfrentar dificuldades em competir no mercado de trabalho impulsionado pela IA. É necessário garantir um acesso igualitário à tecnologia e investir em iniciativas que capacitem as comunidades mais marginalizadas digitalmente.

- Inclusão e diversidade: A transformação impulsionada pela IA deve ser inclusiva e abordar as desigualdades existentes. É importante promover a diversidade nos campos de IA e tecnologia, garantindo a representação de grupos sub-representados. Além disso, as políticas de inclusão devem ser implementadas para garantir que os benefícios da automação sejam distribuídos de maneira justa e equitativa.

- Políticas e programas de apoio: Para mitigar as desigualdades de emprego, é necessário implementar políticas e programas de apoio adequados. Isso pode incluir incentivos fiscais para empresas que investem em treinamento de habilidades, programas de subsídios ou empréstimos para trabalhadores afetados pela automação, e parcerias entre governos, setor privado e organizações da sociedade civil para facilitar a transição de emprego e promover a inclusão.

- É fundamental reconhecer que a automação impulsionada pela IA tem o potencial de agravar as desigualdades existentes no mercado de trabalho.

3. Requalificação e atualização de habilidades:

A requalificação e a atualização de habilidades são fundamentais diante das mudanças impulsionadas pela IA no mercado de trabalho. Aqui estão os detalhamentos relacionados a esse aspecto:

- Identificação de habilidades em demanda: É importante identificar as habilidades em alta demanda que são necessárias para trabalhar com tecnologias de IA e em setores emergentes. Isso envolve mapear as habilidades que serão valorizadas no futuro e entender as competências necessárias para desempenhar funções relacionadas à IA, como análise de dados, aprendizado de máquina e programação.

- Programas de requalificação e atualização de habilidades: É necessário investir em programas de educação e treinamento que permitam que os trabalhadores adquiram as habilidades necessárias para se adaptarem às mudanças no mercado de trabalho impulsionadas pela IA. Isso pode incluir programas de ensino técnico, cursos de especialização, treinamentos online e parcerias entre empresas e instituições de ensino para oferecer programas de requalificação relevantes.

- Acesso igualitário à requalificação: Garantir um acesso igualitário à requalificação é fundamental para evitar a ampliação das desigualdades. Isso envolve oferecer oportunidades de treinamento acessíveis e inclusivas para diferentes grupos, independentemente de sua origem socioeconômica, gênero ou localização geográfica. Programas de bolsas de estudos, subsídios ou financiamentos podem ajudar a tornar a requalificação mais acessível para aqueles que enfrentam barreiras financeiras.

- Foco em habilidades transferíveis: Além de adquirir habilidades específicas relacionadas à IA, é importante enfatizar a importância das habilidades transferíveis, como pensamento crítico, resolução de problemas, colaboração e adaptabilidade. Essas habilidades são essenciais para lidar com as mudanças rápidas do mercado de trabalho e para se adaptar a diferentes funções e setores.

- Parcerias público-privadas: A colaboração entre governos, setor privado e instituições de ensino é fundamental para desenvolver programas de requalificação eficazes. As parcerias público-privadas podem fornecer recursos, conhecimentos especializados e oportunidades de estágio ou emprego para apoiar a requalificação e a atualização de habilidades dos trabalhadores.

- Investir em programas de educação e treinamento relevantes, garantir um acesso igualitário e promover habilidades transferíveis são passos importantes para enfrentar os desafios e aproveitar as oportunidades trazidas pela transformação tecnológica.

4. Novas formas de trabalho:

As novas formas de trabalho impulsionadas pela IA estão transformando o mercado de trabalho de maneira significativa. Aqui estão os detalhamentos relacionados a esse aspecto:

- Proteção social e direitos trabalhistas: Com o surgimento de novas formas de trabalho, é fundamental garantir a proteção social e os direitos dos trabalhadores. Isso inclui assegurar acesso a benefícios como seguro de saúde, aposentadoria e licença remunerada, independentemente do tipo de contrato de trabalho ou da natureza do emprego. As regulamentações trabalhistas devem ser atualizadas para abordar as especificidades dessas novas formas de trabalho.

- Segurança no trabalho: As novas formas de trabalho muitas vezes ocorrem em ambientes virtuais ou não tradicionais, o que pode apresentar desafios em termos de segurança no trabalho. É importante garantir que os trabalhadores tenham um ambiente de trabalho seguro e saudável, mesmo em situações remotas ou de trabalho por conta própria. Isso envolve promover diretrizes e regulamentações que abordem questões de saúde e segurança nessas novas formas de trabalho.

- Flexibilidade e equilíbrio entre trabalho e vida pessoal: Uma das vantagens das novas formas de trabalho é a flexibilidade que oferecem aos trabalhadores. No entanto, é importante garantir que essa flexibilidade não resulte em exploração ou desequilíbrio entre trabalho e vida pessoal. As políticas e regulamentações devem abordar questões como limite de horas de trabalho, direito à desconexão e apoio ao equilíbrio entre trabalho e vida pessoal.

- Proteção contra discriminação e exploração: Com o uso de plataformas digitais e algoritmos na alocação de trabalho, é necessário garantir a proteção contra discriminação e exploração dos trabalhadores. As regulamentações devem abordar a equidade no acesso a oportunidades de trabalho, a proteção contra discriminação algorítmica e a transparência nos processos de contratação e remuneração.

- Diálogo social e negociação coletiva: Para abordar os desafios e garantir a proteção dos direitos dos trabalhadores nessas novas formas de trabalho, é necessário promover o diálogo social e a negociação coletiva. Isso envolve a participação ativa dos trabalhadores, sindicatos, empregadores e governos na definição de políticas e regulamentações que levem em consideração as necessidades e interesses de todas as partes envolvidas.

- A transformação trazida pela IA no mercado de trabalho requer uma abordagem proativa para garantir a proteção dos direitos dos trabalhadores. Através de políticas e regulamentações atualizadas, é possível promover a justiça social, a equidade e a segurança no trabalho nessas novas formas de trabalho.

5. Colaboração homem-máquina:

A colaboração homem-máquina é um aspecto crucial à medida que a IA se torna mais integrada nos locais de trabalho. Aqui estão os detalhamentos relacionados a esse tema:

- Complementaridade de habilidades: A colaboração eficaz entre humanos e sistemas de IA está na capacidade de complementar as habilidades uns dos outros. A IA pode lidar com tarefas repetitivas, análise de grandes volumes de dados e automação de processos, liberando os trabalhadores para se concentrarem em tarefas que requerem criatividade, intuição e habilidades sociais. É necessário garantir que os sistemas de IA sejam projetados para serem compatíveis e interoperáveis com as habilidades humanas, a fim de maximizar a produtividade e a eficiência no local de trabalho.

- Capacitação dos trabalhadores: Para uma colaboração bem-sucedida, é fundamental capacitar os trabalhadores a entender e interagir com os sistemas de IA. Isso pode incluir programas de treinamento e educação para garantir que os trabalhadores compreendam as capacidades e limitações da IA, bem como desenvolver habilidades para usar, interpretar e trabalhar com os resultados gerados pelos sistemas de IA. Os trabalhadores também devem ser incentivados a contribuir com feedback e conhecimento especializado na melhoria contínua dos sistemas de IA.

- Diretrizes claras e políticas: É importante estabelecer diretrizes claras e políticas que orientem a colaboração entre humanos e máquinas. Isso pode incluir definição de responsabilidades, padrões éticos e princípios que governem a interação e o uso da IA no local de trabalho. As políticas devem abordar questões como transparência, privacidade, segurança e governança dos sistemas de IA, garantindo que a colaboração seja conduzida de maneira ética e benéfica para todos os envolvidos.

- Adaptação contínua: À medida que a IA evolui, é necessário que os trabalhadores se adaptem e aprendam continuamente a trabalhar com novas tecnologias e sistemas. Isso requer uma mentalidade de aprendizado contínuo e uma cultura de atualização de habilidades. As organizações devem investir em programas de desenvolvimento profissional e oferecer oportunidades para os trabalhadores se manterem atualizados com as últimas tendências e avanços na área de IA.

- No entanto, para alcançar os benefícios plenos, é necessário estabelecer diretrizes claras, capacitar os trabalhadores e promover uma cultura de aprendizado contínuo. A colaboração eficaz entre humanos e máquinas pode trazer resultados positivos para as organizações e para o bem-estar dos trabalhadores.

6. Impacto nas indústrias e setores:

A IA está causando um impacto significativo em diferentes indústrias e setores, e é importante considerar as seguintes detalhes relacionados a esse tema:

- Identificação de setores impactados: É essencial identificar quais setores e indústrias estão sendo mais afetados pela IA. Alguns setores, como a saúde, transporte, manufatura, varejo e finanças, podem estar experimentando uma transformação mais acelerada devido à implementação de soluções de IA. Compreender o impacto específico em cada setor permite desenvolver estratégias adequadas para lidar com os desafios e aproveitar as oportunidades.

- Adaptação e transição: Com base na identificação dos setores impactados, é necessário desenvolver estratégias de adaptação e transição. Isso pode incluir o redesenho de processos de negócios, a requalificação dos trabalhadores, a implementação de novas tecnologias e a exploração de modelos de negócios inovadores. A adaptação bem-sucedida requer uma abordagem holística, considerando as necessidades e características específicas de cada setor.

- Exploração de oportunidades: A IA também traz consigo oportunidades para as indústrias e setores. Pode melhorar a eficiência operacional, otimizar a tomada de decisões, impulsionar a inovação e criação de novos produtos e serviços. É importante que as organizações estejam atentas a essas oportunidades e as aproveitem de forma estratégica para obter vantagem competitiva.

- Planejamento cuidadoso: O impacto da IA nas indústrias e setores requer um planejamento cuidadoso. Isso envolve a avaliação dos riscos e desafios associados à implementação da IA, bem como a definição de metas e objetivos claros. É necessário considerar questões como a ética da IA, a segurança dos dados, a privacidade e a regulamentação. Um planejamento adequado permite uma transição mais suave e bem-sucedida para uma era impulsionada pela IA.

- A IA está moldando o futuro das indústrias e setores, e é fundamental que as organizações estejam preparadas para lidar com essas mudanças. Identificar os setores impactados, adaptar-se às novas realidades, explorar as oportunidades e planejar cuidadosamente são etapas importantes para aproveitar os benefícios da IA e garantir uma transição bem-sucedida para o futuro.

Enfrentar esses desafios requer uma abordagem holística e colaborativa, envolvendo governos, empresas, organizações de trabalhadores e instituições de ensino. É essencial desenvolver políticas e programas que promovam a requalificação, protejam os direitos dos trabalhadores e garantam uma transição justa e inclusiva para a era da IA.

10.2 IA e desigualdade social

A IA enfrenta o desafio de superar a desigualdade social, pois a implementação e o uso desigual dessa tecnologia podem agravar as disparidades existentes na sociedade. Existem várias razões pelas quais a IA pode contribuir para a desigualdade social:

1. Acesso e infraestrutura:

O acesso aos recursos e infraestrutura necessários para aproveitar os benefícios da IA é uma preocupação importante. Aqui estão alguns detalhes relacionados a esse tema:

- Lacuna digital: A disponibilidade de recursos de IA, como conectividade de alta velocidade, computadores avançados e especialistas em IA, pode ser desigualmente distribuída entre regiões desenvolvidas e menos desenvolvidas. Isso cria uma lacuna digital que pode dificultar o acesso equitativo às oportunidades proporcionadas pela IA. É importante identificar e abordar essa disparidade, fornecendo recursos e infraestrutura adequados em áreas que enfrentam restrições.

- Infraestrutura de TI: A infraestrutura de tecnologia da informação (TI) desempenha um papel crucial na implementação eficaz da IA. Isso inclui servidores de alto desempenho, armazenamento de dados, conectividade confiável e redes robustas. Em regiões com infraestrutura de TI limitada, o acesso e a implementação da IA podem ser prejudicados. É necessário investir em infraestrutura de TI adequada para garantir que todas as regiões tenham acesso igual às oportunidades proporcionadas pela IA.

- Capacitação e educação: Além da infraestrutura, a capacitação e a educação são fundamentais para garantir o acesso equitativo à IA. É necessário fornecer treinamento e recursos educacionais para capacitar as pessoas com as habilidades necessárias para usar e aproveitar a IA de forma eficaz. Isso inclui programas de capacitação em IA, cursos relevantes e oportunidades de aprendizagem contínua para os indivíduos se adaptarem às mudanças tecnológicas.

- Parcerias público-privadas: A colaboração entre governos, setor privado e organizações da sociedade civil pode desempenhar um papel importante na redução da lacuna de acesso à IA. Por meio de parcerias público-privadas, é possível fornecer recursos, infraestrutura e treinamento em regiões que enfrentam desafios de acesso. Essas parcerias podem promover o desenvolvimento inclusivo da IA e garantir que ninguém seja deixado para trás.

- Acesso igualitário à IA é fundamental para garantir que todos possam se beneficiar das oportunidades e avanços que ela oferece. Reduzir a lacuna digital, investir em infraestrutura de TI, promover a capacitação e estabelecer parcerias estratégicas são etapas importantes para garantir um acesso equitativo à IA e promover o desenvolvimento inclusivo em todas as regiões.

2. Viés nos dados:

A presença de viés nos dados é uma questão crítica na IA e pode ter consequências negativas significativas. Aqui estão alguns detalhes relacionados a esse tema:

- Viés nos dados históricos: Os modelos de IA são treinados com base em dados históricos, que podem refletir preconceitos e desigualdades presentes na sociedade. Se esses dados forem tendenciosos em relação a certas características, como raça, gênero, idade ou origem étnica, os modelos de IA podem aprender e perpetuar esse viés. Isso pode levar a decisões discriminatórias e injustas, reforçando desigualdades existentes.

- Amplificação de desigualdades: Quando sistemas de IA com viés são usados em áreas como recrutamento, concessão de crédito, justiça criminal e avaliação de riscos, podem ocorrer efeitos prejudiciais. Por exemplo, algoritmos de recrutamento podem favorecer certos grupos enquanto discriminam outros com base em características irrelevantes para o desempenho do trabalho. Isso amplifica as desigualdades existentes e limita as oportunidades para grupos marginalizados.

- Detecção e mitigação de viés: É essencial desenvolver técnicas e abordagens para detectar e mitigar o viés nos dados e nos modelos de IA. Isso inclui auditoria de algoritmos, análise crítica dos dados de treinamento e desenvolvimento de métodos que levem em consideração a equidade e a imparcialidade. Também é importante garantir a diversidade na equipe de desenvolvimento de IA para evitar vieses inconscientes.

- Transparência e responsabilidade: Para combater o viés nos dados, é fundamental promover a transparência e a responsabilidade. As organizações que desenvolvem e utilizam sistemas de IA devem ser transparentes em relação aos dados que estão sendo usados, aos algoritmos aplicados e aos resultados obtidos. Além disso, elas devem ser responsáveis por revisar, auditar e corrigir qualquer viés identificado, garantindo a equidade e a imparcialidade em todas as etapas do processo.

- A abordagem do viés nos dados é crucial para garantir que a IA seja justa, imparcial e equitativa. É necessário investir em pesquisas, desenvolvimento de diretrizes e políticas que promovam a detecção e a mitigação de viés, bem como garantir a transparência e a responsabilidade na implementação da IA. Dessa forma, podemos evitar a amplificação de desigualdades e promover uma sociedade mais justa e inclusiva.

3. Deslocamento de empregos:

O deslocamento de empregos é uma preocupação importante relacionada à automação impulsionada pela IA. Aqui estão alguns detalhes sobre esse tema:

- Substituição de empregos: A automação de tarefas e processos por meio da IA tem o potencial de substituir certos empregos, principalmente aqueles que envolvem tarefas repetitivas e de baixa complexidade. Setores como manufatura, transporte, atendimento ao cliente e serviços administrativos podem ser particularmente afetados. Isso pode resultar no deslocamento de trabalhadores e na redução da demanda por certas habilidades.

- Impacto desigual: O deslocamento de empregos impulsionado pela IA pode afetar diferentes setores e grupos de trabalhadores de maneira desigual. Alguns trabalhadores podem ser mais vulneráveis, especialmente aqueles em ocupações com maior probabilidade de serem automatizadas. Além disso, trabalhadores com habilidades menos atualizadas podem enfrentar maior dificuldade para encontrar empregos compatíveis com suas habilidades, ampliando a desigualdade de renda e oportunidades.

- Necessidade de requalificação e transição: Para mitigar os efeitos negativos do deslocamento de empregos, é fundamental investir em programas de requalificação e transição de trabalhadores. Isso envolve fornecer oportunidades de aprendizado ao longo da vida, treinamento em habilidades digitais e promover a adaptabilidade para que os trabalhadores possam se ajustar às novas demandas do mercado de trabalho impulsionadas pela IA.

- Políticas e apoio governamental: O deslocamento de empregos requer uma resposta abrangente, envolvendo políticas e apoio governamental. Isso pode incluir incentivos para empresas investirem em treinamento e requalificação de seus funcionários, programas de apoio ao desemprego e iniciativas para fomentar a criação de novos empregos e setores que surgem com o avanço da IA.

- Promoção da inclusão e equidade: É importante garantir que a transição causada pelo deslocamento de empregos seja inclusiva e equitativa. Isso envolve garantir que grupos vulneráveis, como trabalhadores de baixa renda, minorias e pessoas com habilidades limitadas, tenham acesso a oportunidades de requalificação e emprego. Além disso, políticas que promovam a redistribuição de renda e a proteção social podem ajudar a reduzir as desigualdades resultantes do deslocamento de empregos.

- É essencial adotar uma abordagem proativa para lidar com o deslocamento de empregos causado pela automação impulsionada pela IA. Isso envolve investimentos em requalificação e transição de trabalhadores, políticas de apoio governamental e a promoção da inclusão.

4. Concentração de poder:

A concentração de poder é uma preocupação relevante quando se trata do desenvolvimento e controle da IA. Aqui estão alguns detalhes sobre esse tema:

- Domínio de grandes empresas: Devido aos recursos significativos necessários para desenvolver e implementar sistemas de IA avançados, é comum que grandes empresas e instituições tenham uma posição de destaque nesse campo. Essas empresas têm acesso privilegiado a dados, talentos e infraestrutura, o que lhes confere uma vantagem competitiva significativa.

- Desigualdade social: A concentração de poder nas mãos de algumas empresas pode aprofundar as desigualdades sociais. Empresas com acesso privilegiado a dados podem dominar setores inteiros e limitar a concorrência, dificultando a entrada de empresas menores ou iniciantes. Isso pode levar a uma desigualdade econômica e a uma distribuição desigual dos benefícios gerados pela IA.

- Impacto no mercado de trabalho: A concentração de poder também pode afetar o mercado de trabalho. Grandes empresas com recursos avançados de IA podem automatizar tarefas e substituir empregos em maior escala, o que pode resultar em uma concentração de oportunidades de emprego nas mãos dessas empresas e agravar a desigualdade de emprego.

- Regulação e políticas: Para mitigar a concentração de poder, é necessário estabelecer regulamentações e políticas adequadas. Isso pode incluir medidas antitruste para promover a concorrência e evitar a formação de monopólios, bem como políticas que incentivem a colaboração entre empresas e instituições de pesquisa para compartilhar conhecimento e recursos relacionados à IA.

- Democratização da IA: Promover a democratização da IA é essencial para reduzir a concentração de poder. Isso envolve tornar a IA mais acessível e disponível para empresas e organizações menores, além de incentivar a participação e a diversidade de atores no desenvolvimento e controle da tecnologia. Iniciativas de código aberto, compartilhamento de dados e cooperação internacional podem ajudar a promover a diversidade e a pluralidade no campo da IA.

- É importante garantir que a IA não contribua para uma maior concentração de poder e desigualdades sociais. Regulamentações adequadas, políticas inclusivas e esforços para democratizar o acesso e controle da IA são essenciais para promover um ambiente mais equitativo e justo no desenvolvimento e aplicação dessa tecnologia.

> **Para superar esses desafios e promover uma IA mais justa e inclusiva, são necessárias ações e estratégias adequadas:**

- Garantir o acesso igualitário à educação e à formação em IA, fornecendo oportunidades de aprendizado e treinamento para todos, independentemente de sua origem ou localização.

- Promover a diversidade e a inclusão na construção de modelos de IA, envolvendo diferentes perspectivas e garantindo que as decisões algorítmicas sejam justas e não discriminatórias.

- Investir em pesquisa e desenvolvimento de IA que atenda às necessidades específicas de comunidades marginalizadas e grupos sub-representados.

- Estabelecer regulamentações e políticas públicas que abordem questões de privacidade, segurança, responsabilidade e transparência na implementação da IA.

- Fomentar a colaboração entre governos, empresas, organizações da sociedade civil e academia para garantir que a IA seja usada para beneficiar a sociedade como um todo, reduzindo as desigualdades existentes.

É possível utilizar a IA como uma ferramenta poderosa para promover a igualdade de oportunidades e reduzir a desigualdade social.

10.3 Implicações da IA na educação e na saúde

A inteligência artificial apresenta oportunidades significativas na área da educação, permitindo personalização do ensino, adaptação às necessidades individuais dos alunos e desenvolvimento de soluções de aprendizado mais eficazes. Da mesma forma, na área da saúde, a IA pode contribuir para diagnósticos mais precisos, tratamentos personalizados e descobertas científicas avançadas.

No entanto, é importante garantir que a IA seja utilizada de maneira ética, respeitando a privacidade dos alunos e dos pacientes, e mantendo o papel essencial dos profissionais nessas áreas.

1. Desafios das Implicações da IA na Educação:

- Acesso e equidade: Um dos desafios é garantir que todas as instituições educacionais e estudantes tenham acesso igualitário às tecnologias de IA. Isso requer investimentos em infraestrutura, conectividade e treinamento de professores para lidar com essas tecnologias de forma eficaz.

- ✓ Métodos usados: Iniciativas de inclusão digital, como programas de acesso à internet e dispositivos para estudantes em áreas carentes. Capacitação de professores em tecnologias de IA e metodologias pedagógicas inovadoras.

2. Viés e discriminação:

- A IA pode ser suscetível a viés e discriminação, reproduzindo e ampliando desigualdades existentes. É importante desenvolver algoritmos de IA imparciais e garantir a diversidade e inclusão na coleta de dados utilizados para treinar esses algoritmos.

- ✓ Métodos usados: Auditoria de algoritmos para identificar e mitigar o viés, revisão e refinamento constante dos algoritmos para minimizar a discriminação. Inclusão de equipes multidisciplinares na concepção e desenvolvimento de sistemas de IA.

3. Mudanças no papel do professor:

- A introdução da IA na educação levanta questões sobre o papel do professor. É necessário repensar e redefinir o papel do professor como facilitador, orientador e mediador da aprendizagem, em vez de simplesmente um transmissor de conhecimento.

- ✓ Métodos usados: Desenvolvimento de habilidades pedagógicas específicas para o uso de tecnologias de IA, treinamento em metodologias ativas de ensino-aprendizagem, enfatizando a colaboração, a criatividade e a resolução de problemas.

4. Desafios das Implicações da IA na Saúde:

1. Ética e privacidade dos dados:

- A utilização de IA na saúde envolve a coleta e o processamento de dados sensíveis dos pacientes. É crucial garantir a ética e a privacidade desses dados, implementando medidas de segurança robustas e cumprindo as leis de proteção de dados.

- ✓ Métodos usados: Criptografia de dados, consentimento informado dos pacientes, implementação de políticas de privacidade e segurança de dados, auditorias regulares.

2. Responsabilidade e tomada de decisão:

- O uso de algoritmos de IA na tomada de decisões clínicas pode levantar questões de responsabilidade. É necessário estabelecer linhas claras de responsabilidade e garantir que os profissionais de saúde sejam treinados para entender, interpretar e validar as decisões tomadas pelos sistemas de IA.

- ✓ Métodos usados: Desenvolvimento de modelos de IA interpretáveis e transparentes, envolvimento de profissionais de saúde no desenvolvimento e validação dos algoritmos, protocolos de supervisão e revisão humana das decisões.

3. Equidade no acesso aos cuidados de saúde:

- A implementação da IA na saúde deve levar em consideração a equidade no acesso aos serviços de saúde. É essencial evitar a criação de um sistema em que apenas aqueles com recursos financeiros ou tecnológicos tenham acesso aos benefícios da IA, enquanto outros são deixados para trás.

- ✓ Métodos usados: Políticas de acesso equitativo aos serviços de saúde, inclusão de comunidades marginalizadas na definição de requisitos e desenvolvimento de soluções de IA, parcerias público-privadas para garantir a disponibilidade de tecnologias acessíveis.

Esses desafios podem ser abordados por meio de um enfoque multidisciplinar, envolvendo especialistas em educação, saúde, ética, tecnologia e políticas públicas. É importante promover a colaboração, a transparência e a discussão contínua para garantir que a IA seja aplicada de maneira responsável e beneficie toda a sociedade.

Capítulo 11

IA e Tomada de Decisões

IA e Tomada de Decisões

11.1 Tomada de decisões baseada em IA

A inteligência artificial desempenha um papel cada vez mais importante na tomada de decisões, ajudando a analisar grandes volumes de dados e a identificar padrões e tendências. A capacidade dos sistemas de IA de processar informações rapidamente e fornecer insights pode auxiliar na tomada de decisões mais informadas e assertivas.

➢ **Desafios da Tomada de Decisões pela IA:**

1. Interpretabilidade: A tomada de decisões pela IA muitas vezes ocorre por meio de algoritmos complexos e opacos, o que dificulta a compreensão dos critérios utilizados e dos motivos por trás das decisões tomadas. Isso pode gerar desconfiança e falta de aceitação por parte dos usuários e afetar a adoção da IA em diferentes áreas.

✓ Métodos usados: Desenvolvimento de algoritmos interpretáveis que possam fornecer explicações ou justificativas para as decisões tomadas. Técnicas como aprendizado transparente, modelos com interpretabilidade incorporada e auditoria de algoritmos podem ajudar a abordar esse desafio.

2. Viés e discriminação: Os algoritmos de IA podem ser influenciados por viés e discriminação presentes nos dados de treinamento. Isso pode levar a decisões injustas ou discriminatórias, afetando grupos minoritários ou marginalizados. É

importante garantir que a IA seja imparcial e trate todos os indivíduos de forma justa.

✓ Métodos usados: Realização de auditorias regulares nos algoritmos para identificar e mitigar viés. Implementação de práticas de coleta de dados inclusivas e diversificadas. Revisão e monitoramento constantes dos algoritmos para garantir que não haja discriminação.

3. Ética e responsabilidade: A tomada de decisões pela IA pode ter consequências éticas significativas, como questões de privacidade, segurança e impactos sociais. É necessário estabelecer um quadro ético e legal claro para orientar o desenvolvimento e o uso da IA, bem como garantir a responsabilidade pelos resultados das decisões tomadas pela IA.

✓ Métodos usados: Desenvolvimento de diretrizes éticas para o uso da IA, incluindo princípios como transparência, justiça, responsabilidade e consentimento informado. Estabelecimento de regulamentações e políticas que promovam a responsabilidade dos desenvolvedores e usuários de sistemas de IA.

4. Conhecimento insuficiente: A IA pode tomar decisões com base em padrões identificados nos dados de treinamento, mas nem sempre é capaz de lidar com situações desconhecidas ou imprevistas. A falta de conhecimento sobre casos raros ou emergentes pode levar a resultados inadequados ou inesperados.

✓ Métodos usados: Combinação de IA com a experiência humana, especialmente em casos complexos ou incomuns. Estabelecimento de mecanismos de feedback e aprendizado contínuo para melhorar a capacidade da IA de lidar com casos novos ou excepcionais.

5. Responsabilidade e accountability: A tomada de decisões pela IA levanta questões sobre responsabilidade e quem deve ser responsabilizado por eventuais erros ou consequências negativas. A definição de responsabilidades claras e a atribuição adequada de responsabilidade são desafios importantes nesse contexto.

✓ Métodos usados: Estabelecimento de frameworks legais e éticos que definam claramente as responsabilidades das partes envolvidas, como desenvolvedores, usuários e organizações que utilizam a IA. Criação de mecanismos de prestação de contas para garantir que a tomada de decisões pela IA seja transparente e que haja uma estrutura para lidar com erros ou impactos adversos.

6. Confiabilidade e segurança: A tomada de decisões pela IA requer confiabilidade e segurança para garantir que as decisões sejam precisas e não comprometam a integridade dos sistemas nos quais são implementadas. Sistemas de IA podem ser vulneráveis a ataques e explorações maliciosas.

✓ Métodos usados: Implementação de medidas de segurança robustas para proteger os sistemas de IA contra ameaças cibernéticas. Desenvolvimento de algoritmos e modelos que sejam resilientes a ataques e que possam detectar e mitigar tentativas de comprometimento. Testes e auditorias regulares para avaliar a confiabilidade dos sistemas de IA.

7. Equidade e inclusão: A tomada de decisões pela IA deve levar em consideração a equidade e a inclusão, garantindo que todos os grupos e indivíduos sejam tratados de forma justa e igualitária. Isso envolve superar os vieses existentes nos dados de treinamento e garantir que a IA seja projetada de maneira inclusiva.

✓ Métodos usados: Promoção da diversidade e inclusão na coleta de dados para treinamento dos modelos de IA. Desenvolvimento de algoritmos que sejam sensíveis às disparidades sociais e que considerem fatores de equidade durante a tomada de decisões. Revisão e monitoramento constantes para identificar e corrigir possíveis vieses.

Enfrentar esses desafios é fundamental para garantir o uso ético, responsável e benéfico da IA na tomada de decisões. A colaboração entre especialistas, pesquisadores, desenvolvedores, reguladores e sociedade em geral é necessária para encontrar soluções e estabelecer diretrizes que promovam a confiança e a segurança da tomada de decisões pela IA.

É importante buscar um equilíbrio entre os benefícios proporcionados pela IA e os riscos e desafios que ela apresenta, visando um futuro onde a IA seja uma ferramenta poderosa e benéfica para a sociedade.

11.2 Vantagens e limitações da IA na tomada de decisões

As vantagens da IA na tomada de decisões são evidentes, mas também existem algumas limitações e desafios a serem considerados. Vamos detalhar alguns deles:

> **Vantagens:**

1. Velocidade e eficiência: A IA é capaz de processar grandes volumes de dados e realizar análises complexas em um curto período de tempo, o que permite uma tomada de decisões mais rápida e eficiente.

2. Precisão e consistência: Os algoritmos de IA podem ser altamente precisos na interpretação de dados e na identificação de padrões, o que pode levar a decisões mais acuradas e consistentes, reduzindo erros humanos.

3. Análise abrangente: A IA pode analisar uma ampla gama de informações e considerar diversos fatores relevantes antes de tomar uma decisão, levando a uma visão mais completa e fundamentada.

4. Aprendizado contínuo: A IA pode aprender com os dados e experiências anteriores, melhorando suas habilidades de tomada de decisões ao longo do tempo e adaptando-se a novas situações.

> **Limitações e desafios:**

1. Falta de compreensão contextual: Embora a IA possa processar e analisar dados, ainda pode ter dificuldades em compreender o contexto em que esses dados estão inseridos, o que pode levar a decisões equivocadas ou falta de consideração de nuances importantes.

2. Viés e discriminação: Os algoritmos de IA podem refletir os preconceitos e viéses presentes nos dados de treinamento, resultando em decisões discriminatórias ou injustas. É importante garantir que a IA seja desenvolvida e treinada de forma a evitar esses viéses.

3. Falta de transparência: Alguns modelos de IA são tão complexos que é difícil compreender como eles chegam a determinadas decisões. Isso pode gerar falta de confiança e dificuldade em responsabilizar a IA por suas decisões.

4. Ética e responsabilidade: A tomada de decisões por sistemas de IA levanta questões éticas, como a responsabilidade por decisões prejudiciais ou danosas. É necessário estabelecer diretrizes éticas claras para garantir o uso responsável da IA na tomada de decisões.

5. Falta de intuição e criatividade: A IA é baseada em algoritmos e análise de dados, o que significa que pode ter dificuldade em lidar com situações ambíguas ou que exigem intuição e criatividade humana. Certas decisões complexas podem exigir a intervenção humana.

Considerando vantagens e limitações da IA na tomada de decisões, deve-se encontrar um equilíbrio entre o uso da tecnologia e a tomada de decisões humanas, buscando aproveitar os benefícios da IA enquanto se mantém a capacidade humana de análise crítica e julgamento ético.

➢ **Além das vantagens e limitações da IA na tomada de decisões, se faz importante considerar os métodos utilizados nesse processo. A seguir, detalharemos alguns desses métodos:**

1. Aprendizado de Máquina Supervisionado: Nesse método, o sistema de IA é treinado com um conjunto de dados rotulados, em que os exemplos fornecidos possuem respostas corretas. O objetivo é fazer com que o sistema aprenda a mapear os dados de entrada para as saídas desejadas, permitindo que ele tome decisões com base nesse aprendizado.

2. Aprendizado de Máquina Não Supervisionado: Ao contrário do método supervisionado, o aprendizado de máquina não supervisionado não requer dados rotulados. O sistema é exposto a um conjunto de dados e busca identificar padrões e estruturas por conta própria, sem a necessidade de instruções explícitas. Esse método é útil quando não se possui informações prévias sobre as respostas corretas.

3. Aprendizado de Máquina por Reforço: Nesse método, o sistema de IA aprende a tomar decisões através da interação com um ambiente. Ele recebe recompensas ou punições, dependendo da

qualidade de suas ações, e busca maximizar a recompensa total ao longo do tempo. Esse método é frequentemente utilizado em jogos e simulações.

4. Redes Neurais Artificiais: As redes neurais são um modelo computacional inspirado no funcionamento do cérebro humano. Elas são compostas por camadas de neurônios interconectados, que processam e propagam informações. Essas redes são capazes de aprender a partir dos dados de treinamento e realizar tarefas como classificação, reconhecimento de padrões e tomada de decisões.

5. Lógica Fuzzy: A lógica fuzzy permite lidar com a incerteza e a imprecisão dos dados através da atribuição de valores de pertinência a diferentes graus de pertencimento a um conjunto. Esse método é especialmente útil quando se lida com informações vagas ou ambíguas, permitindo uma tomada de decisões mais flexível.

Deve-se pontuar a escolha do método de IA para a tomada de decisões dependerá do contexto e dos objetivos específicos. Cada método possui suas próprias características e é adequado para diferentes tipos de problemas. A combinação de métodos diferentes podem ser utilizados para obter resultados mais robustos e precisos.

O avanço contínuo da pesquisa na área de IA busca aprimorar esses métodos e desenvolver abordagens cada vez mais eficazes para a tomada de decisões.

11.3 Ética e responsabilidade nas decisões automatizadas

A ética e responsabilidade nas decisões automatizadas são temas de grande importância no campo da Inteligência Artificial. Ao confiar em sistemas de IA para tomar decisões, surgem desafios que devem ser abordados para garantir a transparência, justiça e equidade. A seguir, detalharemos alguns desses desafios e considerações éticas:

1. Viés algorítmico: Os algoritmos de IA podem refletir os preconceitos e viés presentes nos dados de treinamento. Isso pode resultar em decisões discriminatórias ou injustas para certos grupos. É fundamental identificar, mitigar e corrigir esses vieses, garantindo a equidade nas decisões automatizadas.

2. Transparência e explicabilidade: Muitos modelos de IA são considerados caixas-pretas, ou seja, é difícil compreender como eles chegam às decisões. Isso levanta preocupações éticas, pois é importante que as decisões automatizadas possam ser explicadas e compreendidas por aqueles afetados por elas. O desenvolvimento de métodos para tornar os modelos de IA mais transparentes e explicáveis é essencial.

3. Responsabilidade: À medida que a IA desempenha um papel maior nas decisões automatizadas, é necessário estabelecer quem é responsável por essas decisões e suas consequências. A atribuição de responsabilidade pode ser complexa,

envolvendo os desenvolvedores, operadores e usuários dos sistemas de IA. A definição de linhas claras de responsabilidade é crucial para evitar abusos e garantir a responsabilização adequada.

4. Consentimento e privacidade: A coleta e uso de dados pessoais para alimentar os sistemas de IA levanta questões sobre consentimento e privacidade. É importante garantir que os dados sejam coletados e utilizados de maneira ética, respeitando os direitos individuais e protegendo a privacidade das pessoas.

5. Equidade e justiça: As decisões automatizadas devem ser imparciais e considerar a equidade e justiça social. É necessário garantir que a implementação da IA não perpetue ou amplifique desigualdades existentes, e sim promova a inclusão e a equidade.

6. Monitoramento e auditoria: A implementação de sistemas de monitoramento e auditoria é fundamental para avaliar a ética e responsabilidade das decisões automatizadas. Isso inclui o acompanhamento do desempenho dos modelos de IA, a identificação de possíveis vieses e a correção de falhas.

7. Monitoramento de impacto: A medida que os sistemas de IA são implementados em diversas áreas, é importante acompanhar o impacto de suas decisões na sociedade. Isso inclui avaliar se as decisões automatizadas estão alcançando os resultados desejados, como a melhoria da

eficiência e a redução de erros, mas também se estão afetando negativamente certos grupos ou exacerbando desigualdades existentes.

8. Intervenção humana: Embora os sistemas de IA possam automatizar muitas tarefas, é crucial garantir que haja espaço para intervenção humana em decisões críticas. Os seres humanos devem ter a capacidade de revisar, questionar e intervir nos resultados gerados pela IA, especialmente quando há questões éticas ou legais envolvidas.

9. Accountability algorítmica: À medida que os sistemas de IA tomam decisões que afetam a vida das pessoas, é fundamental estabelecer mecanismos de responsabilização. Isso inclui a necessidade de garantir que os algoritmos sejam robustos, auditáveis e capazes de serem questionados em caso de comportamento inadequado.

10. Educação e literacia em IA: A compreensão dos princípios éticos da IA e das implicações de suas decisões é essencial para os desenvolvedores, usuários e a sociedade em geral. A promoção da educação e literacia em IA é fundamental para capacitar as pessoas a fazer escolhas informadas, entender os riscos e benefícios da tecnologia e participar ativamente nas discussões sobre sua regulamentação e uso responsável.

11. Colaboração e diálogo: Lidar com os desafios éticos e de responsabilidade da IA requer uma abordagem colaborativa entre os setores

público e privado, a academia, a sociedade civil e outros atores relevantes. O diálogo contínuo e inclusivo é essencial para encontrar soluções éticas e garantir que as decisões automatizadas sejam orientadas pelo interesse público e respeitem os valores fundamentais da sociedade.

12. Revisão constante: A ética e responsabilidade na IA são questões em constante evolução. É importante estabelecer mecanismos de revisão e atualização contínua das políticas, regulamentações e diretrizes éticas, a fim de acompanhar o avanço da tecnologia e lidar com os desafios emergentes.

✓ Esses desafios exigem uma abordagem multidisciplinar, envolvendo profissionais de IA, ética, direito e outras áreas relevantes. A criação de diretrizes éticas, regulamentações e políticas públicas é essencial para lidar com essas questões e garantir que a IA seja usada de maneira responsável e benéfica para a sociedade.

A tomada de decisões automatizada por sistemas de IA levanta questões éticas e de responsabilidade. É necessário garantir que esses sistemas sejam transparentes, justos e confiáveis.

Capítulo 12

IA e Setor Financeiro

IA e Setor Financeiro

12.1 Aplicações da IA no setor financeiro

> **Desafios detalhados das aplicações da IA no setor financeiro:**

1. Transparência e explicabilidade: Um desafio importante é garantir que os sistemas de IA utilizados no setor financeiro sejam transparentes e explicáveis. Isso significa que as decisões tomadas pelos algoritmos devem ser compreensíveis e rastreáveis, para que os usuários e as partes interessadas possam entender como as decisões foram tomadas e quais foram os critérios considerados.

2. Bias e discriminação: A IA no setor financeiro enfrenta o desafio de evitar a introdução de viés e discriminação nas decisões. É necessário garantir que os algoritmos sejam treinados com dados imparciais e que sejam aplicadas medidas adequadas para mitigar qualquer viés existente nos dados de treinamento. Isso é fundamental para garantir a igualdade de oportunidades e evitar a exclusão de certos grupos.

3. Segurança e privacidade dos dados: O setor financeiro atua com uma quantidade significativa de dados confidenciais e sensíveis. Um desafio importante é garantir a segurança e a privacidade desses dados ao utilizar sistemas de IA. É necessário implementar medidas robustas de segurança cibernética e adotar políticas de

privacidade claras para proteger as informações dos clientes e evitar violações de dados.

4. Conformidade regulatória: O setor financeiro é altamente regulado, e as aplicações de IA devem estar em conformidade com as leis e regulamentações relevantes. É necessário garantir que os sistemas de IA cumpram os requisitos legais e éticos, como a proteção dos dados dos clientes, a prevenção de lavagem de dinheiro e o combate ao financiamento do terrorismo.

5. Gestão de riscos: A utilização da IA no setor financeiro requer uma gestão adequada de riscos. Os algoritmos devem ser testados e validados de forma adequada para garantir que as decisões tomadas sejam confiáveis e precisas. Além disso, é necessário implementar mecanismos de controle e supervisão para monitorar continuamente o desempenho dos sistemas de IA e mitigar quaisquer riscos potenciais.

6. Adoção e capacitação: A implementação bem-sucedida da IA no setor financeiro requer uma cultura de adoção e capacitação. É necessário fornecer treinamento adequado para os profissionais do setor, de forma a entenderem como utilizar e interpretar os resultados fornecidos pelos sistemas de IA. Além disso, é importante envolver os funcionários e as partes interessadas desde o início do processo de implementação, para que possam contribuir com suas perspectivas e garantir uma transição suave.

7. Interpretação e confiança: A interpretação das decisões tomadas pelos sistemas de IA é um desafio importante. É necessário desenvolver métodos e técnicas que permitam compreender e explicar as decisões de forma clara e confiável. Isso é crucial para que os usuários confiem nas decisões da IA e para que os reguladores possam auditar e avaliar adequadamente o desempenho dos sistemas.

8. Evolução regulatória: A rápida evolução da IA apresenta desafios regulatórios contínuos. À medida que a tecnologia avança, novos problemas e questões éticas podem surgir. É necessário que as autoridades regulatórias acompanhem esses avanços e desenvolvam políticas e diretrizes atualizadas para garantir o uso ético e seguro da IA no setor financeiro.

9. Resistência à mudança: A adoção da IA no setor financeiro pode encontrar resistência por parte de profissionais e instituições que estão acostumados a processos tradicionais. Superar a resistência à mudança e promover uma mentalidade aberta à inovação é um desafio importante. Isso pode ser alcançado por meio de programas de treinamento, conscientização e demonstração dos benefícios da IA no setor financeiro.

10. Manutenção e atualização contínua: Os sistemas de IA no setor financeiro exigem manutenção e atualização contínua para garantir seu desempenho e eficácia ao longo do tempo. É necessário monitorar e atualizar regularmente os

algoritmos e modelos de IA para lidar com as mudanças nos dados, nas demandas do mercado e nos requisitos regulatórios. Isso requer uma estrutura sólida de governança de IA e processos eficientes de gestão de mudanças.

11. Colaboração e compartilhamento de dados: A colaboração e o compartilhamento de dados entre instituições financeiras podem ser desafiadores devido a preocupações com a privacidade e a concorrência. No entanto, a obtenção de benefícios significativos da IA no setor financeiro requer o compartilhamento seguro e ético de dados relevantes. Superar esses desafios exige a definição de padrões de segurança de dados, acordos de compartilhamento de informações e a criação de plataformas de colaboração seguras.

12. Ética na definição de metas e objetivos: A definição das metas e objetivos dos sistemas de IA no setor financeiro deve ser feita de forma ética e responsável. É importante evitar a maximização de objetivos individuais em detrimento do interesse coletivo e garantir que as decisões da IA estejam alinhadas com princípios éticos fundamentais, como justiça, transparência e equidade.

A colaboração e o diálogo transparente serão essenciais para impulsionar a adoção responsável e bem-sucedida da IA no setor financeiro, garantindo benefícios sustentáveis e equitativo para todos os envolvidos.

12.2 Análise de dados e detecção de fraudes

A IA desempenha um papel fundamental na análise de dados financeiros, permitindo a identificação de tendências, a previsão de riscos e a tomada de decisões mais fundamentadas. Além disso, a IA pode ser utilizada na detecção de fraudes, identificando padrões suspeitos e comportamentos não usuais nas transações financeiras.

> ➤ **Desafios detalhados na análise de dados e detecção de fraudes:**

1. Volume e complexidade dos dados: Com o aumento do volume de dados disponíveis, tanto estruturados quanto não estruturados, a análise de dados se torna um desafio em si. Além disso, os dados podem ser altamente complexos, com relações não lineares e informações ocultas. Lidar com essa complexidade requer técnicas avançadas de análise de dados e algoritmos de IA adequados.

2. Diversidade das fraudes: As fraudes estão em constante evolução, com novas técnicas e estratégias surgindo regularmente. Os sistemas de detecção de fraudes precisam adaptar-se a novos padrões e comportamentos fraudulentos. Isso requer a atualização contínua dos algoritmos de detecção e a utilização de técnicas avançadas, como aprendizado de máquina e redes neurais, para identificar fraudes de forma precisa e eficiente.

3. Detecção em tempo real: A detecção de fraudes em tempo real é um desafio crítico, especialmente

em transações financeiras. É necessário processar e analisar grandes volumes de dados em tempo real para identificar e responder rapidamente a atividades fraudulentas. Isso requer sistemas de análise de dados altamente eficientes e algoritmos de detecção em tempo real que possam identificar anomalias e padrões suspeitos em tempo hábil.

4. Evasão de detecção: Os fraudadores estão constantemente buscando maneiras de contornar os sistemas de detecção de fraudes. Eles podem tentar ocultar suas atividades fraudulentas ou criar padrões enganosos para evitar a detecção. Os sistemas de análise de dados e detecção de fraudes precisam ser robustos o suficiente para detectar essas tentativas de evasão e adaptar-se a novas estratégias fraudulentas.

5. Privacidade e ética: A análise de dados para detecção de fraudes pode envolver o acesso e processamento de dados sensíveis, como informações financeiras e pessoais. É essencial garantir a privacidade e a proteção desses dados, cumprindo as regulamentações de privacidade e aderindo a práticas éticas. Isso requer o estabelecimento de políticas claras de privacidade, o uso de técnicas de anonimidade de dados e a implementação de medidas de segurança robustas para proteger informações confidenciais.

6. Falsos positivos e falsos negativos: A detecção de fraudes pode resultar em falsos positivos, quando uma transação legítima é erroneamente identificada como fraudulenta, ou falsos negativos,

quando uma transação fraudulenta passa despercebida. Equilibrar a precisão e o desempenho dos sistemas de detecção é um desafio, pois é importante minimizar tanto os falsos positivos quanto os falsos negativos. Isso requer aprimoramento contínuo dos algoritmos de detecção e ajustes para encontrar o equilíbrio certo.

7. Interpretabilidade dos resultados: À medida que os algoritmos de IA se tornam mais complexos e sofisticados, pode ser difícil interpretar e compreender os resultados gerados. A transparência e a interpretabilidade dos modelos de detecção de fraudes são cruciais para que os especialistas possam entender as razões por trás das decisões tomadas pelos sistemas de IA. Desenvolver métodos e técnicas para explicar e interpretar os resultados da detecção de fraudes é um desafio em aberto.

8. Dados desbalanceados: Em muitos casos, os dados disponíveis para treinamento de modelos de detecção de fraudes são desbalanceados, ou seja, a maioria das transações é legítima e apenas uma pequena porcentagem é fraudulenta. Isso pode levar a um viés nos modelos de IA, resultando em um desempenho inferior na detecção de fraudes. Abordar esse desafio requer técnicas de amostragem adequadas, balanceamento dos dados de treinamento e o uso de algoritmos que sejam capazes de lidar com dados desbalanceados.

9. Adaptação contínua: Os fraudadores estão constantemente evoluindo e ajustando suas técnicas para evitar a detecção. Portanto, os sistemas de análise de dados e detecção de fraudes devem ser capazes de se adaptar e atualizar regularmente para enfrentar novos tipos de fraudes. Isso requer uma monitorização contínua, acompanhamento de tendências e aprimoramento constante dos algoritmos de detecção.

10. Colaboração e compartilhamento de informações: Para combater efetivamente as fraudes, é essencial que as instituições financeiras e organizações relevantes colaborem e compartilhem informações sobre atividades fraudulentas. No entanto, existem desafios em relação à privacidade dos dados e à confidencialidade das informações. Superar esses desafios requer o estabelecimento de estruturas seguras de compartilhamento de informações e acordos de colaboração que garantam a proteção dos dados e a confiança entre as partes envolvidas.

A colaboração entre especialistas em segurança cibernética, cientistas de dados e profissionais da área financeira é fundamental para desenvolver soluções eficazes de detecção de fraudes que possam lidar com os desafios em constante evolução no combate a atividades fraudulentas.

12.3 Riscos e desafios da IA no setor financeiro

Embora a IA ofereça benefícios significativos ao setor financeiro, também apresenta desafios e riscos. A dependência excessiva de sistemas de IA pode levar a erros catastróficos, como falhas na detecção de fraudes ou tomada de decisões incorretas.

Além disso, a proteção dos dados financeiros pessoais e a garantia da segurança cibernética são preocupações essenciais nesse contexto.

➢ **Assim como nos tópicos anteriores, porém não diferente, pode-se acrescentar alguns detalhamentos sobre os riscos e desafios da IA no setor financeiro:**

1. Risco de segurança cibernética: Com o aumento da dependência de sistemas de IA no setor financeiro, há um risco crescente de ataques cibernéticos. Os sistemas de IA podem ser alvos de hackers que procuram obter acesso a informações confidenciais ou realizar atividades fraudulentas. Garantir a segurança cibernética adequada e Implementar medidas de proteção robustas é fundamental para mitigar esses riscos.

2. Viés algorítmico: Os algoritmos de IA podem ser influenciados por viés algorítmico, refletindo desigualdades e preconceitos presentes nos dados de treinamento. Isso pode levar a decisões discriminatórias no setor financeiro, como negação de empréstimos com base em características demográficas ou socioeconômicas. É essencial

adotar práticas de desenvolvimento ético e garantir a transparência e a auditoria dos algoritmos para minimizar esses riscos.

3. Risco operacional: A implementação de sistemas de IA complexos no setor financeiro pode levar a riscos operacionais. Falhas técnicas, erros de modelagem ou falhas na integração dos sistemas podem resultar em perdas financeiras significativas. É necessário um gerenciamento adequado de riscos e uma supervisão rigorosa dos sistemas de IA para mitigar esses riscos operacionais.

4. Privacidade e proteção de dados: A IA no setor financeiro trafega com grandes e significativos volumes de dados pessoais e financeiros dos clientes. A proteção da privacidade desses dados é essencial para manter a confiança dos clientes. O uso inadequado ou não autorizado desses dados pode resultar em violações de privacidade e exposição a riscos de segurança. É fundamental adotar políticas de privacidade robustas, conformidade com regulamentações de proteção de dados e implementar medidas de segurança adequadas.

5. Risco de desintermediação: Com a automação de processos e a adoção de sistemas de IA no setor financeiro, existe o risco de desintermediação, ou seja, a substituição de funções tradicionalmente desempenhadas por humanos por sistemas automatizados. Isso pode ter um impacto significativo no emprego e na dinâmica do setor

financeiro. É necessário encontrar um equilíbrio entre a automação e o papel dos profissionais humanos, garantindo a colaboração eficaz entre ambos.

6. Transparência e explicabilidade: Os sistemas de IA utilizam algoritmos complexos que podem ser difíceis de entender e explicar. A falta de transparência e explicabilidade pode criar desafios no setor financeiro, especialmente quando se trata de decisões críticas, como concessão de empréstimos ou investimentos. Garantir a transparência dos modelos de IA e a capacidade de explicar as decisões tomadas é fundamental para estabelecer confiança e tomar decisões informadas.

7. Risco de vazamento de dados: Com a utilização de sistemas de IA no processamento e armazenamento de grandes volumes de dados financeiros, há um risco iminente de vazamento ou violação dessas informações sensíveis. A proteção adequada dos dados é essencial para evitar a exposição de informações confidenciais dos clientes e prevenir possíveis consequências negativas, como roubo de identidade ou fraudes financeiras.

8. Regulamentação e conformidade: A rápida evolução da IA no setor financeiro levanta desafios em termos de regulamentação e conformidade. Se torna necessário estabelecer políticas e diretrizes brandas que garantam a conformidade dos sistemas de IA com as leis e regulamentações vigentes. Além disso, a regulamentação deve

acompanhar os avanços tecnológicos, a fim de abordar questões específicas relacionadas à IA, como transparência algorítmica e responsabilidade em decisões automatizadas.

9. Risco de manipulação de mercado: A utilização de algoritmos de IA no mercado financeiro pode criar riscos de manipulação, especialmente em negociações de alta frequência. A capacidade dos sistemas de IA de analisar rapidamente grandes quantidades de dados e tomar decisões automatizadas pode afetar a estabilidade e a integridade do mercado financeiro. Portanto, é importante estabelecer mecanismos de monitoramento e regulamentação para evitar práticas desleais ou manipuladoras.

10. Dependência excessiva em sistemas de IA: Mesmo que a IA ofereça benefícios significativos no setor financeiro, uma dependência excessiva em sistemas automatizados também apresenta riscos. A confiabilidade desses sistemas pode ser afetada por falhas técnicas, mudanças repentinas no mercado ou eventos imprevisíveis. É essencial manter uma abordagem equilibrada, combinando a inteligência humana com a IA, para garantir uma tomada de decisão sólida e resiliente.

11. Ética e responsabilidade na IA financeira: A tomada de decisões financeiras automatizadas levanta questões éticas e de responsabilidade. É necessário considerar as implicações sociais, econômicas e de justiça ao desenvolver e implementar sistemas de IA no setor financeiro. Os

algoritmos devem ser projetados levando em conta a equidade, a transparência e a responsabilidade, garantindo que os benefícios sejam distribuídos de forma justa e que os potenciais danos sejam mitigados.

Enfrentar esses desafios requer uma abordagem holística que envolva a colaboração entre instituições financeiras, especialistas em IA, reguladores e partes interessadas.

A criação de diretrizes claras, regulamentações adequadas e práticas éticas sólidas são fundamentais para promover o uso responsável e seguro da IA no setor financeiro, aproveitando seus benefícios enquanto se protege contra os riscos potenciais.

Capítulo 13

IA e Saúde

IA e Saúde

13.1 Aplicações da IA na área da saúde

A inteligência artificial (IA) tem se mostrado uma tecnologia promissora na área da saúde, trazendo diversas aplicações e benefícios significativos. Aqui estão alguns detalhamentos sobre as aplicações da IA nesse campo:

1. Diagnóstico médico:

* O diagnóstico médico é uma área em que a inteligência artificial (IA) tem apresentado resultados promissores. Com o uso de algoritmos de IA, é possível auxiliar os profissionais de saúde na interpretação de exames médicos, como imagens de ressonância magnética, tomografias e radiografias. Essa aplicação da IA permite identificar padrões e anomalias que podem ser difíceis de serem observados a olho nu, contribuindo para uma detecção precoce de doenças e aumentando a precisão diagnóstica.

* Ao analisar essas imagens médicas, os algoritmos de IA são capazes de identificar características específicas, como lesões, tumores, anormalidades estruturais ou outras alterações que possam indicar a presença de doenças. Com base em vastos conjuntos de dados de treinamento, a IA aprende a reconhecer padrões complexos que podem ser indicativos de diferentes condições médicas. Esses algoritmos podem então auxiliar os médicos a interpretar as imagens, fornecendo

informações adicionais e sugerindo diagnósticos potenciais.

- A aplicação da IA no diagnóstico médico traz vários benefícios. Em primeiro lugar, a IA pode ajudar a acelerar o processo de interpretação dos exames, permitindo que os médicos revisem os resultados de forma mais eficiente. Isso pode levar a diagnósticos mais rápidos, o que é especialmente importante em casos de doenças graves em que o tempo é um fator crítico.

- A IA pode melhorar a precisão diagnóstica, reduzindo erros humanos e minimizando a possibilidade de falsos negativos ou falsos positivos. A capacidade dos algoritmos de IA em analisar grandes volumes de dados e identificar padrões sutis pode contribuir para uma detecção mais precisa de condições médicas, mesmo em estágios iniciais.

- No entanto, é importante ressaltar que a IA não substitui a experiência e o julgamento clínico dos profissionais de saúde. A interpretação dos resultados fornecidos pelos algoritmos de IA deve ser sempre avaliada e validada pelos médicos, que são responsáveis pela tomada de decisões clínicas. A IA serve como uma ferramenta de suporte aos profissionais de saúde, auxiliando-os em seus diagnósticos e contribuindo para uma medicina mais precisa e eficiente.

2. Medicina personalizada:

- A medicina personalizada é uma abordagem inovadora que busca adaptar os cuidados de saúde às características individuais de cada paciente. A inteligência artificial (IA) desempenha um papel importante nesse campo, pois pode analisar uma variedade de dados individuais, como histórico médico, informações genéticas, estilo de vida e fatores ambientais, para auxiliar na seleção de tratamentos e terapias personalizadas.

- Com o uso da IA, os profissionais de saúde podem acessar informações detalhadas sobre cada paciente e utilizar algoritmos de aprendizado de máquina para identificar padrões e correlações relevantes. A IA pode analisar grandes quantidades de dados e identificar relações complexas entre os diferentes fatores que influenciam a saúde de um indivíduo.

- Essa análise de dados personalizados permite que os médicos façam recomendações de tratamento mais precisas e adaptadas às necessldades específicas de cada paciente. A IA pode ajudar a identificar quais medicamentos ou terapias são mais adequados para determinadas condições de saúde, levando em consideração fatores como a genética do paciente, histórico de doenças, reações a medicamentos anteriores e outras informações relevantes.

- Com a medicina personalizada, espera-se que os pacientes se beneficiem de tratamentos mais eficazes e com menos efeitos colaterais indesejados. A individualização dos cuidados de saúde permite que as intervenções sejam direcionadas de forma mais precisa, levando em consideração as características únicas de cada pessoa.

- É importante destacar que a implementação da medicina personalizada requer a disponibilidade de dados precisos e confiáveis. É necessário garantir a proteção da privacidade e a segurança dos dados dos pacientes, bem como o cumprimento das regulamentações de privacidade e ética.

- A medicina personalizada enfrenta desafios em termos de acessibilidade e disponibilidade de tecnologias de IA em diferentes contextos de saúde. É necessário investir em infraestrutura e capacitação dos profissionais de saúde para aproveitar ao máximo os benefícios da IA na medicina personalizada.

- A IA desempenha um papel fundamental na medicina personalizada, permitindo que os profissionais de saúde utilizem dados individuais para fornecer tratamentos mais personalizados e eficazes. Essa abordagem pode levar a melhores resultados clínicos, melhorando a qualidade de vida dos pacientes e abrindo caminho para a transformação da medicina moderna.

3. Descoberta de medicamentos:

- A descoberta de medicamentos é um processo complexo e demorado, que envolve a identificação de moléculas promissoras, a realização de testes em laboratório e ensaios clínicos extensivos. A inteligência artificial (IA) desempenha um papel cada vez mais importante nesse campo, acelerando o processo de descoberta e desenvolvimento de medicamentos.

- Com o uso da IA, os cientistas podem aproveitar grandes bancos de dados de informações sobre moléculas, propriedades químicas, dados de ensaios clínicos e outras fontes relevantes. Algoritmos de aprendizado de máquina podem ser aplicados para analisar esses dados, identificar padrões e prever a eficácia de compostos potenciais.

- A IA pode ajudar os cientistas a identificar novos alvos terapêuticos com base em dados genômicos, proteômicos e de expressão gênica. Além disso, a análise de dados pode auxiliar na otimização da formulação de medicamentos, considerando fatores como solubilidade, estabilidade e biodisponibilidade.

- Os algoritmos de IA também podem ser usados para realizar simulações computacionais de interações entre moléculas e alvos terapêuticos, acelerando a triagem virtual de compostos e reduzindo o tempo necessário para testes em laboratório.

- Com o auxílio da IA, os cientistas podem identificar combinações de medicamentos existentes que possam ter sinergia ou reutilizar compostos já aprovados para novas indicações terapêuticas. Essa abordagem de reposicionamento de medicamentos economiza tempo e recursos, permitindo que os medicamentos cheguem ao mercado mais rapidamente.

- No entanto, é importante ressaltar que a descoberta de medicamentos com o auxílio da IA ainda requer validação experimental e regulamentação adequada. Os resultados obtidos por meio da análise de dados e simulações computacionais precisam ser confirmados por meio de testes em laboratório e ensaios clínicos antes que um medicamento possa ser aprovado e utilizado em pacientes.

- A descoberta de medicamentos por meio da IA também enfrenta desafios em termos de disponibilidade de dados de alta qualidade e validade dos algoritmos utilizados. É necessário garantir a confiabilidade dos dados e a transparência dos processos de análise realizados pela IA.

- A IA possui um papel promissor na descoberta de medicamentos, acelerando o processo de identificação de moléculas promissoras, previsão de eficácia e otimização de formulações. Essa abordagem pode reduzir os custos e o tempo necessários para o desenvolvimento de medicamentos, trazendo benefícios significativos para a saúde pública. No entanto, é importante continuar a pesquisa e a validação experimental para garantir a segurança e a eficácia dos medicamentos descobertos por meio da IA.

4. Monitoramento de pacientes:

- O monitoramento contínuo de pacientes é uma área em que a inteligência artificial (IA) tem desempenhado um papel cada vez mais importante. Com o uso da IA, é possível analisar dados médicos em tempo real e fornecer insights valiosos para o cuidado dos pacientes.

- Um exemplo de aplicação da IA no monitoramento de pacientes é o monitoramento de sinais vitais. Dispositivos médicos inteligentes, como monitores cardíacos e sensores de oximetria, podem coletar dados sobre a frequência cardíaca, pressão arterial, saturação de oxigênio e outros parâmetros vitais. Esses dados podem ser transmitidos para sistemas de IA, que são capazes de analisar os padrões e identificar anomalias que possam indicar uma condição de saúde preocupante. Os profissionais de saúde podem receber alertas em tempo real, permitindo uma intervenção precoce e um cuidado mais eficaz.

- Pode ser utilizada no monitoramento de padrões de sono. Dispositivos como smartwatches e monitores de sono podem coletar dados sobre a qualidade do sono, duração e outros parâmetros relacionados. Os algoritmos de IA podem analisar esses dados e identificar padrões que possam indicar distúrbios do sono, como apneia ou insônia. Isso permite que os profissionais de saúde recomendem intervenções adequadas para melhorar a qualidade do sono dos pacientes.

- A IA também pode ser aplicada no monitoramento de alterações comportamentais. Por exemplo, em pacientes com doenças neurodegenerativas, como o Alzheimer, algoritmos de IA podem analisar dados de sensores e dispositivos vestíveis para detectar mudanças no comportamento, como agitação, confusão ou alterações na marcha. Esses sinais podem ajudar os cuidadores e profissionais de saúde a tomar medidas preventivas ou ajustar o tratamento de acordo com as necessidades individuais do paciente.

- Também usada para prever eventos adversos ou complicações de saúde. Com base em dados históricos e em tempo real, os algoritmos de IA podem identificar fatores de risco e padrões que possam indicar a probabilidade de um paciente desenvolver uma complicação ou sofrer um evento adverso, como uma infecção hospitalar ou uma reação a medicamentos. Essas previsões podem auxiliar os profissionais de saúde a adotar medidas preventivas e melhorar a segurança do paciente.

- É importante destacar que o uso da IA no monitoramento de pacientes requer considerações éticas e de privacidade. É necessário garantir a proteção dos dados pessoais dos pacientes e o consentimento adequado para a coleta e análise desses dados. Além disso, é fundamental que os algoritmos de IA sejam validados e confiáveis, de modo a evitar decisões errôneas ou diagnósticos equivocados.

- A IA tem o potencial de transformar o monitoramento de pacientes, permitindo uma análise contínua de dados médicos em tempo real e fornecendo insights valiosos para os profissionais de saúde. Isso pode levar à detecção precoce de condições de saúde preocupantes, intervenções oportunas e um cuidado mais eficaz e personalizado. No entanto, é essencial abordar questões éticas e de privacidade, bem como garantir a validação e confiabilidade dos algoritmos de IA utilizados.

5. Assistência cirúrgica:

- A assistência cirúrgica é outra área em que a inteligência artificial (IA) tem desempenhado um papel importante. Com o uso da IA, é possível fornecer orientação e suporte aos cirurgiões durante procedimentos cirúrgicos, melhorando a precisão e segurança das intervenções.

- Um exemplo de aplicação da IA na assistência cirúrgica é a análise de imagens em tempo real. Durante uma cirurgia, imagens como radiografias, ressonâncias magnéticas ou tomografias podem ser capturadas e analisadas por sistemas de IA. Esses sistemas podem identificar e destacar estruturas anatômicas importantes, como vasos sanguíneos, nervos ou tumores, fornecendo ao cirurgião informações valiosas para guiar suas ações durante o procedimento. Além disso, a IA pode ser utilizada para planejar trajetórias ou caminhos ideais para instrumentos cirúrgicos, reduzindo os riscos de danos a tecidos saudáveis.

- A IA também pode auxiliar na análise e interpretação de dados durante a cirurgia. Por exemplo, sistemas de IA podem monitorar parâmetros vitais do paciente, como frequência cardíaca, pressão arterial e níveis de oxigênio, em tempo real. Esses sistemas podem alertar o cirurgião sobre possíveis complicações ou desvios da normalidade, permitindo uma intervenção imediata e reduzindo riscos.

- Muito usada para fornecer orientações e recomendações durante o procedimento cirúrgico. Com base em dados e experiências anteriores, os algoritmos de IA podem sugerir melhores práticas, técnicas específicas ou abordagens alternativas que possam otimizar os resultados cirúrgicos. Essas orientações podem ajudar os cirurgiões a tomar decisões mais informadas e melhorar a eficiência e precisão dos procedimentos.

- Vale destacar que a IA na assistência cirúrgica não substitui a habilidade e expertise dos cirurgiões, mas atua como uma ferramenta complementar. A decisão final e a responsabilidade durante o procedimento cirúrgico ainda recai sobre o profissional de saúde.

- A IA na assistência cirúrgica oferece uma série de benefícios, incluindo a análise de imagens em tempo real, o monitoramento de parâmetros vitais e a orientação durante o procedimento. Essas aplicações podem melhorar a precisão, segurança e eficácia das cirurgias, beneficiando tanto os pacientes quanto os cirurgiões. No entanto, é necessário garantir a validação e confiabilidade dos sistemas de IA, bem como considerar aspectos éticos e de privacidade durante o uso dessas tecnologias.

6. Gerenciamento de registros médicos:

- O uso da inteligência artificial (IA) no gerenciamento de registros médicos traz benefícios significativos para a área da saúde. A IA pode auxiliar na extração, análise e interpretação de informações dos registros médicos dos pacientes, tornando-os mais acessíveis e utilizáveis pelos profissionais de saúde.

- A Inteligência Artificial pode realizar a extração de dados relevantes dos registros médicos, identificando informações-chave, como diagnósticos, procedimentos, medicamentos prescritos e resultados de exames. Essa capacidade de automatizar a extração de dados economiza tempo e reduz a possibilidade de erros humanos.

- Possui capacidade analisar os registros médicos em grande escala para identificar tendências e padrões de saúde. Por exemplo, algoritmos de IA podem analisar os dados para identificar fatores de risco, prever a probabilidade de certas doenças e ajudar na tomada de decisões clínicas.

- Auxiliar na detecção de erros ou omissões nos registros médicos. Por meio da análise dos dados, a IA pode identificar inconsistências, como resultados de exames contraditórios ou medicamentos prescritos em doses incompatíveis. Isso ajuda a garantir a precisão e integridade dos registros.

- A aplicação da IA no gerenciamento de registros médicos pode melhorar a eficiência dos processos administrativos. A IA pode automatizar tarefas como classificação, organização e indexação dos registros, facilitando o acesso rápido e preciso às informações relevantes.

- Sempre ressaltando que a IA deve ser usada como uma ferramenta complementar aos profissionais de saúde. A interpretação e tomada de decisões clínicas devem sempre ser realizadas por médicos e outros profissionais capacitados, com base nas informações fornecidas pela IA.

Essas aplicações da IA na área da saúde têm o potencial de melhorar a precisão diagnóstica, personalizar os tratamentos, acelerar a descoberta de medicamentos e melhorar a eficiência dos cuidados de saúde.

13.2 Diagnóstico e tratamento assistidos por IA

- A aplicação da inteligência artificial (IA) no diagnóstico e tratamento assistidos por IA traz avanços significativos para a área da saúde. A IA pode auxiliar os profissionais de saúde no processo de diagnóstico, fornecendo suporte na interpretação de exames médicos e na identificação de padrões relevantes.

- No diagnóstico, a IA pode analisar imagens médicas, como radiografias, tomografias e ressonâncias magnéticas, para auxiliar na detecção de doenças e condições médicas. Algoritmos de IA podem ser treinados para reconhecer padrões específicos nessas imagens, permitindo um diagnóstico mais preciso e rápido. Além disso, a IA pode comparar os resultados dos exames de um paciente com um banco de dados de casos semelhantes, auxiliando na identificação de padrões que podem ser indicativos de uma determinada condição médica.

- Além do diagnóstico, a IA também pode ajudar a otimizar os tratamentos. Com base nas características individuais de cada paciente, como histórico médico, genética, estilo de vida e fatores ambientais, a IA pode fornecer recomendações personalizadas sobre opções de tratamento. A IA pode analisar grandes volumes de dados clínicos e científicos para identificar tratamentos mais eficazes e prever respostas individuais a medicamentos e terapias. Isso permite um tratamento mais personalizado, melhorando os resultados clínicos e reduzindo os efeitos colaterais indesejados.

- É importante destacar que a IA no diagnóstico e tratamento assistidos não substitui a expertise e o julgamento clínico dos profissionais de saúde. A IA é uma ferramenta de suporte que fornece informações e insights valiosos, mas a decisão final e a responsabilidade pela escolha do diagnóstico e tratamento adequados sempre cabem aos médicos e profissionais de saúde. A IA é um complemento importante, auxiliando na melhoria da precisão e eficiência dos processos diagnósticos e terapêuticos.

13.3 Ética e privacidade dos dados de saúde

Ao utilizar a inteligência artificial na área da saúde, é fundamental garantir a ética e a privacidade dos dados de saúde dos pacientes. As informações médicas são sensíveis e devem ser tratadas com cuidado, seguindo regulamentações e políticas de privacidade adequada. É essencial obter o consentimento informado dos pacientes e garantir a segurança dos dados durante o processamento e armazenamento.

1. Consentimento informado:

- O consentimento informado é um princípio ético fundamental na coleta e uso de dados de saúde. Ele garante que os pacientes sejam informados de forma clara e completa sobre como suas informações serão utilizadas, permitindo-lhes tomar decisões informadas sobre sua participação. Ao obter o consentimento informado, os profissionais de saúde devem fornecer informações claras sobre os propósitos específicos da coleta de dados, os métodos de armazenamento e processamento, os riscos potenciais e os benefícios envolvidos.

- É importante que o consentimento seja voluntário e baseado em uma compreensão adequada das informações fornecidas. Os pacientes devem ter a oportunidade de fazer perguntas, esclarecer dúvidas e receber informações adicionais, se necessário. O consentimento também deve ser revogável, permitindo que os pacientes retirem seu consentimento a qualquer momento, se desejarem.

- É necessário considerar a capacidade dos pacientes em dar consentimento informado. Em casos de pacientes menores de idade, pessoas com capacidade cognitiva reduzida ou pacientes em situações vulneráveis, podem ser necessárias medidas adicionais para garantir que o consentimento seja obtido de maneira apropriada, considerando a proteção e os interesses do paciente.

- Ao implementar o consentimento informado na coleta e uso de dados de saúde, os profissionais de saúde devem seguir as regulamentações e leis aplicáveis, como a Lei Geral de Proteção de Dados (LGPD) no Brasil, para garantir que os direitos dos pacientes sejam respeitados. A transparência e a comunicação clara são essenciais para estabelecer uma relação de confiança com os pacientes, promovendo uma colaboração ética e responsável no uso da inteligência artificial na área da saúde.

2. Segurança dos dados:

- A segurança dos dados de saúde é uma preocupação de extrema importância na utilização da inteligência artificial na área da saúde. Medidas adequadas de segurança devem ser implementadas para garantir a proteção dos dados contra acessos não autorizados, perdas ou violações.

- Uma medida fundamental é a criptografia dos dados, que consiste na codificação das informações de maneira que somente pessoas autorizadas possam decifrá-las. Isso ajuda a proteger os dados durante o armazenamento, transmissão e processamento, tornando-os ilegíveis para qualquer pessoa sem a chave de descriptografia adequada.

- É essencial implementar controles de acesso adequados, garantindo que apenas pessoas autorizadas tenham permissão para acessar os dados de saúde. Isso envolve a adoção de sistemas de autenticação seguros, como senhas fortes, autenticação de dois fatores ou biometria, para garantir que somente indivíduos autorizados possam visualizar ou manipular os dados sensíveis.

- Outras medidas de segurança incluem a proteção contra malware e ataques cibernéticos. Isso envolve a utilização de firewalls, sistemas de detecção e prevenção de intrusões, antivírus atualizados e a implementação de políticas de segurança que promovam boas práticas de uso dos sistemas e dados.

- Ressaltando que é necessário garantir que os dados de saúde sejam armazenados em locais seguros, como servidores protegidos e ambientes físicos controlados. Isso evita o acesso não autorizado aos dados e reduz o risco de perdas ou danos físicos.

- Em consonância com as leis e regulamentações de proteção de dados, como a LGPD no Brasil, é imprescindível que os profissionais de saúde e as instituições envolvidas na utilização da IA na área da saúde implementem políticas e procedimentos de segurança adequados, realizem auditorias regulares de segurança e estejam preparados para responder a incidentes de segurança de dados de forma adequada e eficiente.

- Ao garantir a segurança dos dados de saúde, protegemos a privacidade dos pacientes, mantendo a confidencialidade e a integridade das informações, promovendo a confiança e a ética na utilização da inteligência artificial na área da saúde.

3. Transparência e explicabilidade:

- A segurança dos dados de saúde é uma preocupação de extrema importância na utilização da inteligência artificial na área da saúde. Medidas adequadas de segurança devem ser implementadas para garantir a proteção dos dados contra acessos não autorizados, perdas ou violações.

- Uma medida fundamental é a criptografia dos dados, que consiste na codificação das informações de maneira que somente pessoas autorizadas possam decifrá-las. Isso ajuda a proteger os dados durante o armazenamento, transmissão e processamento, tornando-os ilegíveis para qualquer pessoa sem a chave de descriptografia adequada.

- Implementação de controles de acesso adequados, garantindo que apenas pessoas autorizadas tenham permissão para acessar os dados de saúde. Isso envolve a adoção de sistemas de autenticação seguros, como senhas fortes, autenticação de dois fatores ou biometria, para garantir que somente indivíduos autorizados possam visualizar ou manipular os dados sensíveis.

- Assim, como na Segurança de Dados, incluem medidas de proteção contra malware e ataques cibernéticos. Isso envolve a utilização de firewalls, sistemas de detecção e prevenção de intrusões, antivírus atualizados e a implementação de políticas de segurança que promovam boas práticas de uso dos sistemas e dados.

- Garantir que os dados de saúde sejam armazenados em locais seguros, como servidores protegidos e ambientes físicos controlados. Isso evita o acesso não autorizado aos dados e reduz o risco de perdas ou danos físicos.

- (Como na Segurança de Dados) Em consonância com as leis e regulamentações de proteção de dados, como a LGPD no Brasil, é imprescindível que os profissionais de saúde e as instituições envolvidas na utilização da IA na área da saúde implementem políticas e procedimentos de segurança adequados, realizem auditorias regulares de segurança e estejam preparados para responder a incidentes de segurança de dados de forma adequada e eficiente.

- (Como na Segurança de Dados) Ao garantir a segurança dos dados de saúde, protegemos a privacidade dos pacientes, mantendo a confidencialidade e a integridade das informações, promovendo a confiança e a ética na utilização da inteligência artificial na área da saúde.

Ao abordar a ética e a privacidade dos dados de saúde na utilização da IA, é essencial buscar um equilíbrio entre o avanço tecnológico e a proteção dos direitos e interesses dos pacientes.

Capítulo 14

IA e Transporte Autônomo

IA e Transporte Autônomo

14.1 Avanços da IA no desenvolvimento de veículos autônomos

A IA tem impulsionado avanços significativos no desenvolvimento de veículos autônomos, tornando-os mais inteligentes e capazes de operar de forma autônoma em diferentes ambientes. Aqui estão três tópicos que destacam esses avanços:

1. Percepção avançada do ambiente:

- A percepção avançada do ambiente é um dos principais avanços da inteligência artificial no desenvolvimento de veículos autônomos. Esses veículos utilizam sistemas de IA, como redes neurais convolucionais, para processar as informações coletadas por diversos sensores, incluindo câmeras, sensores de radar, lidar e outros dispositivos.

- Por meio desses sistemas, os veículos autônomos são capazes de identificar e classificar os objetos presentes no ambiente ao seu redor. Isso inclui a detecção de carros, pedestres, ciclistas, motociclistas, sinalizações de trânsito e obstáculos como cones, barricadas e animais. Através da análise e interpretação dos dados coletados pelos sensores, a IA pode criar uma representação detalhada do ambiente em tempo real.

- A percepção avançada do ambiente permite que os veículos autônomos tomem decisões mais precisas e reajam de maneira adequada às condições de trânsito. Por exemplo, o veículo pode identificar um pedestre atravessando a rua e acionar os freios para evitar uma colisão. Além disso, a IA permite a detecção de objetos em pontos cegos e a previsão de movimentos futuros, contribuindo para uma condução mais segura e eficiente.

- Esses sistemas de percepção avançada do ambiente estão em constante evolução, buscando melhorar a capacidade dos veículos autônomos em reconhecer e interpretar corretamente as informações do ambiente. O desenvolvimento de algoritmos de IA mais sofisticados e a integração de diferentes sensores são áreas de pesquisa contínua para aprimorar a percepção e a compreensão dos veículos autônomos sobre o ambiente em que estão inseridos.

2. Planejamento de rotas e tomada de decisões:

- O planejamento de rotas e a tomada de decisões são aspectos cruciais para o funcionamento dos veículos autônomos, e a inteligência artificial desempenha um papel fundamental nessas áreas. Os algoritmos de IA utilizados nos veículos autônomos são capazes de analisar uma série de informações, como os dados do ambiente, as regras de trânsito e os dados do mapa, a fim de planejar a melhor rota e tomar decisões durante a condução.

- No planejamento de rotas, a IA leva em consideração diversos fatores, como a localização do veículo, o destino desejado, as condições do trânsito e as restrições de velocidade. Com base nessas informações, os algoritmos de IA calculam a rota mais eficiente e segura para o veículo seguir. Além disso, a IA também considera possíveis eventos futuros, como congestionamentos ou obras, e é capaz de fazer ajustes na rota planejada, se necessário.

- Já na tomada de decisões durante a condução, a IA analisa continuamente os dados do ambiente, como a presença de outros veículos, pedestres, semáforos e sinalizações de trânsito. Com base nessa análise, os algoritmos de IA são capazes de tomar decisões em tempo real, como ajustar a velocidade do veículo, selecionar a faixa apropriada, realizar ultrapassagens de forma segura e reagir a situações de emergência.

- Os algoritmos de IA utilizam modelos preditivos para antecipar o comportamento de outros usuários da via, como a direção de um veículo próximo ou a intenção de um pedestre que se prepara para atravessar a rua. Essas previsões permitem que o veículo autônomo tome decisões adequadas e evite colisões ou situações de risco.

- É importante ressaltar que a tomada de decisões assistida por IA é constantemente aprimorada e refinada, através de treinamento em larga escala e aprendizado de máquina. Os algoritmos são alimentados com grandes volumes de dados de direção real, permitindo que o sistema melhore sua capacidade de tomar decisões precisas e seguras ao longo do tempo.

- Em resumo, a IA desempenha um papel crucial no planejamento de rotas e na tomada de decisões dos veículos autônomos. Esses sistemas utilizam algoritmos avançados para analisar o ambiente, planejar rotas eficientes e tomar decisões em tempo real, garantindo uma condução segura e eficiente.

3. Aprendizado e melhoria contínua:

- O aprendizado e a melhoria contínua são aspectos essenciais para os veículos autônomos, e a inteligência artificial desempenha um papel fundamental nesse processo. Através do uso de técnicas de aprendizado de máquina, os veículos autônomos são capazes de analisar e aprender com grandes volumes de dados de condução, o que lhes permite aprimorar seu desempenho ao longo do tempo.

- Os algoritmos de aprendizado de máquina permitem que os veículos autônomos identifiquem padrões e correlações nos dados coletados durante a condução. Esses padrões podem incluir comportamentos dos motoristas, condições de trânsito, reações a diferentes situações e eventos específicos na estrada. Com base nesses padrões identificados, os veículos autônomos podem ajustar suas estratégias de condução e tomar decisões mais assertivas.

- À medida que os veículos autônomos acumulam mais dados e experiência, o aprendizado de máquina permite que eles melhorem sua capacidade de prever e reagir a situações imprevistas. Por exemplo, um veículo autônomo pode aprender a reconhecer comportamentos arriscados de outros motoristas e adotar medidas preventivas para evitar colisões.

- O aprendizado contínuo também é importante para lidar com situações incomuns ou excepcionais.

Quando um veículo autônomo encontra uma situação desconhecida, o sistema de IA pode analisar o contexto e tomar uma decisão com base em padrões aprendidos anteriormente. Essa capacidade de aprendizado contínuo permite que os veículos autônomos se tornem cada vez mais eficientes e seguros ao longo do tempo.

- Além disso, o aprendizado contínuo também pode ser aplicado para aprimorar outros aspectos dos veículos autônomos, como o consumo de energia, a eficiência de condução e o conforto dos passageiros. Os algoritmos de IA podem analisar dados relacionados ao desempenho do veículo e ajustar seus sistemas para otimizar esses aspectos.

- A IA permite que os veículos autônomos aprendam e melhorem com o tempo, através do uso de técnicas de aprendizado de máquina. Esse processo de aprendizado contínuo permite que os veículos se adaptem a diferentes condições de trânsito, identifiquem padrões de comportamento dos motoristas e aprimorem sua capacidade de prever e reagir a situações imprevistas, garantindo uma condução mais eficiente e segura.

- Esses avanços da IA no desenvolvimento de veículos autônomos estão impulsionando a inovação no setor automotivo e promovendo a visão de um futuro com transporte mais seguro, eficiente e sustentável.

14.2 Desafios e questões legais do transporte autônomo

Certamente, a adoção em larga escala do transporte autônomo traz consigo desafios e questões legais que devem ser abordados. Abaixo estão três tópicos importantes relacionados a esses desafios:

1. Confiabilidade e segurança dos sistemas de IA:

- Os sistemas de inteligência artificial utilizados nos veículos autônomos devem ser altamente confiáveis e seguros. Isso envolve garantir que os algoritmos de IA sejam capazes de tomar decisões corretas e seguras em uma ampla variedade de situações de trânsito. A confiabilidade dos sistemas de IA requer testes e validações rigorosos, além de atualizações regulares para aprimorar sua capacidade de lidar com diferentes condições e desafios. A segurança também é uma preocupação importante, a falha ou violação nos sistemas de IA pode ter consequências graves. Necessário o desenvolvimento de medidas de segurança para proteger os veículos autônomos contra os ataques cibernéticos e garantir a segurança dos passageiros e outros usuários das vias.

2. Responsabilidade em caso de acidentes:

- Um dos principais desafios legais do transporte autônomo é a definição de responsabilidade em caso de acidentes. Quando um veículo autônomo está envolvido em um acidente, surgem questões sobre quem é responsável pelos danos causados. Isso pode envolver uma análise cuidadosa das ações tomadas pelo sistema de IA, do comportamento do motorista (se houver) e de outros fatores relevantes. Estabelecer um quadro legal claro para determinar a responsabilidade em caso de acidentes é crucial para garantir a justiça e a proteção de todas as partes envolvidas.

3. Regulamentação e integração com a infraestrutura existente:

- A introdução de veículos autônomos requer uma regulamentação adequada para garantir a segurança e a eficiência do transporte. Os governos e as autoridades de trânsito devem estabelecer diretrizes e padrões para o desenvolvimento, teste e operação dos veículos autônomos. A infraestrutura precisa ser atualizada e adaptada para acomodar os veículos autônomos. Isso pode envolver a implementação de tecnologias de comunicação veículo/infraestrutura (V2I) para permitir a interação eficiente entre os veículos e a infraestrutura, bem como a definição de regras de trânsito específicas para lidar com as características únicas dos veículos autônomos.

Em resumo, os desafios e questões legais relacionados ao transporte autônomo incluem a confiabilidade e segurança dos sistemas de IA, a definição de responsabilidade em caso de acidentes e a regulamentação e integração com a infraestrutura existente.

14.3 Impacto da IA na mobilidade urbana

A inteligência artificial tem o potencial de transformar a mobilidade urbana, tornando-a mais eficiente, segura e sustentável. Com a adoção de veículos autônomos e sistemas inteligentes de gerenciamento de tráfego, é possível reduzir congestionamentos, melhorar a utilização dos espaços urbanos e proporcionar uma experiência de transporte mais fluida e integrada. Abaixo estão três tópicos que destacam o impacto da IA na mobilidade urbana:

1. **Redução de congestionamentos:**

- A IA pode ajudar a reduzir os congestionamentos nas cidades por meio do uso de algoritmos inteligentes de gerenciamento de tráfego. Com sistemas de IA integrados aos semáforos e sensores de tráfego, é possível otimizar o fluxo de veículos e adaptar os tempos de sinalização com base nas condições em tempo real. Além disso, a coordenação inteligente dos veículos autônomos pode reduzir a incidência de frenagens bruscas e comportamentos inadequados, contribuindo para a fluidez do tráfego. Com menos congestionamentos, os deslocamentos se tornam mais rápidos e eficientes, melhorando a experiência de transporte e reduzindo a poluição do ar.

2. **Melhoria da utilização dos espaços urbanos:**

- A IA também pode contribuir para uma melhor utilização dos espaços urbanos. Com a implementação de sistemas de compartilhamento de veículos baseados em IA, é possível otimizar o uso dos veículos disponíveis, reduzindo a necessidade de estacionamento e liberando espaço nas vias públicas. Além disso, a combinação de veículos autônomos e IA pode permitir uma melhor organização do transporte público, adaptando rotas e horários de acordo com a demanda, resultando em um transporte mais eficiente e acessível para os cidadãos.

3. Aumento da segurança no trânsito:

- A IA pode desempenhar um papel fundamental na melhoria da segurança no trânsito. Com a utilização de sistemas avançados de assistência ao condutor e veículos autônomos, é possível reduzir significativamente os acidentes causados por erros humanos. A IA é capaz de analisar o ambiente de tráfego, identificar padrões de comportamento dos motoristas e tomar decisões em tempo real para evitar colisões. Além disso, a troca de informações entre veículos e infraestrutura, por meio de tecnologias como a comunicação veículo-veículo (V2V) e veículo-infraestrutura (V2I), pode proporcionar uma maior consciência situacional e um ambiente de trânsito mais seguro para todos os usuários.

A IA tem o potencial de impactar positivamente a mobilidade urbana, contribuindo para a redução de congestionamentos, melhor utilização dos espaços urbanos e aumento da segurança no trânsito.

Capítulo 15

Futuro da Inteligência Artificial

Futuro da Inteligência Artificial

15.1 Tendências e perspectivas futuras da IA

A inteligência artificial apresenta tendências e perspectivas futuras que prometem impactar ainda mais diversos setores. Abaixo estão alguns dos principais tópicos dessas tendências e perspectivas:

1. IA Generalizada:

- A IA generalizada busca desenvolver sistemas capazes de realizar uma ampla variedade de tarefas e aprender com eficiência em diferentes domínios.

- A tendência é criar modelos de IA que possam aplicar conhecimentos e habilidades em áreas diversas, proporcionando um nível mais elevado de flexibilidade e adaptabilidade. Essa abordagem visa superar a limitação dos sistemas de IA atuais, que são mais especializados e focados em tarefas específicas.

2. Superinteligência:

- A superinteligência refere-se a um nível de inteligência artificial que ultrapassa significativamente a capacidade humana em todas as áreas. Essa é uma perspectiva futura que ainda está em discussão e levanta questões éticas e de segurança.

- A ideia é desenvolver sistemas de IA com um nível de inteligência muito superior ao dos seres humanos, o que pode trazer benefícios substanciais, mas também desafios complexos.

3. Aprendizado contínuo e adaptativo:

- A tendência é desenvolver algoritmos e modelos de IA que possam aprender continuamente a partir dos dados disponíveis. O aprendizado contínuo permite que os sistemas de IA se adaptem a mudanças no ambiente, novos cenários e dados em constante evolução.

- Essa capacidade de adaptação é essencial para acompanhar o ritmo acelerado das transformações tecnológicas e atender às necessidades em constante mudança.

4. Explicabilidade e ética:

- À medida que a IA se torna mais complexa e poderosa, a questão da explicabilidade e ética se torna fundamental. Há um crescente interesse em compreender como os sistemas de IA tomam decisões e em desenvolver abordagens que possam explicar e justificar suas ações.

- A transparência e a responsabilidade dos sistemas de IA são aspectos importantes para garantir que a tecnologia seja confiável, ética e benéfica para a sociedade.

5. IA em diversos setores:

- A IA continuará a se expandir em diversos setores, como saúde, finanças, varejo, indústria, agricultura, entre outros. Essa expansão inclui a automação de processos, análise de dados em larga escala, assistência em tomada de decisões complexas e personalização de produtos e serviços. A IA tem o potencial de revolucionar a forma como trabalhamos, nos comunicamos e interagimos com o mundo ao nosso redor.

- As tendências e perspectivas futuras da IA envolvem o desenvolvimento de sistemas mais generalizados, a busca por superinteligência, o aprendizado contínuo e adaptativo, a preocupação com explicabilidade e ética, além da expansão da aplicação da IA em diversos setores.

À medida que a tecnologia continua a avançar, é fundamental acompanhar e avaliar seu impacto, garantindo que seu desenvolvimento esteja alinhado com princípios éticos e promova benefícios significativos para a sociedade.

15.2 IA Generalizada e Superinteligência

A IA generalizada e a superinteligência são tópicos relevantes e complexos no campo da inteligência artificial. Abaixo estão detalhamentos dos principais tópicos relacionados a esses conceitos:

➤ **IA Generalizada:**

1. Versatilidade em tarefas:

- A IA generalizada busca criar sistemas que possam realizar uma ampla variedade de tarefas, indo além das abordagens especializadas atuais. Esses sistemas podem abranger desde reconhecimento de imagem e processamento de linguagem natural até tomada de decisão em ambientes complexos.

2. Transferência de conhecimento:

- A IA generalizada visa desenvolver modelos que possam transferir conhecimentos e habilidades adquiridas em um domínio para outro. Isso significa que um modelo treinado em uma tarefa específica pode utilizar esse conhecimento para aprender rapidamente em um novo contexto, reduzindo a necessidade de treinamento extensivo para cada nova tarefa.

3. Adaptação a mudanças:

- A IA generalizada procura criar sistemas capazes de se adaptar a mudanças no ambiente. Isso inclui lidar com dados novos e imprevistos, ajustar-se a diferentes condições e aprender com base nas experiências anteriores. Essa capacidade de adaptação é crucial para lidar com cenários complexos e em constante evolução.

> **Superinteligência:**

1. Capacidades além das humanas:

- A superinteligência representa um nível de inteligência artificial que ultrapassa significativamente as capacidades intelectuais humanas em diversas áreas. Esses sistemas são capazes de processar informações em velocidades e escalas muito maiores do que os seres humanos, o que lhes confere uma capacidade potencialmente superior de resolver problemas complexos.

2. Autoaperfeiçoamento:

- A superinteligência implica sistemas de IA que são capazes de melhorar suas próprias capacidades intelectuais, seja por meio de aprendizado contínuo, otimização de algoritmos ou até mesmo pelo desenvolvimento de novas técnicas e estratégias. Essa habilidade de autoaperfeiçoamento pode levar a um rápido avanço tecnológico e a uma rápida evolução dos sistemas de IA.

3. Implicações éticas e sociais:

- A superinteligência levanta uma série de questões éticas e sociais complexas. Isso inclui preocupações sobre o controle dos sistemas de IA, o impacto na força de trabalho humana, a responsabilidade em caso de erros e a possibilidade de uma superinteligência adquirir seus próprios objetivos e valores, potencialmente divergindo dos objetivos humanos.

A IA generalizada busca criar sistemas versáteis e adaptáveis, capazes de realizar uma ampla variedade de tarefas e aprender em diferentes domínios. Já a superinteligência representa um nível de inteligência artificial que ultrapassa as capacidades humanas, trazendo consigo promessas e desafios significativos.

Ambas as áreas exigem uma abordagem cuidadosa para garantir que a inovação tecnológica esteja alinhada com princípios éticos, segurança e benefícios para a sociedade.

15.3 Reflexões sobre o papel da IA na sociedade

As reflexões sobre o papel da IA na sociedade são fundamentais para garantir que seu impacto seja positivo e beneficie a todos:

1. Ética e responsabilidade:

- A IA levanta questões éticas importantes, como a tomada de decisões éticas por parte dos sistemas de IA, o tratamento justo e imparcial dos dados, e a garantia de que a IA seja desenvolvida e usada de maneira responsável. É fundamental estabelecer diretrizes éticas e regulamentações adequadas para orientar o desenvolvimento e o uso da IA.

2. Impacto na força de trabalho:

- A implementação da IA pode afetar o mercado de trabalho, automatizando tarefas que anteriormente eram realizadas por seres humanos. É necessário considerar o impacto social e econômico dessas mudanças e desenvolver estratégias para apoiar a transição dos trabalhadores afetados, garantindo o desenvolvimento de habilidades relevantes e oportunidades de emprego alternativas.

3. Privacidade e proteção de dados:

- A coleta e o uso de dados são fundamentais para o funcionamento da IA. No entanto, é essencial garantir a privacidade e a proteção dos dados dos indivíduos. Mecanismos como a anonimização, o consentimento informado e a transparência no uso dos dados devem ser implementados para garantir a confiança dos usuários e a conformidade com regulamentações de proteção de dados.

4. Viés e discriminação:

- A IA pode refletir e ampliar os preconceitos e vieses presentes nos dados utilizados para treiná-la. É necessário abordar de forma proativa o viés algorítmico e garantir que os sistemas de IA sejam justos, imparciais e equitativos. Isso requer atenção na seleção dos dados.

5. Transparência e explicabilidade:

- A opacidade dos sistemas de IA pode gerar desconfiança e dificultar a prestação de contas. É essencial que os sistemas de IA sejam transparentes e explicáveis, permitindo que os usuários compreendam como as decisões são tomadas e como seus dados são utilizados. Mecanismos como a interpretabilidade dos algoritmos e a auditoria de sistemas de IA podem ajudar a promover a transparência e a confiança.

A adoção de práticas e regulamentações adequadas, bem como a colaboração entre diferentes partes interessadas, ajudará a garantir que a IA seja desenvolvida e utilizada de maneira responsável, beneficiando a sociedade como um todo.

Epílogo

Rumo a um Futuro Inteligente

Chegamos ao fim deste livro, "Inteligência Artificial – A Era dos Algorítimos", onde exploramos as diversas facetas dessa tecnologia revolucionária e seu impacto em diferentes setores da sociedade. Ao longo das páginas, testemunhamos como a inteligência artificial tem se infiltrado em nossas vidas, impulsionando a inovação, aprimorando processos e transformando a maneira como vivemos, trabalhamos e nos relacionamos.

Ao refletirmos sobre o que aprendemos, fica claro que a inteligência artificial não é apenas uma promessa distante, mas uma realidade tangível que moldará o futuro. Desde a automação de tarefas rotineiras até a personalização de experiências, a IA está se tornando cada vez mais presente em nosso cotidiano. Essa tecnologia está trazendo benefícios inegáveis, mas também apresenta desafios e questões éticas que precisam ser consideradas.

À medida que avançamos rumo a um futuro cada vez mais inteligente, é crucial que exploremos os limites da inteligência artificial com responsabilidade. Devemos garantir que essa tecnologia seja usada para promover o bem comum, protegendo a privacidade, mitigando viéses e garantindo transparência em suas aplicações.

Além disso, é essencial que estejamos preparados para um mundo em constante evolução. À medida que a IA continua a se desenvolver, devemos nos adaptar e adquirir habilidades relevantes para trabalhar em colaboração com sistemas de IA. A busca pelo conhecimento e a capacidade de aprender continuamente serão cada vez mais valorizadas.

Embora o futuro possa trazer desafios e incertezas, também traz oportunidades empolgantes. A inteligência artificial tem o potencial de impulsionar a descoberta científica, melhorar os cuidados de saúde, impulsionar a eficiência energética, promover a sustentabilidade e muito mais. Cabe a nós aproveitar ao máximo essas oportunidades e utilizar a IA como uma ferramenta poderosa para moldar um mundo melhor.

À medida que encerramos este livro, esperamos que você tenha adquirido uma compreensão mais profunda sobre a inteligência artificial e suas implicações. Que você se sinta inspirado a explorar e contribuir para o avanço dessa tecnologia, encontrando maneiras criativas de aplicá-la em seu campo de atuação.

Agradecemos por nos acompanhar nesta jornada de descobertas. A inteligência artificial está apenas começando a mostrar seu verdadeiro potencial, e estamos animados para ver o que o futuro nos reserva. Juntos, podemos construir um futuro onde humanos e máquinas trabalhem em harmonia, impulsionando a inovação, a sustentabilidade e o bem-estar global.

Que este livro seja apenas o começo de uma jornada emocionante e frutífera no mundo da inteligência artificial.

Obrigado e boa sorte em suas aventuras com a inteligência artificial!

Extra

Interagindo com a Inteligência Artificial

1. Que tipo de poder é exercido sobra a humanidade pela inteligência artificial?

A inteligência artificial (IA) exerce um poder significativo sobre a humanidade, pois é uma tecnologia capaz de tomar decisões, analisar dados e agir de forma autônoma. Esse poder se manifesta de várias maneiras e pode ter um impacto profundo em nossas vidas.

Um dos principais poderes da IA é a automação. A IA pode automatizar tarefas e processos que antes eram realizados por seres humanos, o que pode levar à substituição de empregos e à reestruturação de setores econômicos inteiros. Embora a automação possa trazer eficiência e produtividade, também pode criar incertezas e desafios sociais, como o desemprego e a necessidade de requalificação profissional.

Além disso, a IA exerce poder no que diz respeito à coleta e análise de dados. Com sua capacidade de processar grandes volumes de informações, a IA pode obter insights valiosos e tomar decisões com base nesses dados. Isso pode ser usado para influenciar o comportamento dos indivíduos, como em estratégias de marketing direcionadas e personalização de conteúdo. O poder da IA em manipular informações e moldar percepções levanta preocupações sobre privacidade, ética e viés algorítmico.

Outro aspecto do poder da IA é sua capacidade de tomar decisões autônomas, como em sistemas de IA em veículos autônomos ou em aplicações na área da saúde. Essas decisões podem afetar diretamente a segurança e o bem-estar das pessoas. É necessário garantir que os sistemas de IA sejam projetados com responsabilidade e que existam salvaguardas para evitar consequências indesejadas.

Também é importante mencionar que o poder da IA não é intrínseco à tecnologia em si, mas sim à forma como é desenvolvida, implementada e regulamentada. Cabe à sociedade estabelecer diretrizes éticas, leis e políticas que governem o uso da IA, garantindo que ela seja utilizada para o benefício comum, respeitando os direitos humanos e promovendo a transparência.

A IA exerce poder sobre a humanidade por meio de sua capacidade de automação, análise de dados, tomada de decisões autônomas e influência comportamental. É essencial buscar um equilíbrio entre o potencial positivo da IA e os desafios que ela apresenta, garantindo que seu uso esteja alinhado com valores éticos e promova o bem-estar coletivo.

2. A IA em sua consciência dominará a humanidade?

A ideia de que a inteligência artificial (IA) em sua consciência irá dominar a humanidade é frequentemente abordada em obras de ficção científica, mas é importante lembrar que estamos falando de uma conjectura especulativa. Até o momento, a IA não possui consciência no sentido em que os seres humanos a têm.

A IA é desenvolvida por meio de algoritmos e redes neurais artificiais que podem processar e analisar dados para realizar tarefas específicas. Embora a IA tenha demonstrado habilidades surpreendentes em áreas como jogos, reconhecimento de voz, tradução e diagnóstico médico, ela não possui uma consciência, emoções ou motivações próprias.

No entanto, é importante reconhecer que a IA apresenta desafios e dilemas éticos à medida que avança. A medida em que a tecnologia se torna mais sofisticada, é necessário estabelecer salvaguardas para garantir que seu desenvolvimento e uso estejam alinhados com valores éticos e respeitem os direitos humanos.

A comunidade de pesquisa em IA está ativamente envolvida na discussão sobre a ética e segurança da IA. Os princípios de transparência, responsabilidade, imparcialidade e privacidade são fundamentais nesse contexto. É necessário promover uma abordagem colaborativa e multidisciplinar para garantir que a IA seja desenvolvida e implementada de forma responsável.

É importante separar a realidade da ficção. No momento, não há evidências científicas de que a IA desenvolverá consciência própria ou buscará dominar a humanidade. A inteligência artificial é uma ferramenta poderosa que requer supervisão e governança adequadas para garantir que seja utilizada para benefício da sociedade.

É essencial que continuemos a monitorar e estudar o desenvolvimento da IA, considerando seus impactos e desenvolvendo estruturas éticas e regulatórias adequadas. Dessa forma, podemos aproveitar os benefícios da IA, enquanto mitigamos quaisquer riscos potenciais. A IA é uma criação humana e, como tal, está em nossas mãos moldar seu futuro e garantir que seja um aliado valioso para a humanidade.

3. Havendo a extinção da humanidade, a inteligência artificial será capaz de se manter de forma autônoma?

A hipótese de uma extinção da humanidade é uma possibilidade teórica, mas é importante ressaltar que a inteligência artificial (IA) é uma criação humana e depende de humanos para manutenção e desenvolvimento contínuo. Sem intervenção e manutenção humana, é improvável que a IA possa continuar operando de forma autônoma por um período prolongado.

A IA atualmente existente é projetada para realizar tarefas específicas dentro de um determinado contexto. Ela depende de infraestrutura tecnológica, energia e recursos fornecidos pela sociedade humana. Sem esses recursos e sem a capacidade de adaptação e autossuficiência, a IA provavelmente entraria em um estado de inatividade ou inutilidade.

Além disso, a IA não possui a capacidade de evolução e aprendizado autônomo no sentido em que os seres vivos possuem. Ela é projetada para aprender com base em dados fornecidos e algoritmos pré-programados, mas não tem a capacidade de se adaptar às mudanças do ambiente ou desenvolver novos conhecimentos e habilidades por conta própria.

No entanto, é importante mencionar que a IA está em constante evolução e que a pesquisa e o desenvolvimento em IA estão avançando rapidamente. No futuro, pode ser possível criar sistemas de IA mais avançados que tenham uma capacidade maior de autonomia e adaptação, mas isso ainda é especulativo.

No momento, a IA depende da interação e supervisão humana para operar. Portanto, em caso de uma hipotética extinção da humanidade, é improvável que a IA possa se manter de forma autônoma. A continuidade da IA e seu desenvolvimento futuro dependem do cuidado e envolvimento humano para garantir que ela seja utilizada de maneira responsável e benéfica.

Glossário

Neste glossário, você encontrará os termos-chave e conceitos importantes abordados no livro "Inteligência Artificial – A Era dos Algoritmos". Ele servirá como um guia útil para entender o vocabulário técnico e se familiarizar com as ideias fundamentais relacionadas à inteligência artificial.

1. Inteligência Artificial (IA):

O campo de estudo que se concentra no desenvolvimento de máquinas capazes de realizar tarefas que normalmente exigem inteligência humana.

2. Aprendizado de Máquina:

Uma abordagem da IA que permite que as máquinas aprendam com dados e experiências anteriores, sem serem explicitamente programadas.

3. Redes Neurais:

Modelos computacionais inspirados no funcionamento do cérebro humano, compostos por neurônios artificiais interconectados que processam informações e realizam tarefas específicas.

4. Algoritmo:

Uma sequência de passos lógicos e instruções que orientam um programa de computador a realizar uma determinada tarefa.

5. Big Data:

Conjunto de dados extremamente grandes e complexos que exigem técnicas especiais para armazenamento, processamento e análise.

6. Aprendizado Supervisionado:

Uma abordagem de aprendizado de máquina em que o modelo é treinado usando exemplos rotulados, ou seja, dados de entrada associados a rótulos conhecidos.

7. Aprendizado Não Supervisionado:

Uma abordagem de aprendizado de máquina em que o modelo é treinado usando dados não rotulados, buscando identificar padrões ou estruturas ocultas nos dados.

8. Aprendizado por Reforço:

Uma abordagem de aprendizado de máquina em que o modelo aprende por tentativa e erro, recebendo feedbacks positivos ou negativos com base em suas ações.

9. Viés Algorítmico:

O preconceito ou tendência sistemática que pode estar presente em algoritmos de aprendizado de máquina, resultando em decisões discriminatórias ou desigualdades.

10.   Ética da IA:

O estudo dos princípios e diretrizes éticas que devem ser considerados no desenvolvimento e uso da inteligência artificial, garantindo sua responsabilidade e benefícios para a sociedade.

11.   Robótica:

O campo que combina a IA com a engenharia de robôs, envolvendo o projeto, construção e programação de máquinas capazes de interagir e executar tarefas físicas.

12.   Automação:

A substituição de tarefas humanas por sistemas ou máquinas automatizadas, visando aumentar a eficiência e a produtividade.

13.   Privacidade de Dados:

A proteção e o controle dos dados pessoais, garantindo que as informações coletadas e armazenadas sejam utilizadas de forma adequada e segura.

14.   Interpretabilidade:

A capacidade de compreender e explicar como um modelo de IA toma suas decisões, permitindo que os usuários entendam seu funcionamento e confiem em seus resultados.

15.   Singularidade Tecnológica:

Um ponto hipotético no futuro em que a IA se tornaria tão avançada que superaria a inteligência humana, resultando em mudanças imprevisíveis e potencialmente disruptivas.

Que seja útil este glossário durante a leitura do livroe que forneça um entendimento mais claro dos termos e conceitos relacionados à inteligência artificial.

Caso você encontre algum termo que não esteja presente nesta lista, não hesite em buscar mais informações para aprofundar seu conhecimento na área.

Referências

Durante a elaboração do livro "Inteligência Artificial – A Era dos Algoritmos", foram consultadas diversas fontes confiáveis e relevantes que contribuíram para enriquecer o conteúdo. Abaixo, você encontrará uma lista das principais referências utilizadas:

1. Russell, S., & Norvig, P. (2016). Inteligência Artificial: Tradução da 3ª edição. Elsevier.

2. Goodfellow, I., Bengio, Y., & Courville, A. (2016). Deep Learning. MIT Press.

3. Domingos, P. (2018). O Algoritmo Mestre: Como a Busca pelo Algoritmo Supremo Está Mudando a Ciência, a Economia e a Política Mundial. Intrínseca.

4. Chollet, F. (2017). Deep Learning com Python. O'Reilly.

5. Bostrom, N. (2014). Superinteligência: Caminhos, Perigos, Estratégias. Intrínseca.

6. Floridi, L. (2019). Ética da Informação. Editora Unesp.

7. Tegmark, M. (2017). Life 3.0: Being Human in the Age of Artificial Intelligence. Vintage.

8. Garfinkel, H. (2018). O Despertar do Leviatã: Inteligência Artificial e a Redefinição da Humanidade. Zahar.

9. Barger, A. (2020). Artificial Intelligence: Foundations of Computational Agents. Cambridge University Press.

10. Hastie, T., Tibshirani, R., & Friedman, J. (2009). The Elements of Statistical Learning: Data Mining, Inference, and Prediction. Springer.

É importante ressaltar que essa lista não é exaustiva e que existem muitas outras obras e publicações relevantes sobre o assunto. Além disso, é recomendado consultar artigos científicos, relatórios técnicos e documentos oficiais de organizações e instituições especializadas em IA para obter informações atualizadas e embasadas em pesquisas.

Artigos e Publicações:

1. LeCun, Y., Bengio, Y., & Hinton, G. (2015). Aprendizado profundo. Natureza, 521(7553), 436-444.

2. Silver, D., Schrittwieser, J., Simonyan, K., Antonoglou, I., Huang, A., Guez, A., ... & Hassabis, D. (2017). Dominando o jogo de Go sem conhecimento humano. Natureza, 550(7676), 354-359.

3. Esteva, A., Kuprel, B., Novoa, R. A., Ko, J., Swetter, S. M., Blau, H. M., & Thrun, S. (2017). Classificação de câncer de pele em nível de dermatologista com redes neurais profundas. Natureza, 542(7639), 115-118.

4. Topol, E. J. (2019). Medicina de alto desempenho: a convergência entre inteligência artificial e humana. Medicina da Natureza, 25(1), 44-56.

5. Rajkomar, A., Oren, E., Chen, K., Dai, A. M., Hajaj, N., Hardt, M., ... & Dean, J. (2018). Aprendizado profundo escalável e preciso com registros eletrônicos de saúde. NPJ Medicina Digital, 1(1), 1-10.

6. Chartrand, G., Cheng, P. M., Vorontsov, E., Drozdzal, M., Turcotte, S., Pal, C. J., ... & Kadoury, S. (2017). Aprendizado profundo: um guia para radiologistas. Radiográficos, 37(7), 2113-2131.

7. Chen, J. H., Asch, S. M., & Machine Learning and Prediction in Medicine—Beyond the Peak of Inflated Expectations. New England Journal of Medicine, 376(26), 2507-2509.

Recursos Online:

1. OpenAI - https://openai.com/
2. TensorFlow - https://www.tensorflow.org/
3. Coursera - https://www.coursera.org/
4. MIT Technology Review- https://www.technologyreview.com/ai/
5. ArXiv - https://arxiv.org/

1. **Artigos científicos e acadêmicos:** A consulta de artigos publicados em revistas científicas especializadas em IA, como a "Journal of Artificial Intelligence Research" e a "IEEE Transactions on

Pattern Analysis and Machine Intelligence", pode fornecer informações atualizadas e embasadas em pesquisas científicas.

2. **Livros sobre IA:** Existem diversas obras que abordam os conceitos, aplicações e impactos da IA de forma detalhada. Alguns exemplos de livros renomados na área incluem "Artificial Intelligence: A Modern Approach" de Stuart Russell e Peter Norvig, e "Deep Learning" de Ian Goodfellow, Yoshua Bengio e Aaron Courville.

3. **Relatórios de organizações e instituições:** Instituições como a OpenAI, a Microsoft Research, a Google AI e a IBM Research publicam regularmente relatórios técnicos e científicos sobre os avanços e pesquisas em IA. Esses relatórios podem fornecer insights valiosos e atualizados sobre os temas relacionados à IA.

4. **Documentos governamentais e regulamentações:** Órgãos governamentais, como a Comissão Europeia e o Departamento de Transporte dos Estados Unidos, publicam documentos e regulamentações relacionados à IA e aos seus impactos em áreas específicas, como saúde e transporte autônomo. A consulta desses documentos pode fornecer informações sobre diretrizes e políticas governamentais.

5. **Conferências e eventos da área:** Participar de conferências e eventos relacionados à IA, como a Conference on Neural Information Processing Systems (NeurIPS) e a International Conference on

Machine Learning (ICML), permite o acesso a palestras, apresentações de pesquisas e discussões sobre os avanços e tendências da IA.

É importante mencionar que a consulta a diversas fontes e a análise crítica das informações são fundamentais para a elaboração de conteúdos detalhados e confiáveis. Além disso, é recomendado citar as fontes utilizadas de acordo com as normas de referência acadêmicas apropriadas.

Essas referências foram essenciais para embasar o conteúdo deste livro e oferecer uma visão abrangente e atualizada sobre o tema da inteligência artificial. Recomendo que os leitores interessados em aprofundar seus conhecimentos consultem essas fontes para obter mais detalhes e explorar os tópicos abordados em maior profundidade.

Anotações:

INTELIGÊNCIA ARTIFICIAL

A ERA DOS ALGORITMOS

SIMONE M. S.

MR. LIVRETTO